当代大学生创新创业能力培养研究

陶启付 著

重庆出版集团 重庆出版社

图书在版编目(CIP)数据

当代大学生创新创业能力培养研究 / 陶启付著 . -- 重庆 : 重庆出版社 , 2024.1
ISBN 978-7-229-18357-8

Ⅰ . ①当… Ⅱ . ①陶… Ⅲ . ①大学生 – 创业 – 能力培养 – 研究 Ⅳ . ① G647.38

中国国家版本馆 CIP 数据核字 (2024) 第 034106 号

当代大学生创新创业能力培养研究
DANGDAI DAXUESHENG CHUANGXIN CHUANGYE NENGLI PEIYANG YANJIU
陶启付 著

责任编辑：袁婷婷　曾思洁
责任校对：冉炜赟
装帧设计：优盛文化

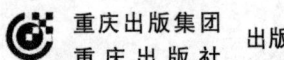
重庆出版集团
重庆出版社　出版

重庆市南岸区南滨路162号1幢　邮编：400061　http://www.cqph.com
河北万卷印刷有限公司印刷
重庆出版集团图书发行有限公司发行
E-MAIL: fxchu@cqph.com　邮购电话：023-61520646
全国新华书店经销

开本：710mm×1000mm　1/16　印张：13.5　字数：220千
2024年3月第1版　2024年3月第1次印刷
ISBN 978-7-229-18357-8
定价：78.00元

如有印装质量问题，请向本集团图书发行有限公司调换：023-61520417

版权所有　侵权必究

前言 abstract

当今时代，创新是引领发展的第一动力，是建设现代化经济体系的战略支撑。当今世界正处于百年未有之大变局，随着科技的迅猛发展，全球化进程的加速，创新能力越来越成为一个国家的核心竞争力，自主创新水平会直接影响到国家未来的发展。

高校是人才培养的重要场所，高等教育关系着国家未来的发展，随着"大众创业、万众创新"的理念不断深入人心，国家和社会愈发重视高校创新创业人才的培养，创新创业教育逐渐成为新时代高校人才培养的重要组成部分。创新教育是创业教育的思想基础，创业教育是创新教育的进一步延伸和实用化，是创新教育的价值诉求。我国若想实现从人口大国向人力资源大国的转变，首要任务就是培养和提升年轻一代学生的创新精神与创业技能。

培养和提升大学生创新创业能力，无论是对国家，还是对学生个人，都具有十分重要的意义。当前我国的经济发展已经步入一个新的阶段，旧的发展模式已经不适应新时代的发展需求，这就要求我们抓住机遇推进经济结构调整与转型升级，以顺应当前经济发展的新形势与新需求，在这一过程中，创新是核心，而创新的主体则是高素质创新型人才，高校创新创业教育的目的正是培养出符合新时代发展需求的创新型人才。而对学生个人来说，创新创业不仅是个体实现自我价值的过程，还是一个通过对各种资源进行优化整合，进而创造出更大经济价值或社会价值的过程，学生还可以通过创新创业教育提升自身的综合素质，实现更好的发展。

近年来，我国高校广泛开展创新创业教育，取得了显著的成效，但创新创业人才培养作为较为新颖的课题，仍然存在较大的可提升空间与研究价值。本书从创新创业的内涵出发,对高校创新创业人才培养进行了深刻的剖析,包含对大学生创新创业教育的意义、大学生创新创业教育的模式、大学生创新创业素质的构成要素以及大学生创新创业教育的发展路径等内容的研究,并对大学生众创空间这种新型创新创业人才培养模式进行了详细阐释与深入分析。新时代大学生创新创业能力培养的研究具有重要的理论价值和现实意义,值得我们不断探索与研究。

鉴于笔者水平有限,书中难免存在一些不足,敬请各位同行及专家学者予以斧正。

目录 contents

第一章　创新创业概述 ·· 001
　　第一节　创新概述 ··· 001
　　第二节　创业概述 ··· 025
　　第三节　大学生创新创业教育的现实意义 ·· 040

第二章　我国大学生创新创业教育发展研究 ·· 045
　　第一节　我国大学生创新创业教育的发展历程 ································ 045
　　第二节　我国大学生创新创业教育的模式与特点 ···························· 047
　　第三节　我国大学生创新创业教育的可提升空间 ···························· 064

第三章　当代大学生创新思维、创新能力与创新技法的培养 ············ 069
　　第一节　当代大学生创新思维的培养 ·· 069
　　第二节　当代大学生创新能力的培养 ·· 098
　　第三节　当代大学生创新技法的提升 ·· 116

第四章　当代大学生创业素质的构成与培养 ·· 121
　　第一节　当代大学生创业素质概述 ·· 121
　　第二节　当代大学生创业素质的构成 ·· 126
　　第三节　当代大学生创业素质的培养与提升 ···································· 140

第五章　大学生创业环境与政策分析 ······ 152
第一节　大学生创业环境分析 ······ 152
第二节　大学生创业政策研究 ······ 159
第三节　大学生创新创业激励机制 ······ 162

第六章　当代高校创新创业教育发展策略 ······ 166
第一节　构建高校创新创业教育课程体系 ······ 166
第二节　构建高校创新创业教育实践教学体系 ······ 175
第三节　建设高校创新创业教育师资队伍 ······ 185

第七章　当代大学生众创空间建设 ······ 190
第一节　大学生众创空间概述 ······ 190
第二节　大学生众创空间的建设路径 ······ 196
第三节　大学生众创空间的运营机制及成果转化 ······ 200

参考文献 ······ 204

第一章 创新创业概述

第一节 创新概述

一、创新的概念

(一) 创新概念的提出

"创新"一词很早就在中国出现,《魏书》中有"革弊创新者,先皇之志也",《周书》中有"创新改旧",《南史·后妃传上·宋世祖殷淑仪》中有"今贵妃盖天秩之崇班,理应创新"。"创新",顾名思义是创造新的事物。《广雅》中对"创"也有解释,"创,始也"。"创新"在《现代汉语词典》(第7版)中解释为"抛弃旧的,创造新的。"

现代意义上的"创新"最早由美国哈佛大学教授、经济学家约瑟夫·熊彼特(Joseph Alois Schumpeter)提出,他在《经济发展理论》一书中表示,创新就是建立一种新的生产函数,即把一种从来没有过的关于生产要素和生产条件的"新组合"引入生产体系。美国经济学家华尔特·惠特曼·罗斯托(Walt Whitman Rostow)在其所著的《经济成长的阶段》提出了社会发展的六阶段理论,将"创新"的概念发展为"技术创新",把"技术创新"提高到"创新"的主导地位。"六阶段"理论的具体内容如图1-1所示。

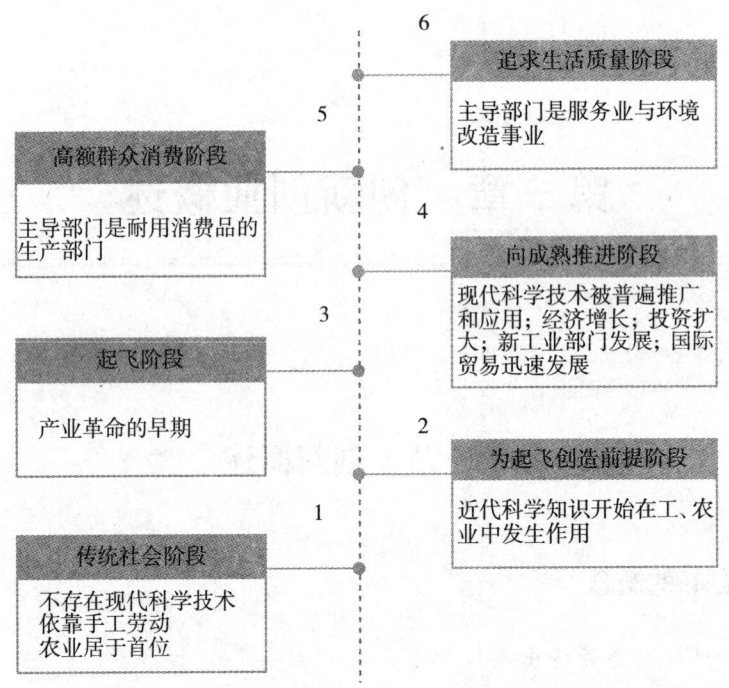

图1-1 华尔特·罗斯托"六阶段"理论的内容

被誉为"现代管理之父"的彼得·德鲁克（Peter F. Drucker）则对创新理论进行了补充和发展，他在《创业与企业家精神》一书中表示，任何能使现有资源的财富创造潜力发生变化的行为，都可以称为创新。德鲁克认为，创新的过程并不一定是创造新的事物，并非绝对的从无到有的过程。创新的意义在于其能否为社会创造出新的价值，即挖掘原本就存在的但被人们所忽略的事物的潜力，使其产生新的发展，这本身也是创新的过程。德鲁克还将创新的领域进行了拓展，认为创新不仅仅局限于技术领域。

20世纪80年代以来，我国开展了技术创新方面的研究，傅家骥、程源对技术创新的定义是：企业家抓住市场的潜在盈利机会，以获取商业利益为目标，重新组织生产条件和要素，建立起效能更强、效率更高和费用更低的生产经营方法，从而推出新的产品、新的生产（工艺）方法、开辟新的市场，获得新的原材料、半成品供给来源或建立企业新的组织，它包括科技、组织、商业和金融等一系列活动的综合过程。① 此定义是从企业的角度给出的。

我国管理学者芮明杰和袁安照认为，从管理的角度看，创新是创造一种新的更有效的资源整合范式，这种范式既可以是更新、更有效地整合资源以实现企业目标和承担所肩负的责任的全过程式管理，也可以是具体的资源整合及目标制定等方面的细节管理。②

(二) 创新概念的界定

在英语中，表示创新的"innovation"一词起源于拉丁文，它有三层含义：一是更新，即对原有的东西进行替换；二是创造，即创造原本没有的东西；三是改变，即对已有的东西进行改造或发展。创新诞生于经济学领域，随着人们对其认识的不断深入，创新逐渐拓展到人们生活的各个领域之中。

创新表现在实践中，是人们将新的理论或者技术运用到生产实践或社会实践中，促进实践发展的一个过程；是获得更高的社会效益或者经济效益的过程。这一过程中既包含着对旧事物的革新或者替代，同时也包含着对新事物的创造。

创新概念的提出最初是在经济领域，但随着时代的发展，人们对创新内涵的界定已经不再局限于经济领域，随着人们对创新认识的不断扩展和深化，创新的内涵已经逐渐扩展到包括政治、科技、文化、教育、艺术等各个领域。其中，既有涉及技术性变化的创新，如科学技术创新、生产工艺创新、知识创新等；也有涉及非技术性变化的创新，如理论创新、组织创新、政策创新、管理创新等。创新能够赋予事物新的内涵，改善生产方式，优化生产结构，诞生新的理念。随着时代的发展，创新逐渐成为引领发展的第一动力。

"创新"一词从一般意义上来讲，就是打破现状，创造出新的事物。创新的内涵十分丰富，既包括新的思想、新的理论，也包括新的技术、新的生产方式，但无论何种形式的创新，都必须遵循发展的原则，即创新的成果必须具有价值，能够为社会的发展带来正面的效益。

综上所述，我们可以对创新的概念有一个相对全面的认识，笔者选择从广义的角度审视创新，即不将创新拘泥于经济领域，得出以下结论：创新即人类改造现实世界的创造性活动，既包括技术层面的创造性活动，也包括非技术层

---

① 傅家骥，程源. 知识创新与技术创新 [J]. 中国科技月报，1999 (8)：37-39.
② 芮明杰，袁安照. 公司战略与第五代创新 [J]. 经济与管理，1998 (5)：33-35.

面的创造性活动。

二、创新的特征

创新作为一种建立在实践基础上的创造性活动,具有许多鲜明的特征,具体内容如图 1-2 所示。

图 1-2 创新的特征

(一)首创性

首创性是创新较为显著的特征。创新就是一种首创,即"第一个",无论是技术创新、理论创新,还是文化创新,其创新的成果都应该是之前从未存在过的,或者是没有被人发现并挖掘出来的,是一种新突破和新发展,解决前人所不能解决的问题,探索前人所未探索的领域,或是对原有的成果进行创造性的发展。因此,创新的首创性这一特征,其内涵由两点构成:其一是创造出全新的成果,其二是赋予事物新的内涵。

许多发明创造都符合首创性内涵的第一点,即创造出全新的产品,我国的四大发明就是其中典型的代表,指南针、造纸术、印刷术和火药,这些发明有的是制造出一种全新的事物,有的则是对生产技艺的重大改进,无论是在工艺流程还是在成果的呈现上,都充分体现了首创性的特征。工业革命之后,西方大量的科技理论创新,以及基于这些理论的发明创造,都能体现首创性这一特征。

许多改良行为则符合首创性内涵的第二点,即赋予原本存在的事物新的内涵。改良行为虽然没有创造出全新的事物,但其使原事物的面貌焕然一新,丰

第一章 创新创业概述

富了原事物的内涵,产生了新的价值,因此这也是创新的过程。瓦特改良蒸汽机就是首创性这一内涵的典型代表,世界上第一台蒸汽机早在公元1世纪就被发明出来了,并随着时代的发展被不断改良,但用途始终受限。瓦特运用科学理论,总结出原有蒸汽机的问题所在,并针对这些问题进行了一系列的发明创造。瓦特的创造性工作使蒸汽机得到改良,他使原来只能用来提水的机械,成为可以普遍应用的蒸汽机,并使蒸汽机的热效率成倍提高,煤耗量大大下降。自此之后,蒸汽机经过不断改进,被广泛应用于生产与运输领域,有力地推动了第一次工业革命的开展。

(二)综合性

无论是创新的主体,还是创新的过程,或是创新的结果,都体现着综合性的特征。

创新不是凭空想象,成功的创新实践需要以广泛的知识与深厚的科技理论为支撑。首先,创新需要以坚实的理论为支撑,这是创造性活动具有价值的前提。成功的实践需要以科学的理论为指导,创新作为一种创造性活动,更是如此。虽然创新是一种突破与创造,但是这种突破与创造的基础与前提是科学的理论,假若没有科学的理论指导创新实践,创新就会变成凭空想象,缺乏实践意义,很容易导致创新活动偏离正确的发展轨道,导致创新实践活动的失败。

其次,创新需要以广泛的知识为前提,这是创新作为一种创造性活动的必然要求。人们如果把思想束缚在某一门课程的知识范围内,就很难进行创新。创新要求人们能够拓宽视野,将不同学科的知识融会贯通,综合利用不同领域的知识与技能,在交叉研究中实现新的突破,取得新的成果。这点在理论创新上表现得尤为突出,大量的理论创新,或者新专业的产生,都是学科交叉研究的成果。

不同学科之间是相互独立的,但是各学科的知识是有内在逻辑联系的。比如,地缘政治学就是地理学科与政治学科结合而形成的,地缘政治学强调地理因素在政治活动和国际关系中的重要作用,从地理的视角审视政治行为。地缘政治学的诞生开辟了一个政治和地理研究的新领域,为学者们提供了新的研究视角。地缘政治学至今仍然是政治学的重要分支,且成为许多国家制定外交政策的重要依据。

创新的综合性还表现在创新过程和创新主体中。以产品创新为例,作为一个完整的产品创新活动，需要完成由产品发明到开发直至市场化的过程。在这个过程中，除了需要发明者的科技知识，还需要各有关方面具体创新执行者的密切配合，主要是生产工作者和经营管理者的密切配合，创新才能成功。这一过程甚至还需要不同部门、团体的密切配合，通过多道程序才能实现。总的来说，产品的创新是一个系统的工程，需要科学理论的指导、相关部门和企业的支持、开发者与生产者之间的密切配合、市场相关主体的充分协调等。

创新的主体也体现了综合性的特征，创新往往是团队协作的成果，特别是技术性创新活动，往往难以靠一个人来完成。一个成功的创新实践必然是众多参与者集体智慧的结晶，不同的人在实践过程的各个环节中所起的作用不同。以技术创新为例，技术创新对知识、技术的要求较高，同时还涉及学科的交叉研究，以及大量的科研攻关与实验，这是无法靠一个人来完成的，整个创新过程甚至需要不同的团队协调配合来完成，这充分体现了创新主体的综合性。

无论是技术性创新还是非技术性创新，都是众多人共同努力、多学科知识交叉融会，以及多种行业协调配合的成果，这是创新特定综合性的显著体现。

（三）实践性

实践性是创新的重要特性之一。创新本身就是一种创造性的实践活动，无论是理论创新还是技术创新，都是在实践的基础上开展的。

技术性创新的创新过程需要经过大量的实验与技术攻关，具有很强的实践性。理论创新同样如此。理论创新不是凭空臆想的，而是来源于实践，实践是检验真理的唯一标准。创新主体在学习、生产实践中产生新的想法与思路，进而充分调动其掌握的知识，对原有的理论体系或框架进行突破，对认识对象或实践对象的本质、规律和发展变化的趋势做出新的预见，可以说，理论创新的基础与来源是实践。同样，理论创新的成果需要经过实践的检验才能成为真理，才能保证对实践具有正确的指导作用。因此，创新的过程充分体现出实践性的特征。

1. 创新思维的产生与发展具有实践性

创新思维的产生基于实践活动，创新思维是创造力得以发挥的前提，创新思维是在对实践具有充分认知的基础上进行的思维创造活动，如果对实践的认知不全面、不深入，那么就难免会导致这种创造性的思维脱离实践，经不起实践的考验，进而丧失价值性。因此，创新思维的产生与发展是要以实践为基础的。

2. 创新观察与创新思考具有实践性

创新思路的产生同样是基于实践的。创新观察和创新思考是创新活动的基础阶段，因此创新观察和创新思考同样是基于实践而产生的，而且其本身就是实践的一部分。在创新的过程中，创新主体需要对客观事物进行充分的观察和分析，并在此基础上提出新的设想与思路。人类历史上的许多发明创造，都是创新主体在对客观事物或实践进行充分观察的基础上实现的。比如，雷达与声呐的发明就是受到了蝙蝠、海豚等回声定位动物的活动原理的启发；机器人的发明与不断改进就是基于对人类生理与心理活动的研究。

3. 创新的过程具有很强的实践性

创新的过程是一个不断从实践中来，再回归实践的过程，无论是理论创新还是技术创新，都不是一蹴而就的，而是由多个环节与流程共同组成的。在这一过程中，每个环节的创新成果都需要回归实践，需要根据实践的反馈对创新过程进行调整。许多技术性创新则更是需要通过大量的实践活动来支撑。

实践是检验认识真理性的唯一标准，创新的过程就是不断将新的认识放归实践检验，再根据实践得来新的认知的过程。现代创新产品的研发过程，需要进行大量的市场调研，根据社会的需求确定产品的研发方向。在创新过程中，产品的构思阶段和制造阶段中都显示出或隐含着大量实践性经验的因素。一项新产品产生后，能否被称为完整意义上的创新，最终还要经过市场实践的检验。

4. 创新的成果需要经过实践的检验

创新成果最终要回归实践。创新的目的就是推动生产关系和社会制度的变革，推动人类思维和文化的发展，进而推动社会生产力的发展。因此，从创新的成果和目的来审视创新活动，实践性同样是其基本属性之一。

（四）普遍性

创新的普遍性表现在创新普遍存在于人类生产生活的各个领域，且贯穿人类发展的历史，可以说，创新是无处不在、无时不有的。同时，创新也是人人都具有的一种能力，每个个体都有创新的潜力。

1. 创新贯穿于人类生活的各个阶段

人类的发展始终伴随着创新活动，从刀耕火种到农业机械化，这是农业生产技术不断创新发展的成果；从奴隶制社会到现代民主社会，这是社会制度与顶层设计不断创新发展的过程；从简单的祭祀图案到丰富多样的美术作品，这是艺术发展创新的成果。人类历史的各个阶段都伴随着创新，创新是推动人类历史发展进步的重要动力，只有不断创新，才能推动生产力的发展和社会文化的进步。

2. 创新存在于人类生活的各个领域

创新广泛存在于人类生产生活的各个领域，人类社会的整体发展是各个领域共同发展的成果，创新是整体发展的重要驱动力。因此，人类社会的发展离不开各个领域的创新活动。

（1）政治创新。政治创新主要表现在制度创新、政策创新以及发展理念创新等。比如，改革开放就是在充分结合实践的基础上，对原有的制度与体制进行创新性变革与发展，使生产关系更加适应生产力发展的需求。再比如，以习近平同志为核心的党中央结合中国的发展实际，创造性地提出了一系列新的发展理念，为新时代中国的发展指明了道路。政治领域创新的目的是使上层建筑符合经济基础，使顶层设计符合生产力的发展水平，在党的领导下，为社会各领域的发展提供指导与保障，维护人民民主与国家长治久安，促进社会的发展，实现中华民族伟大复兴的中国梦。

（2）经济创新。经济领域的创新主要体现在新产品的研发、新市场的开拓、生产方式的创新、企业组织形式的创新以及企业管理的创新等方面。

经济领域的创新包括技术性创新和非技术性创新，经济领域的技术性创新主要体现在新产品的研发与生产方式的创新上。企业若想开拓市场，在激烈的市场竞争中占据优势，就一定要不断推出新产品，提升市场竞争力。以电子产品生产厂商为例，众所周知，电子产品更新迭代的速度非常之快，这是因为随着科技的迅速发展和人民生活水平的日益提升，人们对电子产品的依赖程度不断提升，对电子产品性能的要求也日益提高。电子产品生产厂商为了争夺市场，争相进行科技产品的研发，因为只有进行技术创新，才能真正掌握技术优势，将主动权牢牢把握在自己手中，在激烈的市场竞争中获取先机。

经济领域的技术性创新还包括生产方式的创新，生产方式创新的目的在于提升生产效率，优化产品质量。无论是对国家还是对企业来说，生产方式的创新都十分重要，创新生产方式能够在很大程度上提升生产力的发展水平。生产方式创新的典型代表是工业革命，工业革命将全新的科研成果运用到生产与运输之中，极大地提升了生产效率与贸易水平，对人类社会的发展起到了巨大的推动作用。

经济发展理念与企业组织管理的创新是经济领域非技术性创新的典型代表。现代社会，对技术指向型企业来说，技术创新是提升企业竞争力的必要条件，但不是充要条件，企业的发展还需要为生产活动搭配科学的组织管理体系。同理，经济的发展同样也需要科学的经济发展理念为指导，只有不断创新经济发展理念，才能实现经济健康、可持续发展。

（3）文化创新。文化作为人类社会发展的重要组成部分，其发展同样也是一个不断创新的过程，文化在交流的过程中传播，在继承的基础上发展，都包含着文化创新的意义。

文化包含的范围很广，它是人类社会发展进步的重要内容和精神动力。因此，文化创新也有着丰富的内涵。文化对社会实践具有重要的指导作用，文化只有不断保持更新，才能保证其内容适应时代的发展，才能科学地指导实践。同时，文化发展也是人类精神文明进步的主要内容，只有不断进行文化创新，才能保持文化的先进性，进而促进人类的精神文明建设。

文化创新需要我们立足于实践，继承传统，推陈出新，面向世界，博采众长。既要重视对传统文化的集成，又要重视对其他先进文化的学习与理解。文化创意产品是文化创新的典型代表，文化创意产品是依靠创意人的智慧、技能和天赋，借助现代科技手段，对文化资源、文化用品进行创造与提升，通过知识产权的开发和运用，产出的高附加值产品。文化创意产品创造性地将文化与产品充分融合，赋予产品丰富的文化底蕴，在创造经济价值的同时实现了文化的传播与发扬。

3. 创新的主体具有普遍性

创新的普遍性还体现在创新主体的普遍性上，创新的主体是人，创新是每个人都具备的一种能力。人类社会的进步，正是无数人类个体智慧的结晶。在日常的生产生活中，人们为提升生产能力或生活质量，就会进行创新性活动，这种创新性活动涉及人类生产生活的各个领域。

纵观人类历史，许多重大发明创造的主体在职业、学识、经验、成长和生活环境等方面都各有不同，这种不同说明了创新并不是少数人所具备的能力，而是广泛存在于人类个体之中，具有普遍性。

（五）价值性

价值性同样是创新的重要特性之一，创新的成果必须具备价值，创新才有意义，换言之，只有经过实践检验的创造性活动才能被称为创新。

创造性活动始终伴随着人类的发展，但并不是所有的创造性活动都是创新，比如，那些不符合人类历史发展规律的创造性活动，虽然也具有首创性的特征，但是对人类的发展并没有积极的作用，这种创造性活动就不能称之为创新，而是一种失败的探索。

无论是技术性创新，还是非技术性创新，都对人类社会的发展进步具有积极的推动作用，这种推动作用虽有大小之分，但都是一种正向的促进，而非阻碍。文化的发展离不开创新，正是无数的文化与艺术创新推动了人类文明不断进步，使当今的艺术形式与艺术作品呈现出丰富多彩、百花齐放的局面。不同的艺术作品在思想内涵、创作风格、创作技法上都有所不同，但它们有一个共性，即符合"美"的规律，符合人们的审美需求和普遍的价值追求。有的艺术创作虽然特立独行、与众不同，但是缺乏内涵，表现方式不符合人们对美的认知，不具备审美价值，也就不能算作是创新。

（六）高风险性

创新的高风险性是由创新自身的不确定性决定的，这种不确定性主要包括技术的不确定性、市场的不确定性，以及一般的政治和经济因素的不确定性。创新风险不同于现实中其他可以投保的风险，其不确定性不能用概率统计理论来进行处理。

未来的不确定性会产生两种结果：有利于创新主体和不利于创新主体。不利于创新主体的结果就是风险。通常而言，不确定性越大，风险越高。创新需要投入相应的人力、物力、财力，投入的多少取决于创新的程度。创新的程度越大，投入越多。创新能否成功，投入能否顺利得到回报，受到很多不确定因素的影响，最后的创新结果可能回报颇丰，也可能血本无归，甚至可能付出更为严重的代价。

三、创新的类型

创新是一个相对宽泛的概念，从不同的角度观察创新活动，会产生多种不同的分类方式，我们从创新本身以及两个不同领域的创新活动出发，对创新的类型进行研究，具体内容如图 1-3 所示。

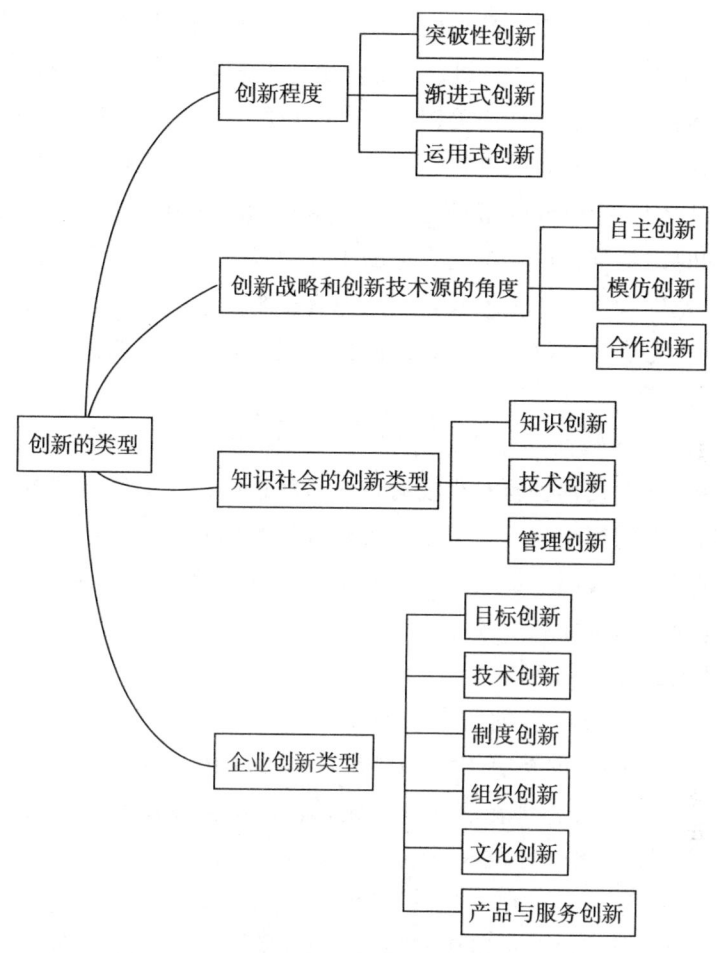

图 1-3　创新的类型

（一）创新程度

1. 突破性创新

突破性创新的特点是打破陈规、大步跃进，突破性创新以全新的技术、全新的模式、全新的理念代替旧的技术、模式和理念，其创新成果具有鲜明的首创性，与现有事物存在较大的不同。

突破性创新能够为所处领域的知识、生产和贸易环境带来巨大的变革，表现为具有突破性的理念创新、产品创新、工艺创新以及商业模式创新，等等。

以产品生产中的技术性创新为例，产品生产的技术性创新能够使产品性能的主要指标发生巨大跃升，使产品在同时期具备不可比拟的优势，甚至导致产业的重新洗牌，比如电视机、计算机、集成电路等的发明，均属于突破性创新。

突破性创新通常能够为相关领域的生产与经营结构带来巨大的变革，有的会摧毁旧的产业，带来新的产业；有的则会淘汰旧的生产模式，大幅提升生产效率。突破性创新能够改变市场竞争结构与基础，是引起产业结构变化的决定性力量，同时也是推动产业结构升级的主导力量。虽然突破性创新面对的市场与用户并未发生太多变化，但其会造成原有技术、生产工艺、产品以及服务的淘汰，比如电力取代蒸汽动力、数码相机取代胶卷、汽车取代马车、智能手机取代传统手机等。

技术创新是突破性创新中最常见的一种类型，突破性技术创新的特征如下：第一，突破性技术创新对市场有重大影响；第二，突破性技术创新能够带来新的产品与新的用户需求；第三，突破性技术创新具有颠覆性，这种颠覆性突出表现在新技术脱离了原有的技术轨道，实现了跨越式发展，在技术发展层面呈现出非线性的特征。

2. 渐进式创新

渐进式创新与突破性创新有着明显的不同，渐进式创新是指连续的改良性创新活动。渐进式创新更多强调的是对现有理论、技术与模式的应用与发展，这种创新会小幅度地改动现有的成果，但不会在短时间内使创新对象的性质产生颠覆性变化。可以这样认为，渐进式创新更像是一个从量变到质变的过程。

突破性创新呈现出一种对原有技术与模式的破坏性与替代性，而渐进式创新则表现出对原有技术与模式的继承与提升。虽然突破性创新是事物发展的重要环节，但是事物的发展并不是由连续不断的破坏、颠覆与替代构成的，在绝大部分情况下，事物的发展都需要经历一个从量变到质变的发展过程，渐进式创新正是在突破性创新的基础上，对既有的技术与模式进行新的提升与发展。

渐进式创新是学术、科研、文化、企业等不同领域与主体发展过程中的主要内容，任何事物的发展都需要不断地实现阶段性提升，并在一系列持续性发展的基础上实现跨越式发展和突破性创新。以科研为例，一项重要科研项目的研究是由许多分支科研项目共同构成的，不同的分支科研项目又会涉及不同行业的科研课题，研究人员通过攻克一个个科研难关，最后实现重大的科研突

第一章 创新创业概述

破。这一过程可能历时较长，在这一过程中，大量的阶段性科研成果会被应用到具体的领域，促进该领域的发展，这就是一个渐进式创新的过程，在实现科研领域突破性创新的过程中，若干阶段性创新成果也在一定程度上推动了社会的发展。

相比于突破性创新，渐进式创新技术需求较小、创新周期较短、创新频率更高，但渐进式创新更多的是起到锦上添花的作用，渐进式创新可以帮助企业保持优势，但是当市场中出现突破性创新的产品或技术时，渐进式创新就很可能会力不从心，难以维持既有的市场优势。

3. 运用式创新

运用式创新指的是运用横向思维，以全新的方式运用原有的事物，这种创新方式强调对原有事物的开发与运用，而不是改变原有事物的性质与功能。

运用式创新的典型代表是第一次工业革命期间蒸汽机的广泛运用，前文曾提到，瓦特对蒸汽机的改良在很大程度上促进了生产力的发展，推动了第一次工业革命的进行。蒸汽机是一种动力机械，其核心功能是将蒸汽能量转化为机械功。蒸汽机不能直接生产物品，但能够为生产活动提供动力支持。因此，蒸汽机强大的功能需要结合具体的生产实践才能展现出来。

蒸汽机的发明与改良历程充分体现了突破性创新、渐进式创新与运用式创新。在瓦特改良蒸汽机后，蒸汽机的性能大幅提升，蒸汽机从最初应用于提水机，经过不断的渐进式创新与运用式创新，被广泛应用于冶炼、纺织、机器制造、火车、轮船等行业中，在这一过程中，蒸汽机的基本运行原理与结构并未产生颠覆性变化，但是人们充分发挥主观能动性，将其应用于生产与运输之中，使蒸汽机的功用得到了最大限度的发挥。

（二）创新战略和创新技术源的角度

从创新战略与创新技术源的角度对创新行为进行划分，可以将创新划分为自主创新、模仿创新与合作创新。这种创新的分类方式在技术指向型企业的发展过程中体现得较为明显，下面我们就以企业的视角来阐释这三种类型的创新。

1. 自主创新

自主创新指的是企业通过自身的努力，探索相关生产领域的技术突破，攻克技术难关，并将技术创新落实到产品创新，获取商业利润的过程。自主创新是企业在激烈的市场竞争中取得先机和技术领先优势的主要途径，也是我国大

当代大学生创新创业能力培养研究

力提倡的创新类型。自主创新不但能够为创新主体带来巨大的利润，提升创新主体的行业话语权，同时还能带动行业整体的技术进步，促进社会的发展。比如，中国高铁从无到有，从引进、消化、吸收再创新到自主创新，目前在世界上处于领先水平，这一过程就是通过自主创新实现技术突破，提升市场竞争力的典型例子。

当然，对于企业来说，自主创新的条件相对较为苛刻，自主创新要求企业有雄厚的研究开发实力和研究成果积累，还要有充足的科研资金、高水平的科研人才、良好的科研条件和科研环境。同时，相对于模仿创新与合作创新来说，自主创新的风险性较高，企业若想进行自主创新，就必须做好创新活动的可行性分析，且具备足够的抗风险能力。

2. 模仿创新

模仿创新指的是企业通过学习模仿其他企业的创新经验，引进或购买行业先进的核心技术，并对其进行改进与完善，进一步开发产品的性能与质量，获取商业利润的过程。

模仿创新不需要像自主创新那样在科研环节耗费大量的时间与费用，而是主要通过学习和借鉴自主创新者的经验，在市场中以更廉价、更优质、更具特色，或者指向性更明确的产品或服务获取经济利益。通过对成本、周期、风险、收益等因素进行综合分析，模仿创新对大部分企业来说是一种更具经济效益的创新模式，这是由于自主创新适用于在行业中处于技术领先地位的企业，而大部分企业没有足够的人力、财力、物力与时间为自主创新提供支持。因此，模仿创新是市场中大多数企业选择采用的创新模式。

需要说明的是，模仿创新并不等于模仿与抄袭，模仿创新是创新的一种类型，其本质是创新，强调的是对既有成果的改善与提升。同时，模仿创新也是一个学习的过程，模仿创新能够节约大量的研发成本，并迅速积累足够的资金与技术，就像前文提到的中国高铁的发展历程，在发展的初级阶段就经历了一个模仿创新的过程，模仿创新能够给予创新主体后发优势，优秀的模仿创新在经过知识、技术与资金的积累之后，就可以为自主创新奠定良好的基础。

3. 合作创新

合作创新指的是不同创新主体联合创新的行为，这种合作可以是企业与企业之间的，也可以是企业、学校与科研机构之间的。合作创新的形式有很多，其共同特点就是多创新主体的合作。

在现代经济中，全球性的技术竞争不断加剧，企业技术创新活动中面对的技术问题越来越复杂，技术的综合性和集群性越来越强，即使是技术实力雄厚的大企业也会面临技术资源短缺的问题，单个企业依靠自身能力取得技术进展越来越难。因此，多个单位进行合作创新，可以充分发挥各自优势，实现资源互补，从而缩短创新周期，降低创新风险，提高创新成功的可能性。借助合作创新，亦能把有激烈竞争关系和利益冲突的企业联合起来，使各方都从合作中获得更大的利益。

产学研合作是合作创新的一种典型方式，是在应用型人才培养的过程中形成的一种合作模式，在产学研合作中，政府、企业、高校与科研机构充分协调配合，发挥各自的资源优势，促成高素质人才培养与科研创新的实现。产学研合作是不同领域创新主体共同进行合作创新的典范，充分调动社会资源，在政府的主导下，不同的主体各司其职，有利于实现多方共赢。

（三）知识社会的创新类型

1. 知识创新

（1）知识创新的内涵。知识创新是以科学研究为核心的创新行为，知识创新的成果一般呈现为新的思想观念、新的概念范畴与新的理论学说的产生，知识创新的主要作用是为人类认识世界与改造世界提供新的世界观与方法论。

知识性创新的概念是在20世纪90年代提出来的，自提出至今，学界关于知识创新的内涵始终存在争议，争议的焦点集中在知识创造是否属于知识创新这一问题上，知识创新的概念也正是由此产生了广义与狭义之分。

广义的知识创新是知识创造、演化、转移和应用的动态过程。它通过追求新发现、探索新规律、积累新知识，达到创造知识附加值、谋取组织竞争优势的目的。狭义的概念则认为知识创造不应等同于知识创新。但是，无论两者间的分歧如何，我们可以看到，至少在认识论上，两者都认为知识创新不像人的其他意识活动，单纯是对客观世界的复制和反射，知识创新还蕴藏着改变现有世界潜力的动力。

虽然学界对知识创新内涵的界定存在争议，但是知识创新对实践的重要指导意义得到学界的普遍认可。

（2）知识创新的特点。知识创新具备创新的基本特征，同时还具备较为显著的特点，主要体现在以下几个方面。

第一，知识创新具有较强的目的性。相比于技术创新与管理创新，知识创新的目的性更为明确，这是因为知识创新是一种理论的创新，其创新过程就具有较强的目标指向性。许多知识创新都是以猜想、假设为前提的，研究者根据猜想与假设，或者根据一定的理论支撑进行知识创新，对猜想或者假设进行证实或证伪，对既有理论进行补充和完善。

第二，知识创新具有社会性。知识创新的社会性可以从宏观和微观两个层面来考察。从宏观层面来看，知识创新普遍受到世界各国的重视，各国纷纷建立自己国家的创新体系，对高校与科研机构提供大量的资金与政策支持，对高新技术产业的投资力度不断增加，使得知识创新的思潮在社会范围内广泛传播。从微观层面来看，知识创新的主体越来越向团体倾斜。在当今世界，知识与专业的细化程度不断提升，研究人员的专业性也逐渐增强，个人的精力以及所能掌握的知识是有限的，而且大量的知识创新都涉及学科交叉研究，这就使得知识创新需要由具有不同专业素质的研究人员共同合作完成。随着时代的发展，知识创新也逐渐演变为多主体的投入产出活动，知识创新既需要科技工作者的知识与技术，也需要资金的投入和政策的支持，还需要多主体之间的协调配合，只有这样，知识创新才能达到预期的目的。因此，知识创新具有很强的社会性。

第三，知识创新具有鲜明的时效性。前文提到，知识创新的主要作用是为人类认识世界与改造世界提供新的世界观与方法论。实践是认识的来源与基础，知识创新源于实践，归于实践。由于实践是不断发展变化的，因此，无论是知识创新的来源，还是知识创新的应用，都不是一成不变的，这就使得知识创新具有较强的时效性。

2. 技术创新

（1）技术创新的内涵。技术创新的核心内容是新技术的创造以及以科学技术知识及其创造的资源为基础的创新。技术创新包括开发新的技术，或者将已有技术进行应用创新。技术创新的直接结果是推动科学技术的进步与应用创新的良性互动，进而提升社会生产力的发展水平，促进社会经济的增长。技术创新针对的是生产活动，是企业和行业发展的重要途径。

（2）技术创新的内容。技术创新作为当今社会最为普遍的创新方式之一，其内容十分丰富，主要有以下几点。

第一，工艺创新。生产工艺的创新是技术创新的重要组成部分，强调生产

第一章 创新创业概述

过程的创新，工艺创新包括工艺路线的创新、工艺装备的革新以及操作方法的创新。工艺路线的创新强调生产方式思路的转变，比如，3D打印运用粉末状金属或塑料等可黏合材料，通过逐层打印的方式来构造物体，这是一种区别于传统生产方式的增材制造。工艺装备的革新强调的是生产工具的改良与升级，例如，用缝纫机代替手工缝纫，用数控机床代替手工操作机床等。操作方法的创新更多的则是一种运用式创新，通过对既有技术的开发与运用，用更高效、更省力的操作方法代替一些不适应技术进步的操作方法。

第二，材料创新。材料创新注重对生产过程中原材料的创新使用，或者通过发明新材料来提升产品的质量。材料既是产品和物质生产手段的基础，又是生产工艺和加工方法作用的对象，因此在技术创新的各种类型中，材料创新的影响极为深远、意义极为重大。正是因为有了新的材料，才能开发更多新的产品。

第三，产品创新。产品创新指的是开发更加适应市场需求，或对人们的需求具有引导作用的新产品。产品创新的内容主要包括开发具有新功能的产品、优化产品结构以及改进产品外观等方面。产品是技术的载体，因此产品创新是技术创新的集中体现。

3. 管理创新

（1）管理创新的内涵。一提到创新，人们往往会先想到理论创新和技术创新。实际上，在组织运行的各个环节中都蕴含着创新的因素，这既是创新普遍性的体现，同时也是组织实现发展的必要途径。理论或者技术的创新需要良好的创新环境，这里的创新环境包括政策环境、工作环境、科研环境、文化氛围等。而良好环境的形成就依赖于科学的管理机制，组织或者系统的良好运行离不开科学的管理，管理对组织的发展具有重要的意义。因此，作为一种重要的非技术性创新类型，管理创新同样十分重要。

管理创新也包括宏观与微观两个层面，宏观层面的管理创新包括社会政治、经济与社会管理层面的制度创新；微观层面的管理创新则主要包括各主体对自身内部组织运行的管理。管理创新的内涵主要包括以下几点。

第一，新方式方法的引入，即企业采用的新的管理方式或管理方法的引入。管理创新是组织创新的一种特殊类型，即组织创新在企业经营层次上的体现。

第二，用新的更有效的方式方法来整合组织资源，以期更有效地达成组织的目标与责任。管理创新在资源整合方面具有重要的作用,管理创新可以划分为五种具体形式,分别是:①提出一种新经营思路并加以有效实施;②创设一个新的组织机构并使之有效运转;③提出一个全新的管理方式方法;④设计一种新的管理模式;⑤进行一项制度的创新。这些管理创新的具体形式需要具备一个共同的特点,即创新的成果必须是可行的且有助于资源的有效整合。

第三,创新是管理的一种基本职能。创新是一种思想、原则,以及在这种思想和原则指导下的实践活动,这种理论与实践的结合是管理的基本职能之一。创新与管理不是相互独立的两个概念,创新包含在管理之中,其本身就是管理的一个环节,对任何组织来说都是一项重要的活动。传统的管理职能属于管理"维持职能",而有效的管理就是适度的维持与适度的创新的组合。

综上所述,可以总结出管理创新的概念:管理创新是为了更好地整合资源以实现组织发展目标而进行的创新性活动。

(2)管理创新的特点。根据管理创新的内涵,可以得出管理创新的特点,这些特点是管理创新有别于一般意义上创新的独有的特点,其主要内容有以下几点。

第一,管理创新是企业其他各类创新的基础。前文提到,创新需要良好的环境,而良好环境的建设依赖于科学的管理机制,科学的管理机制需要根据实践的变化而不断调整、优化,这一过程就是管理创新的过程。管理创新的基础性作用在企业组织运行的过程中体现得最为明显,在企业的各类活动中,管理创新是基础。在企业组织运行的过程中,无论是技术创新、产品创新还是营销创新,都需要依赖新的管理体系与组织方式,没有相应的管理创新作为基础,其他创新活动就很难真正付诸实践。

第二,管理创新着眼于资源的更有效运用。管理创新与知识创新和技术创新不同,其并不能带来新的理论体系或技术成果,而是通过优化管理方式,完善相关制度,实现资源的有效整合,使资源得到更有效运用。

第三,管理创新是一个系统的过程,需要有组织的管理,且管理创新具有明确的阶段划分。从管理方案的制定到运行再到评价,科学的管理创新同样需要接受实践的检验。

(四)企业创新类型

大学生创新创业一般是通过培养和提升大学生的创新创业素质,帮助大学生进行自主创业，而大学生自主创业的成果一般是一个全新的企业，企业创新的类型主要依据创新的环节进行划分，具体内容如图 1-4 所示。

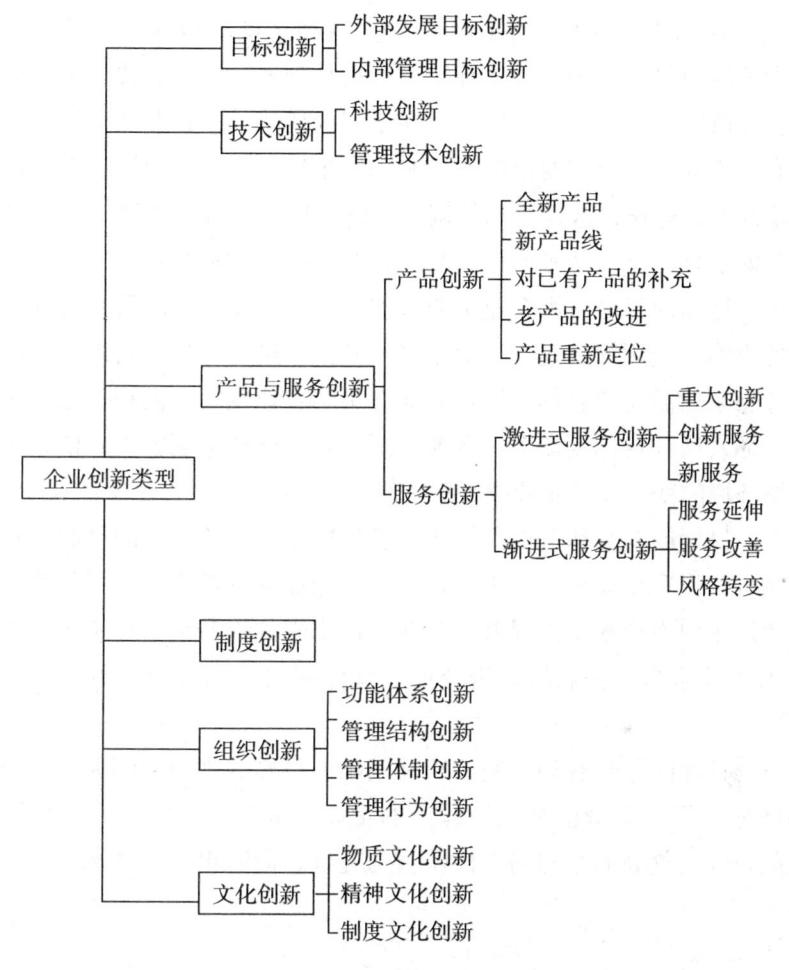

图 1-4　企业创新类型

1. 目标创新

企业创新的诸多类型中，至关重要的就是目标创新。目标是一个企业组织运行的前提，只有以明确的目标为指导，企业才能明确发展定位，有组织、有计划地运行。

企业作为一个组织系统，其发展目标主要有两个，其外部发展目标是服务顾客与社会，实现更多的经济利益，提升市场竞争力；其内部发展目标是实现组织系统的高效运行，优化生产机制，提升生产效率。

企业作为一种经济组织，是在一定的经济环境中从事活动的，企业的运作方式与发展目标均受到环境的巨大影响，这种环境既包括市场环境，如供需关系、竞争环境等，也包括技术环境，如科技创新、产品迭代、生产模式升级等，还包括政策环境、舆论环境等。在不同的环境下，企业的发展目标和运行方式都有所不同，企业需要以实践为基础，根据环境的变化调整发展目标，并按照特定的方式运作，这种目标的调整，就是目标创新的过程。

目标创新对企业的发展具有显著的促进作用，集中体现在以下三个方面。

第一，目标创新可以为企业指明管理方向。企业的发展目标对管理方向具有直接的影响，企业管理是对企业生产经营活动进行计划、组织、指挥、协调和控制等一系列活动的总称，管理方向必须与企业发展方向相一致，才能真正促进企业的发展。目标创新会为企业管理方式的调整指明方向，使企业的管理符合市场环境的变化以及企业发展的需求。

第二，目标创新有利于提高企业的管理成效。目标创新的目的就是优化企业生产结构，提升企业生产水平，这两点与企业的管理成效呈正相关，良好的管理会促进企业生产水平的提升，企业生产水平的提升也会对企业管理提出更高的要求，目标的创新能够促进企业管理体制的优化升级，不断提升管理的成效。

第三，目标的创新有利于完善管理基础。目标的创新能够为企业的管理增添新的内容，目标本身就是组织运行的重要组成部分，而组织则是管理的基础，因此目标的创新既是对组织的丰富与完善，同时也是管理基础不断完善的重要环节。

2. 技术创新

技术是企业的核心竞争力，技术创新是推动企业发展的关键因素。技术创新主要包括科技发明和技术革新，这里的"技术"，既包括生产技术，也包括以生产、销售为核心的一系列技术因素。对企业来说，技术创新主要包括以下两个方面。

（1）科技创新。科技创新对企业十分重要，其主要体现在生产技术水平的提升上。科技创新对企业的促进作用主要体现在两个方面，其一是生产出新的产品，这种创新能够在很大程度上帮助企业开拓新的市场，帮助企业取得先发优势，在激烈的市场竞争中占得先机；其二是生产技术创新，即在生产环节使

第一章　创新创业概述

用新的技术来帮助企业提升生产效率，扩大经营规模，抢占市场份额。

企业若想进一步提升市场竞争力，取得长足的发展，就必须重视科技创新的作用。坚持科学技术是第一生产力的原则，建立科学技术自主创新体系，充分调动科研人员的积极性和创造性，使他们成为科技创新的带头人，从而通过科技创新不断地为组织发展提供新的动力。

（2）管理技术创新。管理对企业的运行发展十分重要，管理技术的创新能够帮助企业优化内部组织运行机制，使团队成员能够充分发挥自身的力量，保持积极的状态，做好本职工作，为企业的发展贡献更多的力量。管理技术创新主要包括管理工具创新和管理手段创新。

在当今社会，企业的发展受管理水平的影响非常大，如果管理技术落后，则必然会影响到企业管理的效率以及组织的运行发展。因此，不断地运用新的管理理论与方法，革新管理工具与管理手段，才能不断地为管理者提供新的运作方式与方法，从而优化企业的管理结构，促进企业的可持续发展。

3. 产品与服务创新

产品与服务创新是企业创新的重要组成部分，产品与服务是企业生产活动的最终成果，直接影响着企业的经营活动，产品与服务的质量直接关系到企业的发展。当今时代是一个高速发展的时代，随着科技的进步，新产品、新业态、新平台不断涌现，产品与服务的创新成为企业谋求可持续发展的关键，一个企业如果在产品与服务上失去新意，就会逐渐被市场抛弃。

（1）产品创新。产品的创新指的是创造某种新产品，或者是对既有产品的功能、用途进行创新的过程，产品创新的具体类型包括全新产品、新产品线、对已有产品的补充、老产品的改进，以及重新定位的产品等。成功的产品创新能够为企业带来非常大的利益，帮助企业在激烈的市场竞争中不落于下风，甚至占据先机，利用新产品的优势抢占市场份额，提升自身的竞争力。

产品创新主要的动力源泉有两个，分别是市场与技术，产品创新源于市场对企业的技术需求。企业在进行新产品的研发时，首先需要对市场进行调研，明确市场的需求，根据市场的需求以及行业发展趋势确定产品的研发方向，保证新产品能够满足市场的需求。

产品创新的类型主要包括以下五种。

第一，全新产品。这种产品创新的成果一般是市场上未曾出现过的全新产品，这种产品普遍具有首创性，且能开辟新的市场。

第二，新产品线。这种类型的产品创新是相对于具体厂家来说的，这些产品对于市场来说或许并不新鲜，但是对于厂家来说却是新的，是厂家首次进入某现有市场的新产品。

第三，对已有产品的补充。这种产品创新的成果属于企业已有产品系列的一部分，这种产品既有可能是市场中从未出现的新产品，也可能是企业将市场已有的产品融入自身的产品体系中而生产出的新产品，这种类型在产品创新中所占的比重较大。

第四，老产品的改进。这种类型的产品创新是对既有产品的改进和替代，相比于老产品，新产品在性能上有所改进，功能更为丰富，能够提供更多的内在价值。例如，常见的产品更新迭代就是这种类型产品创新的典型代表。

第五，重新定位的产品。这种类型的产品创新指的是老产品在新领域的应用，既可以是重新定位一个新的市场，也可以是将老产品应用于一个不同的领域。

（2）服务创新。服务创新指的是通过优化服务理念、改良技术、改进服务方式，为用户提供崭新的服务内容。服务创新对企业具有重要的意义。对于一个企业来说，生产环节固然重要，但是将自己的产品推向市场，得到市场的认可同样重要。企业若想进一步开拓市场，吸引更多的客户，就应该创新服务方式，尽可能满足客户更多的需求，优化客户的体验。

服务创新主要分为两种，分别是激进式服务创新与渐进式服务创新。激进式服务创新的成果对于市场来说是一种全新的服务方式，主要包括三种类型，分别是重大创新、创新服务，以及新服务。比如，电子支付与网上购物的出现就属于激进式服务创新。渐进式服务创新注重对既有服务方式的优化与改良，是一种在原有服务方式上的小幅调整，同样包括三种类型，分别是服务延伸、服务改善以及风格转变。渐进式服务创新广泛存在于我们的日常生活之中，主要表现为各种服务方式的优化升级。比如，购物平台的新功能、实体店的用户体验功能升级等，都是典型的渐进式服务创新。

进行服务创新时需要注重以下三个方面。

第一，服务创新要以顾客的感受为主，要重视对顾客期望的把握，虚心接受顾客的批评，重视顾客的反馈，认真听取顾客的意见，根据顾客的需求调整服务的内容和服务的方式。

第二，重视服务的弹性。不同的顾客之间无论是在年龄、个性、爱好，还是在审美方面都存在巨大的差异，因此企业在面对不同类型的顾客时，其服务应该具有一定的弹性，做到能够满足不同类型顾客的需求，这样才能更有效地拓展市场。

第三，要具备一定的前瞻性。服务创新的本质就是一种创新行为，创新就是一个创造新事物或赋予事物新内涵的过程，这一过程必须是具有一定先进性，领先于当前实践的。无论是激进式服务创新，还是渐进式服务创新，都需要秉持着先进的理念，使服务创新具有前瞻性，符合时代发展的趋势，甚至引领行业的发展。

4. 制度创新

制度创新指的是在组织运行的过程中引入新的制度，这种制度包括组织的结构、运行规范、管理机制等。

创新是由个人发动的，创新主体必须感受到做新事情的机会，以及具有将其完成的能力。因此，经济发展问题归结起来就是不同的制度对那些能自由地进行创新并且能够进入金融市场的人所具有的预期影响，这就要求组织进行相应的制度创新。

5. 组织创新

经济组织与社会组织都必须随着形势的变化而创新。组织创新是指组织规制的方式、手段或程序的变化。这种变化可分为两类：一类是不改变原有规制结构性质前提下的度量式创新；另一类是根本改变规制结构的彻底性创新。组织创新的目标是通过改变组织成员的行为来提高组织的绩效。

组织创新是一个连续不断的过程，所以在组织创新中不可能完全抛弃组织的历史，期望突变为一个全新的组织。组织创新要注意掌握适度原则，过于频繁的大规模的组织变动会使组织陷于动荡状态，不利于组织功能的发挥与组织目标的实现。

组织创新主要包括以下四方面的内容。

（1）功能体系创新。功能体系创新指的是根据企业发展的目标对组织的功能进行重新划分，对企业的管理活动进行整体的调整与优化。功能体系创新是组织创新的重要组成部分，是从企业的整体发展出发，对组织系统进行优化调整的过程，面向的是企业管理活动这一整体。

（2）管理结构创新。管理结构创新指的是对企业具体的职位与部门设计进行调整，改进企业工作流程，改善企业内部信息联系，使企业内部的组织结构能够适配企业的发展。

（3）管理体制创新。管理体制指的是管理系统的结构与组成方式，对于企业来说，管理体制的创新包括管理人员的重新安排，以及职责权限的重新划分等。管理体制的创新能够为企业的发展创造相对良好的内部环境，使人才能够在合适的岗位上更好地发挥自己的才能，促进企业的进一步发展。

（4）管理行为创新。管理行为创新是一种相对具体的组织创新行为，主要包括企业的各种规章制度，以及管理过程中各种具体的行为举措的创新等。管理行为创新对于企业来说十分常见，这是因为管理行为并非一成不变的，而是要根据企业的经营实践不断调整、优化，以使具体的管理行为能够有效促进企业的发展。

6. 文化创新

（1）企业文化的内涵。企业文化，即组织文化，是一个组织由其宗旨、价值观、企业精神、道德规范、历史传统、发展理念、发展目标、处事方式、文化符号等共同组成的文化形象。

企业文化主要由三个方面构成，分别是物质文化、制度文化和精神文化。物质文化主要是由企业的各项硬件设施所展现出来的形象，比如企业的厂容、办公区的环境、生产车间的形象，以及产品的造型、外观、质量等；制度文化主要包括企业组织运行的各项规章制度与运行模式；精神文化也被称为"企业软文化"和"企业精神"，是企业文化的核心，包括各种价值观念、精神风貌、目标追求、行为规范、优良传统、职工素质、人际关系等。

（2）文化创新的重要性。文化对组织运行和发展的影响是潜移默化的，因此组织的发展同样需要重视文化领域的创新。文化创新的内容包括组织文化观念创新、价值观念创新、道德规范创新、文化环境创新等，并由此形成一种创新的氛围，在优化企业文化环境的同时，使组织成员的思想更加活跃，提升组织成员的创新思维能力。

当今企业之间的竞争，不仅仅停留在技术与市场层面，经济竞争中文化因素的重要性不断提升，文化成为提升企业综合实力与影响力的重要因素，没有文化的支撑，经济的发展就会缺乏可持续性。无数的事实证明，成功的企业普遍重视企业文化的建设，注重良好文化氛围的营造和具有自身特色的企业文化的建设。

第一章　创新创业概述

第二节　创业概述

一、创业的内涵

（一）创业的概念

创业这一概念具有悠久的发展历史，"创业"一词在中国很早就已经出现，《孟子·梁惠王下》就曾提到"君子创业垂统，为可继也"。司马光的《萧何营未央宫》："创业垂统之君，致其恭俭以训子孙，子孙犹淫靡而不可禁，况示之以骄侈乎！"这里提到的"创业垂统"是指创建功业，传之子孙。诸葛亮的《出师表》："先帝创业未半，而中道崩殂。"其中"创业"的意思是始造、开创。在《辞海》（第七版）中创业的定义是创立基业，在《现代汉语词典》（第7版）中创业的定义是创办事业。

在西方，许多学者也提出了各自对创业的定义。被誉为"创业教育之父"的杰弗里·蒂蒙斯（Jeffry A. Timmons）所著的创业教育领域的经典教科书《创业创造》（*New Venture Creation*）中对创业的定义是："创业是一种思考、推理结合运气的行为方式，它为运气带来的机会所驱动，需要在方法上全盘考虑并拥有和谐的领导能力。"

国内外学者关于创业的概念有着不同的论述，学界对于创业概念的阐释主要有广义与狭义之分。

广义的创业指的是实现价值，开创事业，是一个价值创造的过程。广义的创业包含的领域十分广阔，无论是政治、经济、文化，还是军事领域，凡是对于个体来说具有开拓意义的活动，都可以称之为创业。开拓疆土，建立新的政权属于创业；创办企业，创造经济价值属于创业；成立组织，从事各种有意义的活动属于创业；潜心研究，开辟新的研究领域属于创业；建立家业，开创个人事业同样也属于创业。

狭义的创业属于经济学的范畴，主要指的是人类主体以实现价值、获取利润为目的创办企业，为社会提供商业产品与服务的经济活动。一般包括创办新的企业与企业内部再创业。这种经济活动的类型在社会层面并不一定是全新的，但对于创业主体本身来说，是一种从未经历过的，或者是从头开始的事业。

本书的研究对象是大学生创新创业能力的培养，因此对创业的定义主要从经济学领域出发，同时结合广义的创业观点进行总结，综合不同学者的观点，笔者认为，创业指的是个体或者团体，以实现价值或者谋求发展为目标，通过必要的时间和努力，并充分把握机会，通过组建商业企业的组织形式，创造出新颖的产品和服务，或实现其潜在价值的过程。

（二）创业的要素

在明确了创业的概念后，需要进一步明确创业的要素，创业的要素涵盖创业过程中的各个主体以及影响创业活动的重要因素，具体内容如图1-5所示。

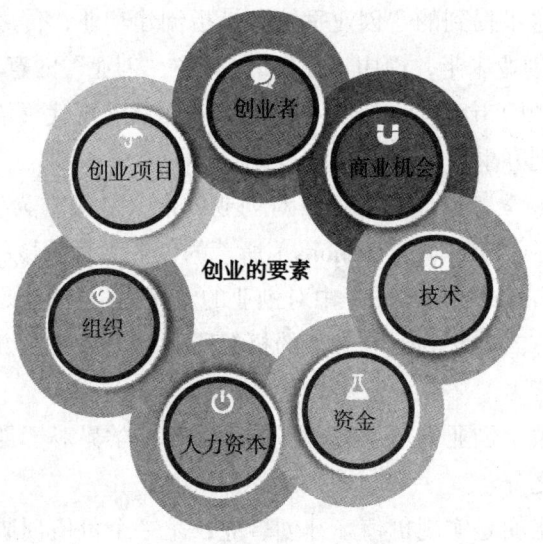

图1-5　创业的要素

1. 创业者

创业者是创业活动的主体，在整个创业活动中居于核心地位，对创业活动的成效起着决定性作用。创业者可以是个体，也可以是团队，创业者自身的素质与能力是创业活动成功的重要因素。

2. 商业机会

创业活动的重要核心之一就是对商业机会的把握与挖掘，机会导向是创业活动显著的特点。机会对创业活动具有显著的影响，因为其反映着市场的发展趋向，在精准把握机会的基础上开展创业活动，能够因势利导，使生产活动更加符合市场的需求，在激烈的市场竞争中取得先机，促成创业的成功。

3. 技术

技术是产品生产与服务提升的重要基础，是企业核心竞争力的体现。许多成功的创业实践都是以技术为支撑的，在知识经济时代，技术对于企业的重要性日益提升。因此，技术因素是创业活动重要的组成要素，需要引起创业者的重视。

4. 资金

资金是创业的基础要素，若想创业，除了需要具备良好的创业素质与合适的创业机会之外，还需要具有一定的资金。任何创业活动都需要资金支持，没有资金的创业只是空谈。

5. 人力资本

人力资本是创业活动重要的资源投入。20世纪60年代，美国经济学家西奥多·舒尔茨（Theodore W. Schultz）和加里·S. 贝克尔（Gary S. Becker）创立了人力资本理论。之后该理论将资本划分为物质资本与人力资本，强调人力资本在生产中的重要性，认为在现代化的生产条件下，劳动生产率的大幅提升，正是人力资本不断增长的结果，如果不重视人力资本的投资，物质资本投入再多也无济于事。创业活动作为一种创建新的生产组织的活动，更需要重视人力资本的重要作用。[①]

6. 组织

组织是协调创业活动的系统，是创业的重要载体，同时也是资源整合的平台，创业活动的成功开展离不开组织的作用。

7. 创业项目

创业项目指的是创业者为了达到商业目的具体实施和操作的工作。创业项目是创业的主体内容，是创业者对创业环境、创业机会、技术与资金进行综合研判之后确定的创业内容。

二、创业的特征

创业不是一蹴而就的，而是一个系统的过程，从整体的角度观察创业活动，其具有一系列鲜明的特征，主要内容如图1-6所示。

---

① 胡川，胡瑞生. 中小企业管理学 [M]. 武汉：武汉大学出版社，2018：292-293.

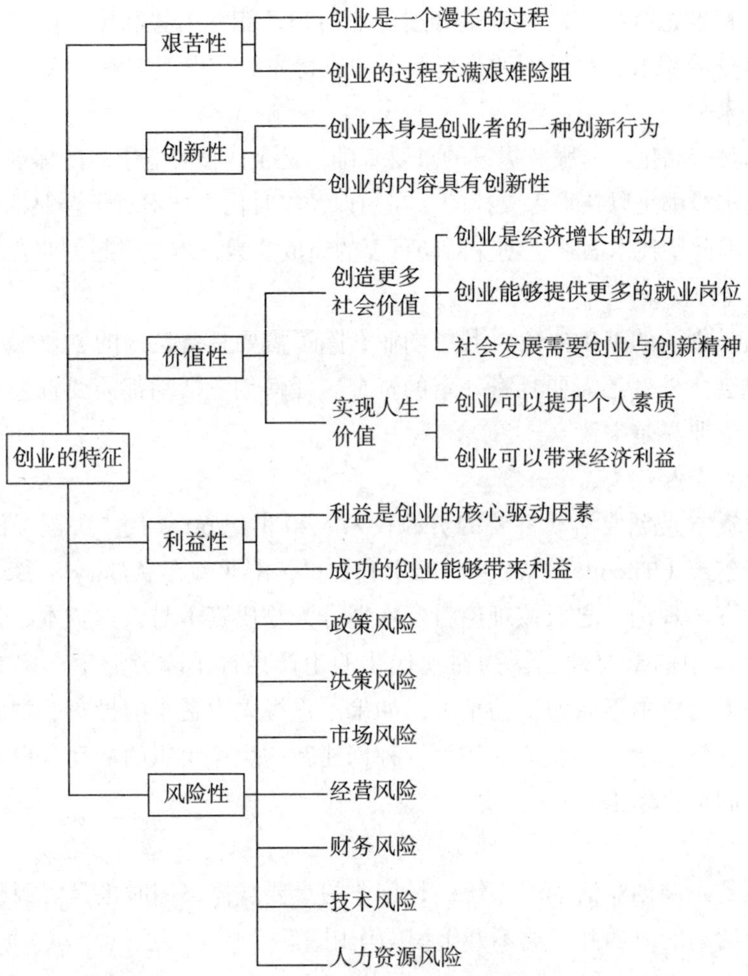

图 1-6 创业的特征

（一）艰苦性

创业是一个艰难的过程，特别是对一些白手起家的创业者来说更是如此，创业者往往需要经过多年的艰苦奋斗，付出大量的时间与精力，克服无数艰难险阻，为创业活动倾注大量的心血，才可能实现成功的创业。

1. 创业是一个漫长的过程

创业活动首先是一个漫长的过程，绝大多数成功的创业活动都经历了一个漫长的起步和发展阶段。由于创业活动是一种从头开始组建生产组织系统的活动，无论是资金的筹集、组织的构建、人才的招募、市场的调研、产品的生产与推广等环节都需要创业者身体力行，因此创业一般需要耗费大量的时间，需要创业者有充分的思想准备。

2. 创业的过程充满艰难险阻

创业的过程是不断摸索前进的过程，特别是对一些新兴领域的创业活动来说，由于缺乏足够的经验指导，更是需要创业者摸着石头过河。创业过程中的各个环节都需要创业者付出巨大的努力才能实现。比如资金的筹备，资金对创业活动来说是基础性要素，没有足够的资金支持，创业便无从谈起。创业者虽然可以得到国家和社会在政策与资金方面的支持，但对一部分创业活动来说，仍存在资金短缺的情况，这就需要创业者充分发挥主观能动性，调动各种资源开展筹集资金的工作。创业的过程中，创业者需要面对大量诸如此类的问题，这就需要创业者具有坚定的信念和坚强的意志，克服一切艰难险阻，最终实现成功的创业。

（二）创新性

创新性是创业活动的显著特征，创业活动的创新性不仅体现在创业的内容上，还体现在创业活动对创业者来说是一种创新实践。

1. 创业本身是创业者的一种创新行为

创办一个企业对社会和行业来讲或许不是一件新鲜事，但是对创业者个人来说却是一种创新的尝试，这里的创新指的是创业者在整个创业过程中遇到的几乎都是新的事物和新的问题。创业要求创业者改变长期以来的思维模式，用创造性思维解决创业过程中遇到的新问题。

2. 创业的内容具有创新性

创业是在洞察市场、把握机会的基础上开展的，而这种机会，一般都源于市场的新需求，因此有相当一部分创业的内容是具有创新性的。一个新的企业若想在激烈的市场竞争中站稳脚跟，就必须在产品和服务上都具有独特的优势，这种优势的形成靠的就是创新。对正处在创业初期的创业者来说，由于资金、人才等条件的限制，技术创新存在一定的难度，因此可以通过理念创新与服务创新的方式开拓市场，站稳脚跟。在成功度过创业初期之后，创业者同样应该重视创新的重要作用，因为创新是使企业永葆生机、保持市场竞争力的源泉。

(三)价值性

创业是一个价值创造和创业者自我价值实现的过程,因此价值性是创业的重要属性。

1. 创造更多社会价值

(1)创业是经济增长的动力。创业普遍可以创造更多的社会价值,因为创业活动会构建一个新的企业,为社会提供产品与服务,促进经济的增长和社会的发展。创业活动本身蕴含着创新的因素,是国家经济发展的新增长点,是促进产业结构优化升级的重要推动力量。

(2)创业能够提供更多的就业岗位。创业不但能在一定程度上缓解大学生就业难的问题,为大学生提供一条新的发展路径,而且作为创业成果的企业还能为社会提供更多的工作岗位,创造新的就业机会,有利于缓解社会就业压力。

(3)社会发展需要创业与创新精神。知识经济时代,创新是发展的首要驱动力,随着时代的进步与全球经济一体化的不断发展,世界范围内的经济结构正处在不断的变革与优化之中,新的产业不断涌现,需要人们不断探索新的发展模式,创业与创新精神成为社会发展所必需的要素。一个国家要想实现社会的快速发展,在未来的世界竞争中取得领先地位,就必须构建具有创新精神的社会文化,最大限度地激发整个社会的创业热情,使创业与创新精神成为推动经济增长和社会发展的动力。

2. 实现人生价值

(1)创业可以提升个人素质。创业是一个复杂的过程,从创业团队的组建,到市场与产品的分析,再到企业的运行,都是对创业者各种社会能力的一种磨炼。创业的过程需要创业者充分发挥主观能动性,灵活处理各种问题,并以坚强的意志和坚定的信念,勇敢面对并克服在创业过程中遇到的艰难险阻。可以说,创业的过程,就是创业者不断提升自身素质,实现个人价值的过程。

(2)创业可以带来经济利益。获取经济利益是许多创业者进行创业活动的主要动机之一。创业者可以通过自身的勤奋和努力来换取相应的财富回报,从而增加收入。成功的创业实践能够给予创业者丰厚的回报,为满足创业者个人需求提供充裕的物质基础,显著提升创业者自身和家庭的生活质量。

（四）利益性

1. 利益是创业的核心驱动因素

创业以增加财富为目的，没有利益的驱动，就不会有人愿意承受创业所面临的风险。在创业活动中，风险与回报之间是一种正相关的关系，风险越大，回报也就越大。许多创业者甘愿承担更高的风险进行创业活动，目的正是取得更为丰厚的回报，这种回报既包括物质回报，也包括精神回报。因此，利益是创业的核心驱动因素。

2. 成功的创业能够带来利益

创业者以追逐利益为目标开展创业活动，同样地，成功的创业实践也能为创业者带来丰厚的回报。获取利益的多少是衡量创业活动是否成功的一个重要指标。

（五）风险性

创业风险来自创业活动有关因素的不确定性，因此创业风险的来源有很多，主要有以下七种。

1. 政策风险

政策是创业活动与企业经营的重要保障，同时，政策的变动也会对创业产生重要的影响，特别是临时性、突发性的政策变动，对创业企业的影响更为显著。

2. 决策风险

创业者的决策是影响创业活动成败的关键因素，正确的决策能使创业活动事半功倍，而错误的决策则会为创业带来巨大的风险。不同的决策方案有不同的机会成本，对创业经验不足的大学生来说，对市场的把握不够以及自身经验的缺失都会放大创业的风险。比如盲目的扩张导致企业的发展不符合自身的能力和市场的需求，就会带来巨大的风险。

3. 市场风险

市场风险是创业的核心风险因素，创业活动需要直接面对市场，在市场经济的大环境下，市场的不确定性会对创业活动带来巨大的影响，且市场风险的来源非常多，对创业初期的企业来说相对难以防范。比如，更加强势的竞争对手的出现，会使行业的市场形势产生较大的变化，影响企业的正常发展。

4. 经营风险

经营风险指的是企业在生产经营过程中，由于供应、生产、销售各个环节的不确定性因素导致企业资金运行出现问题的风险。导致经营风险的因素有主观的也有客观的，主观风险因素包括创业者错误的经营行为，客观风险因素包括经济、社会结构的变动等。

5. 财务风险

财务风险是创业过程中资金方面的风险，财务风险存在于企业财务管理的全过程，资金筹集、资金运用、资金积累和分配等财务活动，均会产生财务风险。由于资金是创业的重要基础，因此出现财务风险很容易导致创业的失败，需要创业者多加防范，妥善应对。

6. 技术风险

技术风险主要存在于以技术为支撑的创业活动中，技术是这些企业立足于市场的核心，倘若在技术层面出现问题，或者自身的核心技术被其他前沿技术所替代，丧失技术优势，就会产生巨大的风险。

7. 人力资源风险

人是企业经营与发展的主体，特别是在当今知识经济时代，人才对企业的创办和发展来说至关重要，创业的过程离不开人才的支撑，也正因为如此，人才的流失或人力资源管理的不合理都会为企业带来一定的风险。

三、创业的类型

根据不同的参照标准，创业的类型有多种不同的分类方式，具体内容如图1-7所示。

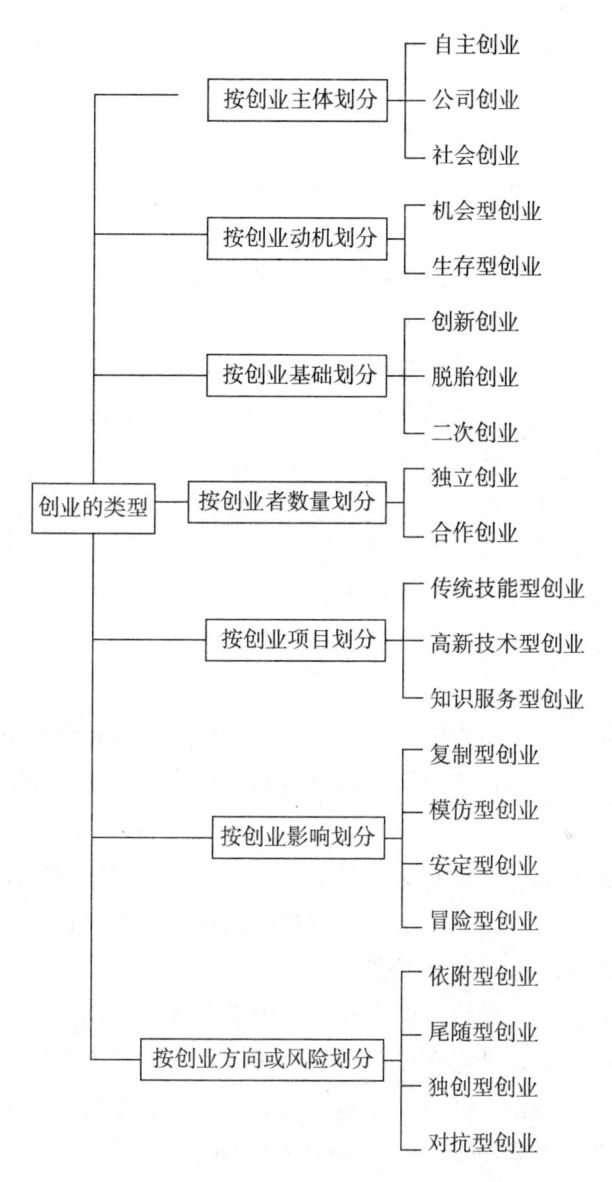

```
                                    ┌─ 自主创业
                    ┌─ 按创业主体划分 ─┼─ 公司创业
                    │                 └─ 社会创业
                    │
                    │                 ┌─ 机会型创业
                    ├─ 按创业动机划分 ─┤
                    │                 └─ 生存型创业
                    │
                    │                 ┌─ 创新创业
                    ├─ 按创业基础划分 ─┼─ 脱胎创业
                    │                 └─ 二次创业
                    │
                    │                    ┌─ 独立创业
         创业的类型 ─┼─ 按创业者数量划分 ─┤
                    │                    └─ 合作创业
                    │
                    │                 ┌─ 传统技能型创业
                    ├─ 按创业项目划分 ─┼─ 高新技术型创业
                    │                 └─ 知识服务型创业
                    │
                    │                 ┌─ 复制型创业
                    ├─ 按创业影响划分 ─┼─ 模仿型创业
                    │                 ├─ 安定型创业
                    │                 └─ 冒险型创业
                    │
                    │                       ┌─ 依附型创业
                    └─ 按创业方向或风险划分 ─┼─ 尾随型创业
                                            ├─ 独创型创业
                                            └─ 对抗型创业
```

图 1-7　创业的类型

（一）按创业主体划分

1. 自主创业

自主创业的主体是白手起家的创业者或创业团队，自主创业指的是创业者个人或者创业团队白手起家，依靠自身的力量开展的创业活动。自主创业的动

· 033 ·

机相对较多，且因人而异。有的是创业者希望通过创业实现更高的人生价值；有的是创业者希望更好地发挥自己的专长；有的是创业者有了发明成果，希望进一步挖掘其商业价值；有的则是创业者自身独立性强，喜欢挑战，不喜欢受他人约束；还有的是创业者受到身边家人或者朋友的影响，具备较好的资源，从而开展创业。

自主创业的显著特点是，在自主创业的整个过程中，无论是计划的制订还是决策的执行，创业者均具有很强的自主性。与就业相比，自主创业给予了创业者实现自己的想法、发挥自身创造力、独立主动地控制工作环境和进行决策的机会，以及获得无限收益的潜力，但这也使得创业者面临着工作不定时、收益不稳定、责任更加重大、需时刻学习以解决新问题等挑战。如果创业失败，创业者还要承受来自经济、心理、情感、家庭和社会等方面的压力。因此，自主创业对创业者来说，是一个充满挑战的选择。自主创业对创业者有非常大的影响，不仅能够改变创业者的生活方式，还能在很大程度上提升创业者的综合素养，实现个人更好的发展。

2. 公司创业

公司创业指的是公司为谋求进一步发展、拓展市场和提升市场竞争力而进行的生产方式、生产结构或组织结构更新的过程。与自主创业相比，公司创业有以下特点。

（1）公司创业的主体是已建立的公司，尤其是处于成熟期的大中型公司。创业行为可发生在企业的各个层面，包括由高层管理团队倡导的创业行为，也包括发生在各类基层部门的自发创业行为。

（2）公司创业行为既可以发生在组织内部，如开发新产品、新服务，应用新技术、新管理技能，开发新战略、新市场和新的竞争方式等；又可以发生在组织外部，以战略联盟、并购、分包、建立子公司等方式，采用独立事业单位的结构来组合并配置新的资源，从而开发不同于母公司目前业务的创业活动。这些创业行为通过组织而非个人力量转化为企业绩效。

（3）与个体创业主要寻求外部资源不同，公司创业更侧重企业内部资源的配置与利用，以及与外部资源结合产生"新的组合"。

（4）公司创业活动容易受到企业内部各种规则、程序、制度及政策的影响，会削弱创业者对创业活动的影响力和控制力，并对企业组织决策形成较强依赖。

3. 社会创业

社会创业指的是将商业运作机制引入社会组织或者团体，使这些组织或者团体借助市场的力量解决社会问题或满足社会需求的过程。社会创业的显著特点是追求社会价值与经济价值双重目标。

社会创业具有双重性，一方面，社会创业的主体具有创业者的身份，将商业运作机制引入社会服务的目的就是要创造经济价值，这符合创业的利益性；另一方面，作为社会创业主体的社会组织或团体肩负着一定的社会使命，其存在的目的就是处理和解决社会问题，促进社会更好地发展，因此社会创业必须重视社会价值的创造，且对社会创业来说，社会价值的重要性要高于经济价值。

（二）按创业动机划分

1. 机会型创业

机会型创业指的是为了抓住和利用商业机会而开展的创业活动，机会型创业是创业者在感知到创业机会的情况下，主动、自愿地组织资源对商业机会进行开发的过程，是一种主动性非常强的创业类型。

机会型创业的创业者普遍具有其他的发展途径，但是其希望通过创业实现自身的价值，或通过创业获取更多的经济利益，于是在识别与把握商业机会的前提下，主动、自愿地选择了创业，显示出创业者的主动性。也正是由于机会型创业是在创业者充分把握商业机会的前提下主动开展的创业活动，创业者的创业目的与价值追求十分明确，所以从经济角度看，相比于生存型创业，机会型创业普遍具有更高的价值。

机会型创业往往具有创造新产品、形成新产业和开辟新市场的功能，因此机会型创业可以为区域经济的发展增添活力，优化区域产业结构，带动区域经济发展，因此也有人将机会型创业称为经济发展的引擎。

2. 生存型创业

生存型创业是一种相对比较被动的创业方式，指的是创业者在缺少其他发展路径，或对其他就业选择不满意的情况下，为了谋生而被迫选择创业的道路。生存型创业多是在现有的商业环境中寻找适合自己的创业机会，一般缺乏创新性，不能为市场创造新的需求，大多属于尾随型和模仿型创业。

由于生存型创业的目标初始定位是解决自身的就业问题，且初始资源也相对有限，因此一般难以做大做强。当然，其中也有部分生存型创业企业因为经营得当，且创业者善于把握机会而发展壮大的。

（三）按创业基础划分

1. 创新创业

从创业基础的角度出发，创新创业也叫自主创业或独立创业，是创业者通过把握商业机会，独立自主地组织各种资源进行创业的过程。由于这种创业形式的主体一般是白手起家或是创业经验较少的个人或团体，因此创业的风险相对较大，同时，这种类型的创业为创业者带来的收益和成就感也会很大，因此它受到许多创业者的青睐。

2. 脱胎创业

脱胎创业又称母体脱离创业，指的是企业内部掌握一定资源的人员，在脱离原企业后，通过自己掌握的资源重新创立一家企业的创业行为。这种创业类型的典型特点是创业者普遍具有较高的创业素质，拥有创业所需的专业知识、经验和关系网络。脱胎创业创立的企业，生产的产品或提供的服务一般与原企业类似。

脱胎创业一般出现在产品或服务生命周期的早期阶段以及新兴的行业之中，因为这时的市场还不饱和，同类型的产品与服务还处在不断地丰富与发展之中，产品供不应求，同类型企业之间的竞争还不激烈，留给创业者的空间相对较大，存在着巨大的商业机会。

脱胎创业的成功与否一般与资金的筹集是否充足和团队的组建是否完备密切相关，脱胎创业的创业者普遍具备较高的创业素质，但是缺乏资金与团队的支持，因此，能否筹集到足够的资金以及组建一支高素质的创业团队就成为脱胎创业能否成功的关键。

3. 二次创业

二次创业主要包含企业内部创业与再创业两种类型，指的是企业根据自身发展的需要以及市场的变化，创立新的业务部门、创立新的企业或者对经营模式进行转型升级等。有的企业为了进一步拓展市场，提升自身的市场竞争力，会主动寻求新的商机，进行二次创业。而有的企业则是由于自身的生产经营模式不再适应行业的发展和市场的需求，因此被迫进行二次创业，进行转型升级，寻找新的发展机会。

（四）按创业者数量划分

1. 独立创业

独立创业指的是创业者独立开展创业活动，独立筹集资金、组建团队、创办企业，独立创业的优势与劣势如图1-8所示。

```
                          ┌─ 利益驱动力强
              独立创业的优势 ├─ 工作效率高
             ╱            ├─ 营运成本低
独立创业的                  └─ 灵活性强
优势与劣势
             ╲            ┌─ 经营规模小
              独立创业的劣势├─ 经营方式单一
                          ├─ 决策具有随意性
                          ├─ 决策风险较大
                          ├─ 创业者精力消耗巨大
                          └─ 创业者孤军作战
```

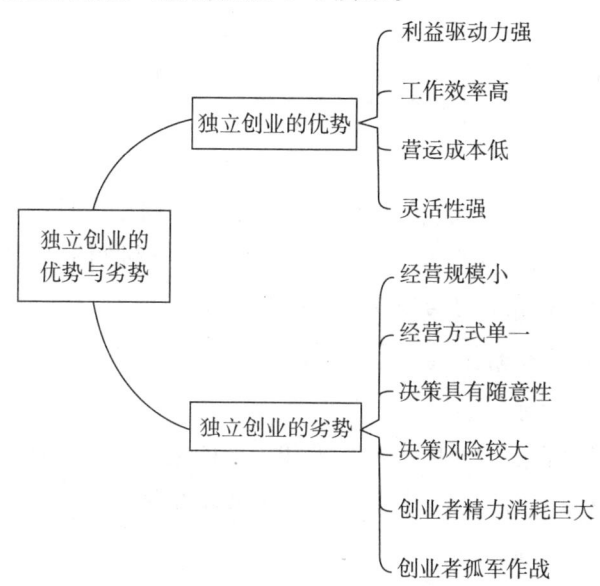

图1-8 独立创业的优势与劣势

（1）独立创业的优势

第一，利益驱动力强。独立创业需要创业者独立担负起创业过程中的所有责任与风险，当然，创业的成果也归创业者独有，这种高风险、高回报的创业模式具有很强的驱动力，能够驱使创业者充分发挥主观能动性开展创业活动。

第二，工作效率高。在独立创业中，所有的业务均由创业者管理，管理权相对集中，创业者在做决策时不用征求其他人的意见，也不需要说服别人，更无需进行责任与义务的划分，这种模式下的决策效率与工作效率都非常高，创业者更容易把握住稍纵即逝的商业机会。

第三，营运成本低。独立创业的企业组织结构相对简单，创业团队之间齐心协力，因此可以避免许多不必要的花销，可以利用较低的成本度过相对艰苦的创业期。

第四，灵活性强。同样是因为独立创业的创业团队内部组织结构简单，因此决策过程相对简单，便于根据市场的变化灵活调整企业的战略与具体的经营模式。

（2）独立创业的劣势

独立创业的优势是从其特征中产生的，如果不能正确把握独立创业的特征，其优势就会转变为劣势，独立创业的劣势主要包括经营规模小，经营方式单一；决策具有随意性，进而产生决策失误的风险较大；创业者承担的工作量大，且处于孤军作战的境况等。

2. 合作创业

合作创业指的是与他人或其他团队共同创业。由于合作创业与独立创业是一对相互对照的概念，从创业者数量与企业的运行机制上来看，二者是对立的，因此合作创业的优劣势与独立创业正好相反。

（五）按创业项目划分

1. 传统技能型创业

传统技能型创业是指使用传统技术和工艺的创业项目。这些独特的传统技能项目具有永恒的生命力，尤其是在与人们日常生活紧密相关的行业中，许多现代技术都无法与之竞争。

2. 高新技术型创业

高新技术型创业是指知识密集度高，带有前沿性研究开发性质的新技术、新产品项目，例如，将航天等高新技术领域的成果实现产业化，形成新产品等。

3. 知识服务型创业

知识服务型创业是指为人们提供知识、信息的创业项目。当今社会，信息量越来越大，知识更新越来越快，各类知识性咨询服务机构将会不断细化和增加，如律师事务所、会计师事务所、管理咨询公司、广告公司等。这类项目投资少、见效快，竞争也日渐激烈。

（六）按创业影响划分

1. 复制型创业

复制型创业即复制原有公司的经营模式，这种创业模式创新的成分很少。例如某人原本在一家企业任职，后来离职自行创立了一家与原企业服务内容类似的企业。新创立的公司中属于复制型创业的占比虽然很高，但由于这种类型的创业缺乏创新创业精神的内涵，不是创业管理主要的研究对象。

2. 模仿型创业

虽然模仿型创业也无法给市场带来新价值的创造，创新的成分很少，但其与复制型创业的不同之处在于，创业过程对创业者而言还是有很大的冒险成分。模仿型创业具有较高的不确定性，学习过程长，犯错机会多，代价也较高。

3. 安定型创业

安定型创业虽然为市场创造了新的价值，但对创业者自身而言，创业者自身并没有面临太大的改变，从事的也是比较熟悉的工作。安定型创业强调的是创业精神的实现，也就是创新的活动，而不是新组织的创造，企业内部创业即属于这一类型。

4. 冒险型创业

冒险型创业会对创业者造成较大的改变，个人前途的不确定性很高。对新企业的产品创新活动而言，企业也将面临很高的失败风险。冒险型创业是一种难度很高的创业类型，有较高的失败率，但成功所得的报酬也很惊人。

（七）按创业方向或风险划分

1. 依附型创业

依附型创业是一种依附于大型企业或相对成熟的产业链而开展的创业活动，这种类型的创业主要有两种形式，一是为企业或者行业提供相关配套的服务，比如一些代加工企业，或者专门为某企业生产零配件的企业；二是通过取得特许经营权而进行的创业活动，如加盟合作。依附型创业是经济全球化不断加深与市场化不断发展的产物，充分利用了生产分工不断细化的发展潮流。依附型创业由于依托的是发展相对成熟的企业和产业链，因此风险较低，同样，利润也相对较低。

2. 尾随型创业

尾随型创业即模仿他人的商业行为进行创业。这种创业模式主要有以下两个显著的特点，一是循序渐进，即短期求生存，长期求发展，维系企业平稳运转是创业初期的主要目标，随着学习到的经验逐渐增多，再寻求更进一步的发展；二是在市场中拾遗补缺，即不求独自承揽全部业务，只求在行业中分得一杯羹。这种创业模式同样具有风险小、利润低的特点。因为自身属于后发者，所以有成熟的发展经验可以借鉴，但缺点是市场已经被先发创业者占据，若想凭借后发优势实现后来居上，则需要付出更多的努力。

3. 独创型创业

独创型创业的特点是其生产出的产品或者提供的服务能够填补市场的空白，这种创业类型的特点是通过对产品和服务的内容或者形式进行创新，为消费者提供全新的产品或服务。独创型创业能够填补市场的空白，因此成功的创业实践能够获取较高的利润，且有机会凭借先发优势将行业发展的主动权牢牢掌握在自己手中，但缺点是风险相对较高。

4. 对抗型创业

对抗型创业，指的是进入其他企业已经形成垄断地位，或者在行业中存在大量强劲竞争对手的市场展开创业，这种类型的创业迎难而上，风险极高，需要创业者知己知彼，善于抓住商业机遇，充分发挥自身的优势。由于对抗型创业一般瞄准的是发展情况良好或发展潜力巨大的市场，因此成功的创业实践也会为创业者带来丰厚的回报。

第三节　大学生创新创业教育的现实意义

推进大学生创新创业教育，无论是对社会的发展，还是对大学生自身的发展，都具有重要的意义。推进大学生创新创业教育的现实意义主要有以下几点，具体内容如图 1-9 所示。

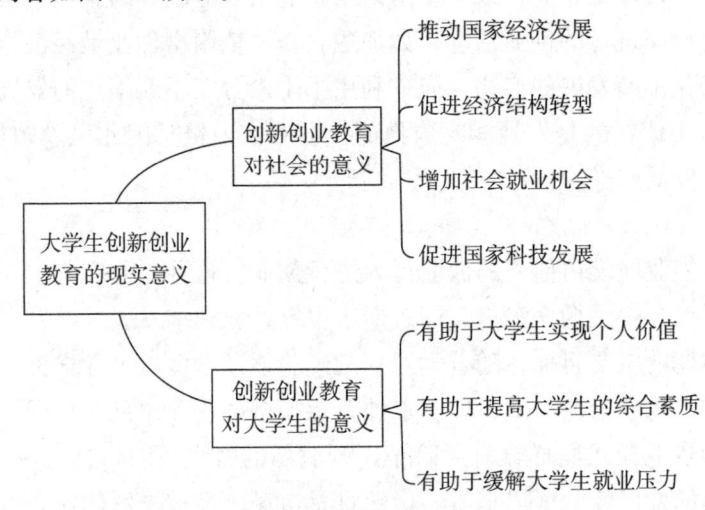

大学生创新创业教育的现实意义
- 创新创业教育对社会的意义
  - 推动国家经济发展
  - 促进经济结构转型
  - 增加社会就业机会
  - 促进国家科技发展
- 创新创业教育对大学生的意义
  - 有助于大学生实现个人价值
  - 有助于提高大学生的综合素质
  - 有助于缓解大学生就业压力

图 1-9　大学生创新创业教育的现实意义

一、创新创业教育的社会意义

（一）推动国家经济发展

创新创业对国家和社会发展的首要推动作用就体现在促进国家经济发展方面。有研究表明，某一区域内创新创业的活跃程度与该区域的经济繁荣程度呈正相关，尤其是区域内的创新创业活动对该区域未来几年的发展具有明显的促进作用。

创新创业的直接成果就是使区域内中小企业的数量显著增加，进而为区域经济发展注入新的活力，带动区域产业的发展，促进区域经济的增长。"大众创业、万众创新"催生了中小企业的迅速崛起，对我国经济持续高速增长、社会现代化建设起到了重要的作用。

（二）促进经济结构转型

创新是引领发展的第一动力，当前我国的经济发展已经步入一个新的阶段，旧的发展模式已经不适应新时代的发展需求，这就要求我们抓住机遇、扎实推进经济结构调整与转型升级，以顺应当前经济发展的新形势与新需求。

创业不仅是个体实现自我价值的过程，还是一个通过对各种资源进行优化整合，进而创造出更大经济价值或社会价值的过程。创业本身具有创新性与价值性，成功的创业具有较强的价值创造能力，而创新性较强的创业则是在敏锐把握商业机遇前提下的一种新尝试，一般表现为创新型创业或独创型创业，这种类型的企业无论是经营模式还是经营内容上都是相对新颖的，因此，能为市场注入新的活力，同时带动相关产业的发展。

当然，创业活动并不一定是开辟蓝海市场的过程，特别是对大学生来说，由于其经验较少，资金缺乏，大量的创业者为了降低创业风险，提升创业的成功率，会选择模仿型创业、依附型创业或者尾随型创业。这些创业方式虽然不具有首创意义，但是绝大部分成功的创业实践都是发生在发展趋势良好或者潜力巨大的行业之中的，这些行业大多都是新兴行业，其对经济结构调整与转型升级具有重要的促进意义。创业对行业的发展具有显著的推动作用。因此，鼓励大学生创业，能够促进新兴行业的发展，进而助力区域经济结构转型升级。

（三）增加社会就业机会

增加企业，尤其是中小企业的数量，是当今世界各国缓解社会就业压力，实现充分就业的主要渠道，这对我国来说自然也不例外。

增加就业对提高收入水平、推进经济发展、保障劳动者的劳动权利，都具有重大意义。增加就业是减少贫困、改善收入分配状况的有效策略。每个家庭或个人的收入水平取决于其所拥有的生产要素的报酬。在各种生产要素中，劳动是分布相对广泛的生产要素。绝大部分人没有资本、土地，只能依靠劳动来取得收入，对劳动者来说，失去就业机会就意味着失去了主要的收入来源。失业率上升，将导致贫困增加和贫富差距加剧，还会导致一系列社会问题的出现。

促进创业是增加就业的有效途径，创业不仅能解决创业者个人的就业问题，成功的创业实践还能为社会提供更多的就业岗位，有效带动就业。

（四）促进国家科技发展

知识经济是高科技发展促成的，是创新的结果。以信息技术、生物技术、先进制造技术、先进环保技术、新材料技术和新能源技术为代表的高科技领域，集中体现了人类创新能力开发带来的创业成果，冲击着传统的生产方式和产业结构，使人类的生产生活产生了革命性的变化，把社会生产力推进到一个前所未有的高度。知识经济又催生着高科技的不断创新和科技产业的不断发展。

目前，人类社会的技术革命正在从第三次技术革命逐步转向以新材料技术、新能源技术等的广泛应用为主要标志的更高的发展阶段。从技术发明、技术改良到终端产品的创新发明与规模化生产，周期越来越短，更新频率越来越高。这在客观上对传统生产方式形成巨大冲击的同时，也为掌握高新知识与高新技术的青年大学生提供了很好的创业环境，成为青年大学生树立创业观念、寻找机会的必备要素之一。

二、创新创业教育对大学生的意义

（一）有助于大学生实现个人价值

1. 个人价值概述

人的个人价值是指个人或社会在生产、生活中为满足个人需要所做的发现和创造，其次是个人自我发展和社会对个人发展的贡献。个人价值主要包括以下四个方面的内容。

（1）满足个人的生存需要。个人需要的满足需要以足够的物质生活资料为支撑。人类早期获取物质生活资料的方式以向自然索取为主，随着人类认识自然和改造自然的水平不断提升，人的社会属性要求满足个人生存需要的资料需要通过社会来获得，这是人不同于其他动物的一个特点。人是不能脱离社会而存在的，因此，人类个体生存的重要前提就是通过社会获取物质生活资料，这自然也是个人价值得以实现的基础。

（2）满足个人的享受需要。个人价值还包括个人享受需要的满足。人的需要是不断发展的，生存只是人类基础的需要，但人们不仅需要为生存而奋斗，还需要为享受而奋斗，不断争取高级的享受，放弃低级的享受。因此，人在满足生存需要的基础上，还会进一步产生享受的需要。

不同于享乐主义，享受需要是人与生俱来的一种追求，是一种非常合理的需求，人的享受需要本质上是一种社会现象，是社会发展到一定程度才会产生的需要，因此其必须通过社会才能满足。享受需要既包括物质方面的享受，也包括精神方面的追求，满足个体的享受需要是实现个人价值的重要内容。

（3）满足个人的尊重需要。人不仅要活着，而且要有尊严地活着，即需要受到尊重。尊重有内部尊重与外部尊重之分。内部尊重指的是人的自尊，即既不向别人卑躬屈膝，也不允许别人歧视侮辱，是一种健康良好的心理状态；外部尊重则是指一个人希望有地位、有威信，受到别人的尊重、信赖和高度评价。人类个体对尊重的需要就是这种内部尊重与外部尊重的有机结合，即自尊自爱，尊重他人，并受到他人的尊重。

（4）满足个人的发展需要。人的发展需要是一种高级的需求，人的发展需要既包括体力发展的需要，也包括智力发展的需要。在原始社会，人类认识世界与改造世界的能力较低，无法同时满足发展体力和发展智力的需求。随着实践的发展与社会分工的不断细化，人们不再满足于片面的发展，而是追求更全面的发展。个人价值就是在满足生存需要、享受需要和发展需要的过程中一步步实现的。

2.创新创业有助于大学生实现个人价值

我国大力提倡"大众创业、万众创新"，大学生作为社会中具有活力与创造力的高素质人群，是国家未来发展的希望，更应该具备较强的创新创业素质，将自己的知识转化为创造价值的能力。高校创新创业教育的直接作用就是培养和提升大学生的创新创业能力，大学生通过自主创新创业，能够不断超越自我，实现个人价值。

（二）有助于提高大学生的综合素质

在经济全球化背景下，我国人力资源市场竞争日益激烈。企业招聘大学生，既要看毕业学校，还要看大学生的实践经验，且实践能力水平的高低成为企业选贤任能的重要标准之一。大学生可以通过自主创业这一平台提高自身的实践能力，积累更多的实践经验和社会经验，提前为毕业后进入好公司打好基础。通过专业知识与创业实践相结合，提升大学生的创业能力，对提高大学生综合素质和高等教育整体水平而言，无疑是较为经济的途径之一。大学毕业生通过自主创业，可以把自己的兴趣与职业紧密结合，做自己感兴趣、愿意做和自己认为值得做的事情，在精彩纷呈的社会舞台中大显身手，最大限度地发挥自己的才能。

（三）有助于缓解大学生就业压力

创业能够增加社会就业机会，对大学生来说，创业同时也是解决创业者自身就业问题的一个有效途径。大学生在迈出校门后，首先面对的就是就业问题，当前我国的大学生面临着一定的就业压力，这种就业压力来自岗位和自身的求职意向之间的偏差，有一部分大学生无法进入自己喜欢的行业，或者自身条件不符合意向岗位的需求，这就会难以避免地产生就业问题。

加强对大学生创新创业的教育，鼓励大学生进行创业，可以为大学生的职业生涯提供新的选择。首先，创业的内容一般是符合大学生个人兴趣的，创业是一种主动性较强的行为，选择创业的大学生普遍对创业的内容和创业行为本身具有浓厚的兴趣，因此在创业过程中，大学生普遍会以积极的态度展开工作。其次，创业是许多大学生实现自我价值的有效途径，成功的创业实践，不仅能为大学生带来财富，还能给大学生带来巨大的成就感，即便创业失败，也能给大学生积累更多的经验，助力其未来实现更好的发展。

第二章 我国大学生创新创业教育发展研究

第一节 我国大学生创新创业教育的发展历程

一、起步期（20世纪70年代末—20世纪90年代中期）

总体来说，我国创新创业教育起源于20世纪70年代末的改革开放，当时正处于我国教育发展战略转换的过渡阶段，基于建立适应社会主义现代化建设需要，面向21世纪国际竞争中国特色社会主义教育体系的总目标，国家开始将教育管理权力下放到地方，扩大高校的办学自主权，以充分发挥中央和地方对教育事业管理的双重积极性。该阶段开始强调学生的主体地位，重视发挥其主动性和积极性，并对教学内容、方式和方法实行改革，逐步提高教育质量。

20世纪70年代末，我国高校开始探索创造教育，即创新教育的前身。1979年，上海交通大学开展创造学研究，并于1980年面向全校学生开设选修课程，这是我国高校创新教育实践的开端。1989年，清华大学等34所高校和中华全国学生联合会、中国科学技术协会及部分媒体联合举办首届"挑战杯"全国大学生课外学术科技作品竞赛，但在当时并未引起社会广泛关注。1993年，中共中央、国务院颁布《中国教育改革和发展纲要》（以下简称《纲要》），《纲要》在坚持培养学生分析问题能力的基础上，改革包统分和包当干部的就业制度，鼓励高校增加与社会的联系、建立重点实验室等，这彻底改变了高校办学模式，为创新创业教育的发展奠定了基础。

1992年，邓小平南方谈话促发了一场创新创业的热潮，而伴随着改革开放的深入发展，在"科教兴国"和"可持续发展"两大战略的推动下，我国的高等教育事业进一步加大了改革步伐。

二、发展期（20世纪90年代中期—2010年）

进入20世纪90年代中期，我国政府逐渐加大了对创新创业教育的重视和支持力度，如1995年，中国科学院提出实施"技术创新工程、'211工程'"为主要内容的建设国家创新体系的报告，加快了我国创新教育的发展。

1998年颁布的《高等教育法》中明确规定，高等教育要"培养具有创新精神和实践能力的高级专门人才"；之后的中共中央、国务院颁布《关于深化教育改革全面推进素质教育的决定》则进一步将创业教育纳入其中，要求"高等教育要重视培养大学生的创新能力、实践能力和创业精神"。

1998年《共青团工作跨世纪发展纲要》颁发，倡导开展中国青年创业行动、中国青年科技创新行动，共青团正式参与到高校创新创业教育工作中来。1999年，教育部颁发《面向21世纪教育振兴行动计划》强调"加强对教师和学生的创业教育，鼓励他们自主创办高新技术企业"。

2000年，教育部印发《教育部关于贯彻落实〈中共中央、国务院关于加强技术创新，发展高科技，实现产业化的决定〉的若干意见》的通知，明确指出"允许大学生、研究生（包括硕士、博士研究生）休学保留学籍创办高新技术企业，增强提高学生创业意识和实践能力"。在政府大力倡导和支持下，越来越多的高校开始自主探索创新创业教育。

21世纪初，除教育部之外，政府多个部门协同推动高校创新创业教育，高校与社会组织合作开展多元创新创业教育探索。清华大学、上海交通大学等9所高校被教育部划定为创业教育试点院校，并给予了政策和资金支持，形成三种比较有代表性的创业教育模式：以创新创业教育培养学生的创业精神和创新能力；以创新意识的培养带动创业教育，发展学生知识的转化能力；培养学生的创新创业能力以及混合模式。截至2007年上半年，该项目在全国50所高校中广泛开展，我国创新教育与创业教育开始步入正轨。

三、成熟期（2010年至今）

2010年，教育部颁布《教育部关于大力推进高等学校创新创业教育和大学生自主创业工作的意见》正式明确"创新创业教育"的内涵，并对高校创新创业教育进行了全局性的部署，标志着我国创新创业教育进入教育行政部门指导下的全面推进阶段，这是我国首个推进创新创业教育的全局性、纲领性文件。之后，教育部连续发布多份文件，从多方面指导我国高校创新创业教育建设，如《教育部关于全面提高高等教育质量的若干意见》《普通本科学校创业教育教学基本要求（试行）》《国务院办公厅关于深化高校创新创业教育改革的实施意见》。

在中国共产党第十九次全国代表大会上，习近平在报告中提出"加快建设创新型国家"，明确"创新是引领发展的第一动力，是建设现代化经济体系的战略支撑"。近年来，国内外的发展局势愈加证明一个道理：大国竞争实际上就是人才的竞争。如何抓住机遇，让创新创业带动经济发展，让创新创业引领时代潮流，是我们需要着重研究的课题。随着时代的发展，创新创业教育被越来越多的高校所重视，人们也逐渐认识到创新创业的重要性。

第二节 我国大学生创新创业教育的模式与特点

一、教学模式概述

"模式"一词是英文 model 的汉译名词。model 还译为"模型""范式""典型"等。一般指被研究对象在理论上的逻辑框架，是经验与理论之间的一种具有可操作性的知识系统，是再现现实的一种理论性的简化结构。

布鲁斯·乔伊斯（Bruce Joyce）和玛莎·韦尔（Marsha Weil）在《教学模式》一书中表示："教学模式是构成课程和作业、选择教材、提示教师活动的一种范式或计划。"实际上，教学模式并不是一种计划，因为计划往往显得太具体，太具操作性，从而失去了理论色彩。将"模式"一词引入教学理论中，是想以此来说明在一定的教学思想或教学理论指导下建立起来的各种类型的教学活动的基本结构或框架，以及表现教学过程的程序性的策略体系。

教学模式指的是在一定的教学理念与教学思想指导下，在具体的教学实践中形成的稳定的教学活动结构框架和活动程序。作为结构框架，突出了教学模式从宏观上把握教学活动整体及各要素之间内部的关系和功能；作为活动程序则突出了教学模式的有序性和可操作性。教学模式是人们通过长期的教学实践总结而形成的，教学模式源于教学实践，又反过来指导教学实践。

教学模式主要由五个方面的内容组成，分别是理论依据、教学目标、操作程序、实现条件和教学评价，这五个要素之间的有机联系构成了教学模式的基本结构，它们之间虽有区别，但不是孤立的，而是相互联系、相互依存的，教学模式的基本结构是由这五个要素共同构成的，缺一不可。

教学模式的本质是将教学理论运用到教学实践当中，提升教学的规范性。教学模式与教学实践之间也是相互联系、相互影响的。教学实践在教学模式的框架下开展，教学模式又随着教学实践的推进而进行适当的调整，以适应不同的教学环境和学习群体。教学模式既可以按照教学理论来进行构建，也可以根据教学实践来形成和完善，这也符合哲学理论中理论与实践的辩证关系。

二、我国大学生创新创业教育的模式

（一）创业孵化基地模式

创业孵化基地是创新创业教育体系中的一个重要组成部分，孵化基地的主要任务包括孵化企业、转化科技成果、搭建创业平台，具体就是尽力为企业和创业者营造良好的创业环境，提供全方位、全过程的综合性服务，从而促进技术成果的转化和商品化，提高创业成功率。孵化基地的另一个优势是可以给创业企业提供必要的创业基金，为小型企业提供良好的发展服务环境和空间环境，这能够显著地降低刚刚进入孵化器的创业者们的创业成本和有效降低或化解创业风险，提高其创业成功率。

1. 大学生创业孵化基地建设的理论基础

（1）系统创新理论。"创新"这一概念源于美国经济学家约瑟夫·熊彼特（Joseph Alois Schumpeter）的著作《经济发展理论》。熊彼特在该书中把创新界定为"执行新的组合"，即建立一种新的生产函数，把一种从来没有过的关于生产要素和生产条件的"新组合"引入生产体系。这个概念包括下列五种情况：①采用一种新产品；②采用一种新的生产方法；③开辟一个新的市场；④控制原材料或半成品的一种新的供应来源；⑤实现任何一种工业的新组织。

按照系统论的观点，系统是由相互联系、相互作用的若干要素有机结合成特定结构，从而具有不同于各要素独立具有的功能的整体。创新系统也是由各要素结合构成的复杂网络，创新活动系统不仅关注创新网络中的某一环节、片段或某一特定社会系统中单一的创新，还注重不同社会经济系统之间在实现创新这一目的上的融合和协同。创业孵化基地就是协同知识创新、技术创新和制度创新等不同创新行为的有效模式。

（2）三元参与理论。1993年6月，在加拿大蒙特利尔召开的国际科学工业园协会第九届世界大会上，通过深入考察研究科技园区发展规律，大会正式提出了政府、企业和大学以科技园为结合点的联合与协调理论，即"三元参与理论"。三元参与理论提出，20世纪中期以来，各国大学、企业和政府三方面都不约而同地遇到了一些新的问题，而实践表明，这些问题难以由单方面独立解决，需要三方共同参与解决。

（3）企业孵化器理论。企业孵化器的发展始于20世纪50年代的美国。1959年，美国的约瑟夫·曼库索（Joseph Mancuso）将一处旧建筑改造成工业中心，建立了世界上第一家企业孵化器。企业孵化器理论包含增长极理论、空间生产生命周期理论、公司空间扩张理论、社会网络理论、企业孵化器的核心资源论。孵化器原指人工孵卵的专用设备，一般用电子设备保持一定温度、湿度等环境条件，可在任何季节孵化出幼雏。现在借用"孵化"一词用来形象地表述实现科技成果产业化的一种手段。企业孵化器是指专为企业创新优化环境，培育创新型、技术密集型中小企业的一种新型社会经济组织形式。

2. 大学生创业孵化基地人才培养模式的内容

（1）创业环境的政策性保障。从创业孵化基地的外部环境而言，大学生创业的各个环节都离不开政府的政策保障与权力支持。从这一方面讲，大学生创业孵化基地的建设也是一项政策工程，因此，政府应该在政策与主导上发挥应有的作用，以大力推进孵化基地的建设与运行。

在运行过程中，政府应扮演好保障者、引领者、整合者与服务者的角色，充分发挥政策制定、权利保障、环境提供及服务指导的作用。政策制定与权利保障是优化创业环境的前提，而良好的创业环境要具体落实到政府的服务上面。

（2）创业资金的多元化运作。大学生创业孵化基地的建设和发展需要一定的资金支持，良好的资金链供应是孵化基地生存和发展的"生命线"。资金需求除了用于场地、办公、设备、人力、运营等基本费用支出之外，科技成果的产品化、市场营销、后续发展等都需要资金的不断供应，以保证孵化基地的正常运行和良性发展。

（3）管理机构的专业化构建。大学生创业孵化基地应具有企业理念，将企业运作机制引入到基地的运行与管理当中。尽管孵化基地与政府政策支持及权利保障有很大关联，但并不能把政府机构的行政式管理作为基地的管理机制，而应寻找政府、高校与企业之间的结合点。虽然大学生创业孵化基地具有公益性与服务性的功能特点，但因其兼具经济组织特征与企业运营性质，因此在本质上仍是一个企业。而作为一个新创企业，必须融入新的企业理念，应该用先进的专业化管理加以组织运行。鉴于此，孵化基地应以专业管理人员为主，成立相应的管理组织，对基地运行做出科学的决策与有效的管理。

（4）创业教育与培训的有序化推进。第一，推进创业技能培训，提供创业孵化基本条件。大学生创业孵化基地模式要求高校积极开展创业培训，开设创业辅导课程，建设创业模拟实验室。将创业指导作为学生职业发展教育和毕业生就业指导的重要内容，实现创业教育、创业指导和创业培训三者的有机结合。

第二，优化创业培训模式。组织开展大学生创业项目展等活动，提高高校毕业生创业培训的人数和比例；开展大学生创业培训，在大学生创业选题定位、培训内容、培训方法和指导过程等方面进行探索和创新，形成有效的教育教学模式；组织大学生创业比赛，征集大学生创业项目，特别是通过向在校大学生征集创业项目以激发他们的创业意识与兴趣；定期举办全院大学生创业项目展，建立大学生创业项目库；高校还需要面向社会和其他高校广泛征集可以尽快转化为生产力的科研成果，优先提供给希望创业又苦于没有好的创业项目的大学生；在有条件的情况下开展大学生创业沙龙，不定期邀请创业教育专家、成功创业人士与大学生进行交流并提供指导；同时通过网络平台，增加大学生创业群体的沟通和交流。

第三，提升创业培训指导。实施创业师资培训计划，着力培养创业培训师，探索建立创业实务操作的师资库。选择一批创业实体认定为创业培训实训基地，为创业培训合格者提供创业实训，聘请成功企业家、创投风投专家和社会人士组成创业导师专家团，提供项目推介、风险评估、开业咨询、融资服务等有针对性的创业指导和服务。

（5）创业服务的优质化提升。第一，要健全创业服务体系。强化创业的公共服务功能，不断拓展创业服务项目，优化创业服务措施，加快构建覆盖校园内外的公共创业服务体系，为大学生创业提供专业化、精细化、便捷化和全过程的创业服务，为大学生搭建集政策、信息、载体、服务于一体的综合平台。

第二，完善创业辅导制度。充分利用全市各类行业协会、商会、龙头企业等资源，整合不同行业、不同专业的专家指导队伍，从拥有丰富行业经验和行业资源的企业家、职业经理人、天使投资人中挑选一批青年创业导师，建立创业指导专家库，提供贴近大学生需求的专业化创业辅导。引进和培养一批具有较高知名度，能够深入创业实体中开展个性化咨询指导，解决创业实体疑难杂症的创业指导师。

第三，拓展创业服务内容。各级人力资源和社会保障部门要以创业大学生为重点服务对象，拓宽人事和劳动保障事务代理服务范围，免费为自主创业的高校毕业生提供人事代理、档案保管、职称评定、社保代理等服务。认真梳理归集涉及大学生创业的优惠政策，以年轻人喜闻乐见的形式加强宣传解读并提供咨询，帮助符合条件的创业大学生获得相应的政策扶持。

第四，搭建创业交流平台。推进创业服务综合平台建设，运营管理好网络和新媒体创业宣传平台，为自主创业大学生提供创业资讯发布、创业培训引导、创业政策解读、创业项目推介、创业基地展示、创业导师咨询、创业典型宣传和创业经验交流等服务。搭建创业沙龙、创业讲堂等青年创业者的交流平台，定期举办交流活动，为创业大学生及时了解政策和行业信息、学习积累行业经验、寻找合作伙伴和创业投资人创造条件。积极组织并引导大学生参加各类创业竞赛活动，激发大学生创业热情。定期举办以大学生为主体的创新创业展示活动，汇集大学生优秀创业成果，使之成为凝聚大学生创业者、展示创业方案和创业项目的舞台，同时为创业投资机构、天使投资人等选择投资对象提供了机会。

（二）将创业融入素质教育的模式

将创业融入素质教育模式的代表是中国人民大学。这种模式开展将素质教育与创业教育相关联、相结合，将课堂教学作为主导的教育活动模式。在第一课堂中，其教学内容设置以创业意识、创业精神、创业管理、创业风险投资等相关课程为主导，并运用讨论式的教学方法，培养学生的创业精神和意识，使学生掌握进入职场后必备的文化知识；在第二课堂中，支持和鼓励学生参与各式各样的社会实践活动。开展相关的教育讲座，举办不同的创新活动和创业竞赛，将第一课堂和第二课堂相整合，内容相互渗透，使学生的综合素质得以提高和完善。

1. 第一课堂

中国人民大学的创业教育主要是依托公共选修课的形式，目前还处于起步阶段。在这种情况下，中国人民大学对教学方案进行调整，将选修课程的比例加大，这样就可以让学生自主选择感兴趣的课程，选择空间得到拓宽。并且学校还开设企业家精神、风险投资、创业管理等一系列创业教育的课程，提倡参与式教学，对教学方法、考试方法进行改革等，其导向就是鼓励学生的创新思维。

2. 第二课堂

在第二课堂方面，功利性不是学习的导向，而是鼓励学生创造性地投入在各种社会实践活动和社会公益活动当中。利用创业教育讲座以及各种竞赛活动的方式，建立起以专业为依托，以项目和社团为组织形式的一种创业教育实践群体。特别是在十八大以来，学校的第二课堂活动呈现出越来越丰富的特点。

（1）"创业之星"大赛与学生创业园。"创业之星"大赛和学生创业园有着密切的联系，中国人民大学的"创业之星"大赛起步时间不长，从2009年开始，每年举办一次，在"创业之星"大赛中获取优胜的项目则可以入驻学生创业园。学生创业园是中国人民大学文化科技园的园中园，依据学生的创业书，可以为学生提供项目评估、融资等各种服务。此外，还为每位学生配置一名专业导师，对学生进行一对一的指导与跟踪。

（2）中国人民大学留学人员创业园。在学生创业园之外，中国人民大学还建立了实行企业化运作的留学人员创业园，留学人员创业园是由中国人民大学和中关村科技园区管委会于2005年12月16日共同建立的。留学人员创业园，不仅是中国人民大学的重要组成部分，还是中关村的一个重要组成部分。中国人民大学留学人员创业园，吸引了很多学有所成的海外留学生回国进行创业，为留学人员提供创意孵化以及技术转移的基地，这对培养具有国际视野、拥有国际竞争力的复合型人才具有重要意义。

中国人民大学是以人文社会科学为主的全国重点大学，也是文科类院校的一个典型代表，中国人民大学在文学、法学、哲学等诸多领域具有国内领先水平，在管理学等学科的建设上也具有很大优势。

（三）创业技能培训教育

以创业技能培训教育为核心开展创新创业教育的典型代表是北京航空航天

大学，这种人才培养模式的侧重点是丰富学生的创业知识，培养和提升学生的创业实践技能。

北京航空航天大学开展创业教育是以培养学生的创业意识和创业精神、向学生传授创业知识、提高学生的创业技能为宗旨。为了实践这一理念，北京航空航天大学从组织、制度、师资三个方面构建了完备的创业教育保障体系，并结合创业人才培养体系、创业教学体系、创业实践体系建立了三位一体的创业教育实施途径。

1.三项举措构建完备的创业教育保障体系

（1）多部门联手开展创业教育，提供坚实有力的组织保障。强有力的组织保障、健全的机构设置、合理完善的领导体系是高校创业教育得以有效实施的必由之路，是建成多层次、立体化、全方位创业人才培养体系的必要保障。创业教育一直受到校领导的高度重视并专门成立了创业教育领导小组，北京航空航天大学的创业教育由领导小组主抓，具体工作主要由创业管理培训学院负责，由各专业院系、教务处、学生处、就业指导中心、团委、孵化器、大学科技园等部门协同承担。创业管理培训学院成立于2002年，这是一个负责全校创业教育的顶层设计与组织实施的，集管理与教学为一体的独立建制单位。

（2）制定鼓励政策与措施，为开展创业教育提供制度保障。北京航空航天大学在课程设置、师资配备和大学生自主创业方面制定了灵活、高效的激励政策和保障机制，健全了过程管理制度，营造了有利于创新人才培养的制度环境。

首先，完善课程设置与师资配备的管理机制是保障创业教育顺利开展的必要条件。教务处大力支持开设创业教育的相关课程，由创业管理培训学院和就业指导中心，以及其他部门联手推动创业课程的设置与教学工作。学校各职能部门和专业院系都非常重视创业教育，优先安排优秀教师讲授创业教育课程，并为教师参加培训、授课提供便利。此外，学校也从经费和政策上对聘请校外创业导师给予大力支持。

其次，制定激励政策机制，鼓励学生积极进行自主创业。学校大力支持在校生保留学籍、休学创办企业，并且对于一些比较成熟的创业项目给予必要的创业孵化资金资助和政策指导。通过社团组织、公共活动策划、科技报告立项申请、学术报告、法律模拟、市场竞争模拟、电子创意大赛等活动为学生搭建创业的平台、提供创业的机会，以此解放学生的时间、空间、双手和大脑。

建立"三业"导师制度，完善师资保障机制。具有创新精神的优秀创业师资队伍是培养创新型人才、有效实现创新创业教育目标的必要保障。在目前创业教育师资极其匮乏的情况下，开展创业教育应该挖掘各专业领域教师在创业教育方面的潜能；组织学生辅导员和职业指导教师参加创业指导相关职业技能培训，扩大创业指导师资队伍；另外，聘请经验丰富、责任心强并且热心创业教育事业的社会各界人士担任创业导师，不但可以缓解现有创业教育师资匮乏问题，而且对于提高创业教育师资队伍的能力和水平有很大的帮助。

在这一理念的引领之下，北京航空航天大学创立了"三业"导师制度，即在现有创业导师制度的基础上，依托各专业院系现有师资，建立学业、职业和创业相结合的"三业"导师队伍。

首先，大力发挥学业导师在创业教育中的作用。培养各专业院系的教师成为学术型与实践型相结合的"双师型"人才，承担创业课程的教学任务，并使其在对学生进行学业指导的同时，结合专业知识对那些有创业意愿和潜力的学生进行创业方面的指导。

其次，培养创业团队指导教师。组织学生辅导员和职业指导教师参加创业指导相关知识和技能的培训，扩大创业指导师资队伍，为创业团队提供"一对一"陪伴式创业辅导，提高创业指导工作质量。

最后，聘请成功企业家和正在创业的本校毕业生担任创业导师。具有丰富成功创业经验的企业家对大学生进行指导固然可以起到激励和引领作用，但处于创业阶段的本校毕业生的经历更能使大学生感觉创业实践十分贴近生活，创业离自己并不遥远。

2. 三位一体建立全新的创业教育实施途径

（1）构建全员覆盖与分类培养相结合的创业教育培养体系。广义的创业教育包含三个层面的意思：第一是培养学生的创新意识、开拓精神和批判性思维；第二是培养善经营、会管理，具有突出组织、协调和交流能力的人才；第三是培养具有丰富创业知识和技能、能够创办企业的"未来企业家"。学校根据创业教育的不同层次和学生发展个性的不同需求，建立了全员覆盖与分类培养相结合的创业教育培养体系。

创业教育面对的群体是所有学生，即"全员覆盖"，在此基础上还要根据不同学生群体的具体需要，进行分类培养和指导。对于有创业知识需求的学生，通过开设系统的创业课程满足其创业基础知识方面的需求；对于有创业想法的学生，由创业指导教师就项目的可行性、资源需求、创业团队、开办方式、创业风险等方面的问题进行个性化指导，提供解决创业难题的思路和途径；对于有创业项目的学生，除了提供项目咨询、指导外，经过评估论证，由"双实双业"基地或"大学生创业实践基地"提供场地、技术、管理、运营等方面的孵化支持；对于起点较高、规模较大的创业项目，则可以指导其进入大学科技园，由科技园参与投资和经营管理，也可以指导其到社会上整合资源，创办企业。

（2）构建特色鲜明、大胆创新的创业教育教学体系。创业教育作为贯穿创新型人才培养过程始终的理念，其与知识教育、专业教育融为一体，以专业教学为主渠道培养学生的创新创业能力和素质。创业教育作为与传统教育不同的一种理念，其在教学过程中从课程设置、教学方法、评价方式等方面都进行了改革和创新。

在课程设置方面，创新创业教育的课程形式主要有两种，一种是以通识类课程的形式面向全校学生开设公共选修课；另一种是结合各院系的特点，深入各院系开设专业知识与创新创业技能相结合的课程。比如与艺术类专业相结合的艺术创业，与计算机类专业相结合的IT创业等。

在教学方法上，学校采取将传统的讲授方法与案例教学、课堂讨论、分组教学、参观访问等相结合的方式，以此激发和培养学生的求知欲望、创新思维能力和创造力，使教学过程成为师生互动的双向传导过程，成为学生创新创业学习与实践模拟相结合的过程。创新创业教育不能只停留在理论教学上，培养和提升学生的创新创业实践能力是创新创业教育的重要内容。因此，学校十分重视实践教学。学校专门成立创业管理培训学院，专门从事创业教育与创业实践的相关研究，并为学生的创业实践提供指导服务与资金支持。学校以创业管理培训学院为依托，建立大学生创业实践基地与大学生创业实训基地，系统开展创新创业实践教学。与此同时，学校还引入相关创业模拟软件，通过电脑模拟真实的创业过程，锻炼学生的创新创业实践能力，使学生能够更好地将所学的理论与实践相结合。

在评价方式上，建立能力本位的发展型、多元化、过程性的教学评价机制。对传统的单一的闭卷考试进行革新，采取多元化的考评方式。例如，撰写阶段性课程学习心得；指定案例随堂考试；要求学生自选案例，指定时间进行集体研讨并撰写案例分析报告；撰写创业小论文；以教学内容的某一章或者某一节为依据，以小组为单位起草创业计划书。

（3）强化基地依托，构建创业教育实践体系。创新创业教育具有较强的实践性，无论是学生创新创业思维的锻炼，还是学生创新创业能力的培养和提升，都离不开实践的支撑。因此，创新创业实践是创新创业教育的重要内容。

北京航空航天大学科技园充分利用并整合了各方资源，联合学校研究生院、招生就业处、学生处、团委等部门，共同成立了"双实双业"基地。该基地为北京航空航天大学有创业意愿的学生提供免费的创业场地，旨在鼓励大学生自主创业，并为其提供政策、技术、注册、管理等相关方面的咨询和服务。

北京航空航天大学还设立了"种子基金"平台，为技术创新项目和科技型创业企业提供权益性资本，直接参与其创业过程并负责具体实施。针对该平台，北京航空航天大学科技园成立了投资指导委员会与投资项目部，对拟投资的企业进行深入调查，编写投资建议书，决定孵化基金的投资方案，最终以股权投资的方式进行投资，并为遴选出的优秀创业项目提供创业场地及全程创业服务。

（四）综合教育模式

创新创业的综合教育模式指的是在教授学生知识时，将专业知识、创新教育和综合素质培育的内容相互渗透、相互融合。与此同时，学校提供学生在创新创业活动中所需的各类技术咨询和资金服务。我国高校采用这种综合教育模式进行创新创业教育的典型代表是清华大学与上海交通大学。

清华大学开设了很多关于创业教育的相关课程，还配备了相应的社会实践活动，以创业活动和各种创业计划竞赛为载体，在全国范围内开展"创业计划大赛"。同时，也为学生设立"科技创新基金"，从而助力创业教育的全面开展和实施。

上海交通大学始终突出贯彻素质教育、创新教育与终身教育的三个基点和教学向教育转变、专才向通才转变、传授向学习转变的三个转变，并以此为基础来确定创新创业人才培养体系的基本框架和内容。这种独有品牌式的创新创业教育模式，孕育产生了大批学生的创新成果，并创办了许多创业企业。

1. 清华大学的创新创业教育模式

清华大学的创新创业教育起步较早，清华大学学生创业者协会于1997年成立，并在1998年举办首届创业计划大赛，该比赛在1999年被推广成为全国"挑战杯"创业计划大赛。清华大学在2016年8月发布了《关于深化创新创业教育改革的实施方案》（以下简称《方案》），创新创业教育成为全面深化综合改革、教育教学改革的重要内容。《方案》的总体目标是将创新创业教育融入学生培养体系，决定建立学科交叉的创新创业辅修专业、双学位，将创新创业教育与传统专业有机结合，统筹第一课堂和第二课堂，推进创新创业教育的国际化。这一份纲领性文件和有关的制度规定体现了"强有力的驾驭核心"，从战略、协调、机构、制度与文件等不同方面，对如何推进创新创业教育进行了整体性设计与规定。

清华大学与加利福尼亚大学伯克利分校在深圳研究生院共同建设了清华–伯克利深圳学院，培育创新创业人才。经管学院创新创业与战略系、五道口金融学院的互联网金融中心、企业集团的校地合作研究院等就创业教育进行了很多富有成效的研究。

清华大学还设立了一系列人才培养计划，开设相关创新创业项目，旨在系统开展创新创业人才培养。近年来，清华大学基于创新创业人才培养而开设的相关创业平台如雨后春笋般涌现，形成"整合的创业文化"。各院系也根据自身的特点在院系内部建立创新创业平台，展开更具针对性的创新创业人才培养。

2. 上海交通大学的创新创业教育模式

上海交通大学同样具有深厚的创新创业底蕴，自1999年开始，学校就持续推进创新创业教育，积极探索构建研究型大学创业教育模式。2002年，上海交通大学等高校被列为教育部首批创业教育试点院校。2009年，上海交通大学成为上海首批创业教育试点高校，并于2016年入选全国首批双创示范基地，获评全国创新创业典型经验高校和全国首批深化创新创业教育改革示范高校。

上海交通大学重视创新创业师资队伍的建设。上海交通大学不但开设专门的创业课程，还聘请校外名家担任创业导师，通过自己的亲身创业经验，教授学生创业的相关知识，深化学生对创业的理解。同时，学校还根据不同的创业教学内容对创业导师进行了细分，使大学生的创新创业教育具有更强的针对性。学校还重视与政府、企业之间的合作，学校、政府、企业充分发挥各自的资源优势，促进创新创业相关项目的落地转化。

三、我国大学生创新创业教育的特点

创新创业教育是以实践为依托来开展的人才培养活动，不同的社会发展实践与教育实践就会赋予创新创业教育不同的特点,我国大学生创新创业教育历经数十年的发展,呈现出鲜明的特点,其具体内容如图2-1所示。

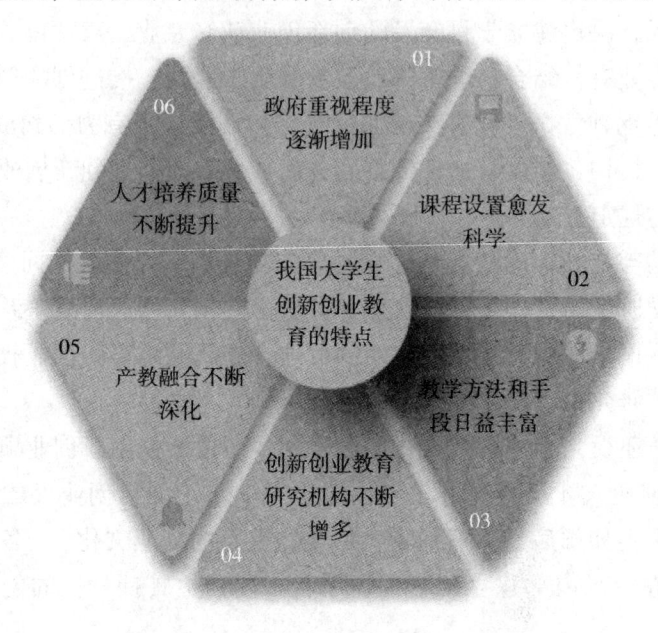

图 2-1　我国大学生创新创业教育的特点

(一)政府重视程度逐渐增加

2018年,习近平在全国教育大会上指出,坚持深化教育改革创新,要深化教育体制改革,要深化办学体制和教育管理改革。高等学校大力推进创新创业教育,对于深化高等教育综合改革、提高人才培养质量以及实现国家创新驱动发展战略等具有重大的现实意义和长远的战略意义。

创新创业教育对于区域经济的发展、高校人才培养水平的提升,以及学生个人的发展都具有重要的意义。首先,创新创业教育能够培养和提升学生的创新创业能力,增强学生的综合素质,可以为学生的未来发展提供更多的选择;其次,创新创业教育能够通过培养高素质的创新创业人才来激发区域内的创新与创业活力,优化区域产业结构,促进区域经济结构优化升级。因此,大学生创新创业教育日益受到政府的重视。

2021年10月,中华人民共和国国务院办公厅印发《国务院办公厅关于进一步支持大学生创新创业的指导意见》(以下简称《意见》),《意见》指出:"纵深推进大众创业万众创新是深入实施创新驱动发展战略的重要支撑,大学生是大众创业万众创新的生力军,支持大学生创新创业具有重要意义。"《意见》对支持大学生创新创业提出了总体要求,要求坚持创新引领创业、创业带动就业,支持在校大学生提升创新创业能力,支持高校毕业生创业就业,提升人力资源素质,促进大学生全面发展,实现大学生更加充分更高质量就业。《意见》强调了加强大学生创新创业服务平台建设、推动落实大学生创新创业财税扶持政策,以及加强对大学生创新创业的金融政策支持。可以说,从国家到各级政府,均在不断提升对大学生创新创业的重视程度。

各级政府为了鼓励大学生们自主创业,更积极地推进创新创业教育活动的开展。政府陆续制定颁布了一系列相关规章、政策,并给予大学生创新创业更多的资金资助和保障服务,为大学生创新创业的开展以及大学生的创业实践保驾护航。

(二)课程设置愈发科学

课程设置是教学组织的基本内容,自 2012 年开始,教育部便明确规定将"创业基础"作为高校必修课,近十年来,各高校对大学生创新创业教育的重视程度不断提高,大部分学校都开设了创新创业的理论、实务和实践类相关课程。

高校创新创业教育课程设置愈发科学,主要表现在以下几个方面。

第一,课程安排更加科学,高校提升创新创业的课时比重,同时,根据不同专业的专业特性与教学进度合理安排创新创业课程的开设时间。

第二,课程设置与时俱进,教学内容具有一定的先进性,使培养出的人才不会滞后于市场的发展。

第三,课程设置体现学校特色与区域发展特点,不同高校在办学方向、办学理念与所处区域等方面均存在一定的差异,这种差异体现在人才培养的课程设置上就是使教学内容与课程设置能够体现学校与区域的特色。许多高校在教授学生创新创业知识的同时,会将具备学校与区域特点的教学内容融入课程设置中,或开发校本教材进行教学,这种教学方式具有较强的针对性。

总而言之,随着国家和政府对大学生创新创业教育重视程度的不断加强,高校根据教学实践不断调整课程设置,努力使课程设置更加符合创新创业人才培养的需求。

（三）教学方法和手段日益丰富

与其他专业课程相比，创新创业课程在我国高校教育中的发展历程相对较短，而且创新创业具有鲜明的时代性。创新是在当前实践基础上进行的新探索，是一种具有前瞻性和突破性的行为；而创业活动同样与实践条件之间具有密切的联系，随着实践的发展会不断出现新的商机。创业活动，特别是创新型创业，就是在充分把握这种商机的前提下开展的。

不同的时代背景，不同的经济与科技条件，都会对创新创业产生较大的影响。因此，创新创业教育的教学方法与教学手段也应该随着时代的发展不断丰富与变化。自设立创新创业课程以来，我国高校十分重视人才培养模式的更新，在对教育实践进行充分总结的基础上，不断在教学方法上进行创新，采取多元化教学模式，以适应不同实践条件下的人才培养需求。

（四）创新创业教育研究机构不断增多

由于创新创业教育一般是以公共课程的形式开展的，而单纯依靠公共课进行创新创业教育很容易导致教学活动停留在表面，造成无法真正实现人才培养目标的情况。因此，许多高校创办专门的创新创业教育研究机构，比如创业研究中心、创业教育研究指导中心、创新与创业研究中心等，并以此为依托开展创新创业教育。

创新创业教育研究机构是保障创新创业教育顺利开展的重要载体，组合科学、结构合理、运作良好的创新创业教育研究机构，有助于高校系统地开展创新创业教育课程。创新创业教育研究机构在人才培养方面的作用主要表现在以下几个方面，具体内容如图2-2所示。

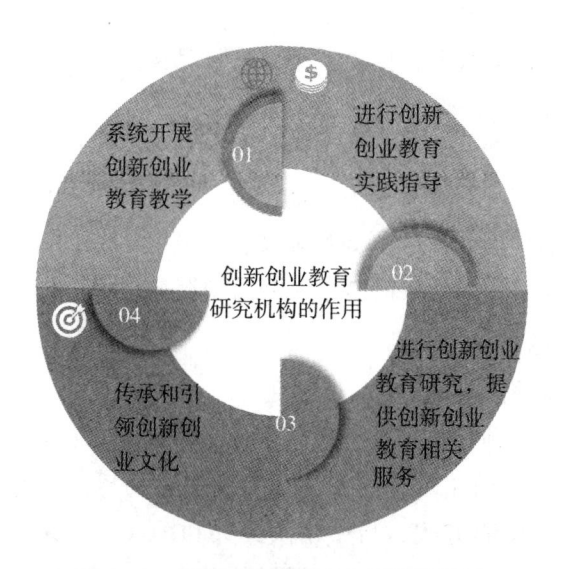

图 2-2　创新创业教育研究机构的作用

1. 系统开展创新创业教育教学

创新创业教育研究机构作为专门进行创新创业人才培养的机构，具有相对独立的教学环境，可以根据实践的特点系统地组织教学，使创新创业人才培养更具完整性、系统性与科学性。创新创业机构不仅能够打造多学科交叉的现代化创新创业课程体系，还能与时俱进，不断调整人才培养模式，更好地帮助学生开展创新创业实践。

2. 进行创新创业教育实践指导

开展创新创业人才培养，不仅要使学生掌握创新创业相关知识，还要指导学生的创新创业实践。创新创业教育研究机构不仅拥有经验丰富的师资，还能整合政府、企业、学校、研究机构等多方的资源，搭建多方主动参与、深度合作的创业实践平台，为学生创新创业实践提供科学的指导。

3. 进行创新创业教育研究，提供创新创业教育相关服务

创新创业教育研究机构不仅是人才培养机构，同时也是创新创业教育研究机构，拥有丰富教育经验与创业经验的教师与学者可以通过丰富的资源对创新创业人才培养的模式、教育方法与创业方向等问题进行深入研究。同时，创新创业教育研究机构还能追踪收集学校创新创业项目资料、创业案例资料和学术前沿资料，为创新创业教育研究工作提供支撑，促进创新创业学术交流。同时做好学生创业的"后勤保障"，为学生创新创业提供支持，并协调校内各部门落实好各种形式的保障政策，提供"一站式"服务。

4. 传承和引领创新创业文化

从广义的概念来看，创新创业具有悠久的历史。同时，创新创业还具有鲜明的时代性，反映着社会经济及发展的趋势。因此，创新创业教育研究机构的另一重要作用就是传承和引领创新创业文化，开发创新创业的文化产品和多元载体，将创新创业文化与日常的教学实践活动充分结合，打造"创业校园"。

（五）产教融合不断深化

1. 产教融合的内涵

产教融合既是一种教育理念，也是一种办学模式，相对其他较为成熟的教育学理论，其提出时间相对较短，学界对其概念的界定也存在许多不同的观点。作为一种人才培养方式，自中华人民共和国成立以来，我国就重视将劳动、生产活动与教育相结合。作为一种具体的人才培养理念，其提出的时间则相对较晚，是在高校人才培养实践中逐渐总结形成的。

虽然目前学术界对产教融合的概念没有较为统一的观点，但是我们可以根据产教融合的发展历程与具体内容对其概念有一个总体的认知，即产教融合就是将教育与实践充分结合，通过学校与企业之间的深入合作，培养高素质技能型人才，实现学生、学校与企业共同发展的一种人才培养模式。

在产教融合的教育体系中，涉及大量的岗位实习与实践技能训练，而且不同于高校传统的实习模式，产教融合的培养模式经过校企双方的综合研究和专门设计，具有很强的针对性，且与在校所学的理论知识融会贯通、同步开展，符合学生发展的需求以及社会对人才的需求，使学生能将所学知识充分运用到实践当中，并通过实践深化对理论知识的理解。

2. 创新创业教育通过产教融合不断深化

创新创业教育本身具有较强的实践性，因为创新创业作为一种具有创新性质的实践活动，其人才培养不能仅仅停留在理论研究方面，而是要落实到具体的创业实践之中，可以说，从创新创业教育的内涵与人才培养目标来看，相比于理论教学，它更重视对学生创新思维的训练与创业能力的提升，更接近于应用型人才培养。

产教融合是一种针对应用型人才培养的培养模式，且经过多年教育实践的检验，已经取得了显著的成果，不仅培养出了大批优秀的应用型人才，还有利于实现学校、企业、政府与学生个人的多方共赢。伴随着产教融合培养模式日益成熟，越来越多的高校选择采用产教融合的方式开展创新创业人才培养。

创新创业教育想要适应新时代高等教育的发展，就必须结合产业需要，以培养具有创新创业基本素质和开创型个性的人才为目标，培养适用于国家创新创业需要的创新型、复合型人才。

创新创业教育本身是一种实用教育，结合实施制造强国战略、创新驱动发展、新型城镇化、统筹优化产业和教育结构，同步规划产教融合发展政策措施、实现途径、支持方式和重大项目，逐步提高行业企业参与办学程度，健全多元化办学体制，实现产教深度融合，全面推行校企协同育人机制，是我国高校在创新创业人才培养方面始终坚持的育人路径。通过不断深化产教融合，校企合作无论是在广度上还是在深度上都有了很大的提高，校企协同育人水平不断提升，培养出了大批高素质的创新创业人才。

（六）人才培养质量不断提升

自我国开展创新创业人才培养至今，已经有二十余年的时间，自教育部明确规定将"创业基础"作为高校必修课至今也已有十年的时间。虽然与其他专业课程相比，创新创业教育的发展历程较短，但悠久的创新创业文化传统与国家政策的大力支持，使高校培养出了大批优秀的创新创业人才。随着时代的发展和高校人才培养水平的不断提升，我国的创新创业人才培养不仅在人才培养数量上明显增多，而且在人才培养质量上也有了很大的提升。我国人才培养质量的不断提升主要表现在以下两个方面。

1.人才创新创业素质明显提升

我国人才培养质量的不断提升集中表现在人才创新创业素质的显著提升上。根据相关调查研究显示，接受过高等教育的创业者数量不断增多，创业者的年龄不断呈现年轻化的趋势，而且创业的成功率也相较前些年有了很大的提升。其原因不仅包括国家政策支持的助力，还少不了高校创新创业人才培养质量的提升。

大量的学生在毕业后选择创业的道路，不仅是为了解决自身的就业问题，更多的是在接受了系统的创新创业教育后，学生自身的创新创业能力有了显著的提升，且具备了较高的综合素质。在这种基础上，学生主动进行创新创业的实践，以期更好地实现个人价值。

2. 人才培养模式不断优化

我国人才培养质量的不断提升还表现在人才培养模式的不断优化上。随着国家和高校对创新创业人才培养的重视程度不断提升。高校创新创业人才培养无论是在教学内容还是在教学模式上都有了很大的突破，教学模式不再局限于课堂，而是通过校企合作和建设创新创业教育科研机构等措施，给予学生充分的实践机会，使学生能够在实践中不断深化对理论知识的理解，并将实践中遇到的问题带回课堂，与教师和同学共同研讨。

在产教融合的大背景下，我国高校不断深化校企合作，构建政、企、学、研四位一体的人才培养系统，整合各方教育资源优势，为创新创业人才培养提供坚实的保障，不断提升人才培养的质量。

第三节　我国大学生创新创业教育的可提升空间

经过多年的发展，我国大学生创新创业教育取得了显著的成效，人才培养质量不断提升，为社会发展输送了大量高素质的创新创业人才。但是，我国高校创新创业教育仍存在可提升的空间，需要进一步优化与完善。我国大学生创新创业教育的可提升空间主要有以下几点，具体内容如图2-3所示。

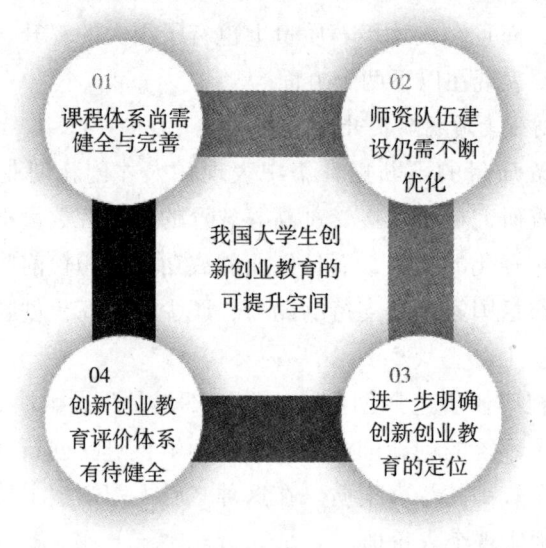

图 2-3　我国大学生创新创业教育的可提升空间

一、课程体系尚需健全与完善

就目前来看，许多高校仍没有建立起完整的创新创业教育体系。不少高校目前只是停留在开设部分就业创业课程，对创新创业教育体系的构建不够重视。当然，创新创业教育体系的构建是一项复杂的工程，需要从学校层面进行统一的顶层设计，不是一个职能部门或一个学院能独立完成的。尽管如此，创新创业教育体系的构建，仍然是应用型高校在现阶段需要着重解决的问题。

很多应用型高校创新创业教育的开展其形式大于内容，创新创业教育课程体系有待完善，创新创业教育停留在相对孤立的几门课程上，未能有效融入人才培养的全过程。从目前各高校开设创新创业课程的情况来看，创新创业教育资源明显不足，教学手段比较单一，多以知识的传授为主，没有严格地对创业教育的教育课程进行规划和安排。同时，创新创业教育教材的使用比较单一，缺少适合自己学校的教材。

要想将创新创业教育落到实处，必须有相应的实践教学体系作为支撑。目前，各高校普遍缺乏与之相配套的实践类课程，缺乏稳定的实践基地与平台。大多数创新创业实践仅借助于"挑战杯"及创业设计类竞赛开展，只有少数精英参加，对大多数学生来说，创新创业实践仅仅流于想象。

针对这些问题，国家相关部门和各高校已经给予高度重视。近年来，创新创业教育的地位、创业教育的课程体系、师资队伍建设、创新创业实践教学体系、创新创业教育保障体系等方面不断加强和完善，已取得了一些成绩、积累了一定的经验。然而，我国的创新创业教育还任重道远，需要在实践中不断探索。

二、师资队伍建设仍需不断优化

创新创业的核心是人才，而教学活动的主导者则是教师，人才培养的关键在于师资队伍的建设，没有高素质的师资队伍，人才的教育与培养便无从谈起。

高校创新创业教育历经二十余年的发展，已经造就了一批经验丰富的高素质的教师，但是这些高素质的师资团队基本集中在创新创业教育开展较早的几所大学之中，且师资数量相对有限。对于大部分学校来说，在相当长一段时间内，创新创业教育都是停留在理论知识教授的阶段，系统开展创新创业人才培养的时间并不长，甚至有一部分学校忽视了创新创业教育的重要性，将其作为一门普通的公共课程来对待，授课教师一般由其他教师兼任，并未专门打造一支专业性较强的创新创业师资队伍。

目前，部分应用型高校仍然缺少专业的创新创业教育教师，特别是有实际创业经验的教师。校内科研能力强且教学经验丰富的教师，一般没有涉足创新创业教育，校外专业导师的聘任数量不足，且不具备相关的教学经验，不能满足现实的需要，这也导致了高校创新创业教育师资结构不合理。因此，高校若想切实提升创新创业人才培养的质量，就必须优化师资结构，建设一支经验丰富的高素质教师团队。

要想卓有成效地实施创新创业教育，从而培养出具有创新创业能力的学生，必须拥有一支具有丰富实践经验且具有相应创新创业素养的教师队伍。创新创业教育不能只是在课堂上进行单纯的理论讲授，还需带领学生深入企业、进入社会实践中去进行实战式的教学。只有将理论教学与实践教学紧密结合，才能培养出具有创新创业能力的高素养的学生。

我国高校的一些教师，长期从事课堂理论教学，他们有丰富的理论知识，但缺乏足够的实践经验与实际操作能力。因此，在实施创新创业教育过程中，部分教师往往只注重知识的传授，无法带领学生进入社会、进入企业、进入生产第一线去进行卓有成效的实践性教育。这就造成了高校难以较好地对学生实施创新创业教育。毫无疑问，要有效地对学生进行创新创业教育，就必须不断增强教师的创新创业素养，提升教师的实践教学能力。

三、进一步明确创新创业教育的定位

进行创新创业人才培养，就需要先明确创新创业教育的定位。课程的性质、课程设置的目的、课程的作用等都是明确创新创业教育定位的主要内容。可以说，科学、准确的定位是创新创业教育良好开展的前提。只有对创新创业教育有一个明确的定位，才能更好地开展接下来的一系列人才培养活动。

我国的高等教育普遍重视专业教育，致力培养高素质的专业人才，在一定程度上忽略了对学生综合素质的培养和提升。因此，有一部分学校对创新创业教育的重视程度有所欠缺，认为创新创业教育并不属于专业课程，只将其作为一门普通的公共课程来对待，甚至有的学校将大学生创新创业教育与大学生职业生涯规划合并教学，这就是对创新创业教育缺乏明确定位的典型表现。

部分高校开设创新创业教育课程的目的是缓解就业压力，解决大学生的就业问题。这是一种比较被动的教育模式，容易导致人才培养注重形式、忽视内涵。对创新创业教育的学科定位模糊、地位边缘化，并将其作为主流教育体系中的组成部分。一方面是因为，部分高校存在功利性创新创业教育的观念，将创新创业教育当成"企业家速成班"，教育管理者也大都认为创新创业教育只需要指导小部分有创新创业实践意愿的大学生，没有真正理解在教学层面实施创新创业教育的内涵及价值；另一方面是因为，部分高校对"创新"的研究，仅仅局限于科学技术方面，并不注重创意型创业与社会生活的创新。其实，在实际生活当中，社会意识的创新、思想观念的创新、生活方式的创新更为重要。

四、创新创业教育评价体系有待健全

教育评价体系对创新创业教育具有十分重要的意义，因为评价体系作为教学质量价值的重要判断指标，其评价结果对教学活动具有重要的参考意义，教育评价体系会直接影响课程设置、课程内容与教学模式的调整。因此，创新创业课程评价体系对课程体系的构建与课程内容的选择同样具有重要的导向作用，这就对创新创业教育课程评价体系的科学性与完整性提出了更高的要求，只有建立一套相对完善的教育评价体系，才能引导创新创业教育朝正确的方向发展。

当前，创新创业教育已经在全国得到了广泛共识，应用型高校开始重视创新创业教育，开设了创新创业教育课程，积极鼓励学生参加各类创业竞赛，培养学生的创业精神，但创新创业教育评价体系的建设仍存在较大的可提升空间。一方面，教师教授学生创新创业技能和指导学生创业实践时，没有科学合理的评价考核激励体系；另一方面，对学生创新创业能力和水平的评价多停留在竞赛成绩上，而并未落实到校内教育评价系统之中。[1]

另外，部分高校的创新创业人才培养仍停留在理论教学的环节，这就使得教育评价体系注重对学生理论知识掌握情况的考查，而忽视了对学生创新创业实践能力的考查。创新创业教育具有较强的实践性，其人才培养的目的是提升学生的创新创业能力，培养出高素质的创新创业人才。因此，对学生实践技能

---

[1] 孙爱武.应用型高校的未来[M].西安：西安电子科技大学出版社，2019：194.

的评价应该成为大学生创新创业教育课程评价的重点。

　　一些应用型高校已经认识到这个问题，并开始做出改进。如对教师指导学生创新创业成果的认定，学生参加创新创业竞赛活动成果可以替换学分等。目前已初步形成了一批可复制、可推广的制度成果和经验，为深化创新创业教育奠定了坚实的基础。当然，创新创业人才培养工作任重而道远，教育评价体系作为教学体系中重要的内容，仍需不断健全和完善。

第三章　当代大学生创新思维、创新能力与创新技法的培养

第一节　当代大学生创新思维的培养

一、创新意识概述

（一）创新意识的内涵

创新意识是创新思维的前提，没有创新意识，创新思维的培养便无从谈起。因此，要讨论大学生创新思维的培养，就必须先对创新意识有一个清晰的认知。

创新意识作为一种复杂的心理活动形式，是指人们根据社会和个体生活发展的需要，引发创造前所未有的事物或观念的动机，并在创造活动中表现出的意向、愿望和设想。

创新意识是人们对创新与创新的价值性、重要性的一种认识水平、认识程度，以及由此形成的对待创新的态度，并以这种态度来规范和调整自己的活动方向的一种稳定的精神态势。创新意识总是代表着一定社会主体奋斗的明确目标和价值指向性，成为一定主体产生稳定、持久的创新需要、价值追求、思维定式和理性自觉的推动力量，成为唤醒、激励和发挥人所蕴含的潜在本质力量的重要精神动力。

（二）创新意识的特征

创新意识是人类意识活动中的一种积极的表现形式，是人们进行创造性活

动的出发点，创新意识具有鲜明的特征，具体内容如图 3-1 所示。

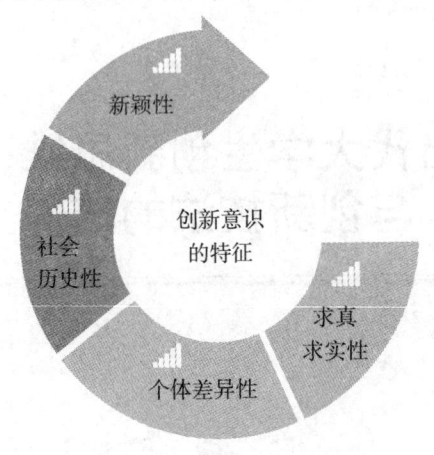

图 3-1 创新意识的特征

1. 新颖性

创新意识最显著的特点就在于"新"上，即具有新颖性。创新意识的新颖性体现在创新意识是为了满足新的社会需求，或为了满足原来的社会需求采取了新的方式而产生的。从结果导向来说，又或是从过程导向来说，创新意识都是一种求新的意识。

2. 社会历史性

创新意识是以提高物质生活和精神生活水平需求为出发点的，而这种需求很大程度上受到具体的社会历史条件制约；在阶级社会里，创新意识受阶级性和道德观影响制约。人们的创新意识激起的创造活动和产生的创造成果，应为人类进步和社会发展服务，创新意识必须考虑社会效果。

3. 个体差异性

人们的创新意识和他们的社会地位、环境氛围、文化素养、兴趣爱好、情感志趣等方面都有一定的联系，这些因素对创新意识的产生起到很大的影响作用。而这类因素也是因人而异，因此对于创新意识既要考察社会背景，又要考察其文化素养和志趣动机。

4. 求真求实性

要想使由创新得来的产品具有价值，就要使创造活动的开展符合客观事物存在的规律。寻找事物客观规律，按规律办事就是求真、求实的过程。科学的主要使命是认识世界，寻找客观世界的内在规律；科学形成和发展的过程是追求真理的过程；科学要揭示事物的规律，就要以事物为对象，研究其客观存在的、真实的状态和变化，这种状态和变化便是"科学事实"。创新正是将求真、求实的过程完美地融合在一起。

（三）创新意识的作用

1. 创新意识是影响一个国家、民族创新能力的精神力量

创新意识能够推动科技的发展，进而推动社会生产力的发展，科学的本质就是创新。科学技术的每一次进步都是通过创新实现的。科技的迅猛发展对人类社会的各个方面都产生了深刻而广泛的影响。创新更新了人们的生产工具和生产技术，提高了劳动者的素质，开辟出更广阔的劳动市场，推动了社会生产力的发展。在当今社会，创新能力实际就是国家、民族发展能力的代名词，是反映一个国家和民族解决自身生存、发展问题的能力大小的客观和重要的标志。

2. 创新意识促成社会多种因素的变化，推动社会的全面进步

创新意识的根源来自社会生产方式，它的形成和发展必然会进一步推动社会生产方式的进步，从而带动经济的飞速发展，促进上层建筑的进步。创新意识进一步推动人的思想解放，有利于人们形成开拓意识、领先意识等；创新意识会促进社会政治向更加民主、宽容的方向发展，这是创新发展需要的基本社会条件。这些条件反过来又会促进创新意识的扩展，更有利于创新活动的进行。

3. 创新意识能促成人才素质结构的变化，提升人的本质力量

实质上，创新确定了一种新的人才标准，这代表着人才素质变化的性质和方向。它输出一种重要的信息：社会需要充满生机和活力的人，需要有开拓精神的人，需要有新思想道德素质和现代科学文化素质的人。它客观上引导人们朝这个目标提高自己的素质，使人的本质力量在更高的层次上得以确证。它激发了人的主体性、能动性、创造性的进一步发挥，从而使人自身的内涵获得极大丰富和扩展。

二、创新思维概述

(一)创新思维的内涵

创新思维是一个相对的概念,是相对于常规性思维而言的一种思维方式。创新思维是指发现、发明前人或同时代人所不曾创立的理论、知识、技术、方法、实物、模型等的思维活动和思维结果。创新思维是将多种思维方式综合运用到思维过程中的一种思维活动。这些思维方式包括直觉、灵感、类比、想象、联想、形象思维、逻辑思维和模糊思维等。而且,许多非理性因素和心理过程也参与到创新思维的活动中。

创新思维即创造性思维,是于常规性思维相对而言的,创新思维的内涵也是在与常规性思维的比较之中得到的。常规性思维指的是利用已有的知识与经验去思考和解决问题,创新性思维则不同,其不被已有的知识与经验所约束,人们可以根据客观实践条件,灵活运用自己所掌握的知识,创造性地思考和解决问题。

创造性思维与常规性思维的区别主要表现在两个方面。首先,从思维过程来看,常规性思维普遍重视有现成的经验、规律或方法可以遵循,而创造性思维则普遍不是按照既有的经验与规律展开的;其次,从思维成果来看,常规性思维的思维成果一般是已经存在的理论或实践成果,而创造性思维的思维成果是前所未有的。

(二)创新思维的特征

创新思维具有鲜明的特征,这是由其本质和内涵造就的,创新思维主要有以下几点特征,具体内容如图 3-2 所示。

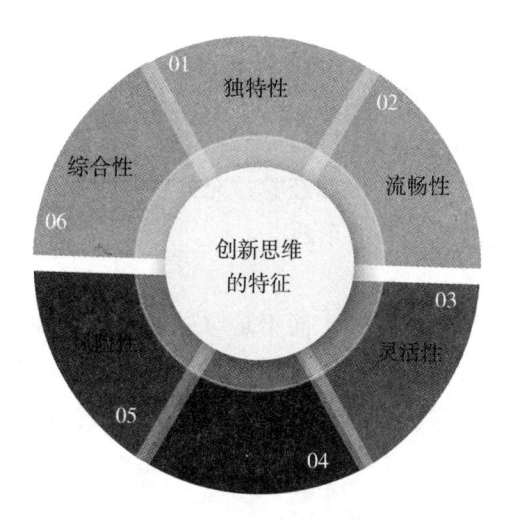

图 3-2　创新思维的特征

1. 独特性

创新思维的独特性，又被称为思维的独创性、新颖性或求异性，是指人在思路的探索上、思维的方式和方法上、思维的结论上独具卓识，能提出新的见解，做出新的发现，实现新的突破，具有开拓性和独特性。创新思维所要解决的问题，一般没有现成的答案，不能用常规、传统的思维方法加以解决。它要求创新主体以独立思考、大胆怀疑、不盲从、不迷信权威为前提，超出人们固定的、习惯的认知方式，重新组织思路，以前所未有的新角度、新观点去认识事物，提出不为一般人所有的、超乎寻常的新观念。

2. 流畅性

所谓流畅性，又被称为非单一性或综合性。是思维对外界刺激所做出的一种反应，通常用思维的量来衡量。要求思维活动畅通无阻、灵敏迅速，能在短时间内表达更多的概念。一般来说，表达的概念越多，说明思维的流畅性越好。

3. 灵活性

创新思维的灵活性，又被称为变通性。是指人的思路开阔，不局限于某种固定的思维模式、程序和方法，善于根据时间、地点、条件等变化，迅速从一种思路转变到另一种思路，从一种境界进入另一种境界，从多角度、多方位地探索问题、解决问题。它是一种开创性的、灵活多变的思维活动，并伴随有"想象""直觉""灵感"等非规范性的思维活动，能做到因人、因时、因事而异。而常规性思维一般是按照一定的固有思路方法进行的思维活动，思维缺乏灵活性。

4. 批判性

敢于用科学的怀疑精神，对待自己和他人的原有知识，包括权威的论断。思维的批判性体现在敢于冲破习惯思维的束缚，敢于打破常规，敢于另辟蹊径、独立思考。运用丰富的知识和经验，充分展开想象的翅膀，这样才能迸射出创造的火花，发现前所未有的东西。

5. 风险性

创新思维的核心是创新突破，而不是对过去的重复再现。它往往没有成功的经验可借鉴，没有有效的方法可套用。因此，创造性思维的结果不能保证每次都成功，有时可能会毫无成效，有时甚至可能得出错误的结论。这就是创造性思维的风险性。

6. 综合性

综合性并不是简单的拼凑与堆积，而是将众多的优点集中起来进行协调、兼容和创造。创新思维的综合性和概括性是指善于选取前人智慧宝库中的精华，通过巧妙结合，形成新的成果。把大量的概念、事实和观察材料综合在一起，加以抽象总结，形成科学的结论和体系；对现有的材料进行深入分析，把握其中的个性特点，然后从这些特点中概括出事物的规律。

三、创新思维的类型

创新思维的类型有很多种，其中具有代表性的主要有以下五种，具体内容如图 3-3 所示。

图 3-3 创新思维的类型

（一）发散与集中思维

1. 发散与集中思维的内涵

发散思维与集中思维是对立统一的，两者在思维逻辑上相反，在整个创新思维的过程中则相辅相成。发散思维指的是个体在思考问题时，思路呈扩散状，思维视野广阔，思维路径多样化，能够多角度、多方位、多层次地对问题展开分析，这种思维方式有利于观念的自由发挥，具有流畅性、变通性、灵活性与独特性。

我们从发散思维的特点出发，能够更好地理解其内涵。首先，发散思维具有流畅性，其流畅性集中体现在发散思维可以帮助人们在短时间内表达出尽可能多的思维观念，更好地接受和适应新概念。其次，发散思维具有变通性的特点，变通性指的是人们可以通过借助类比、转化的方式触类旁通，使思维沿着不同的方面扩散和发展，克服人们头脑中僵化的观念，使思维呈现出丰富性与多样性。再次，发散思维有灵活性，发散思维没有既定的模式和条条框框的限制，因此无论是思维过程还是思维结果，都表现出较强的灵活性。最后，发散思维具有独特性，由于个体之间存在差异，所以个体的发散思维同样会展现出鲜明的独特性，人们通过发散思维可以探寻到异于他人的思路。

集中思维又被称为求同思维或聚敛思维，与发散思维正好相反，它是一种将思路回收、集中的思维方式。集中思维的特点是在众多的线索之中探寻结论，在纷繁复杂的材料之中寻求答案，将发散思维拓展出去的思路再收拢回来，形成一个核心的思路。由此可以看出，集中思维是一个求同的过程。

我们通过比较发散思维与集中思维的内涵与特点可以发现，发散思维与集中思维是一种既对立又统一的关系，对立体现在两者的思维模式、思维特点和思考路径是相反的，统一体现在两者相互联系、相互依赖、相辅相成。在创新活动中，既需要用到发散思维来拓展思路，探寻新的发展路径，同时，还需要采用集中思维对思路与成果进行整理。综合来看，创新思维和创新活动就是一个从发散思维到集中思维再到发散思维的循环往复、螺旋上升的过程。

2. 发散与集中思维的模式

发散思维与集中思维又可以分为以下三种思维模式。

一是破旧立新。原始创新是彻底、有效的创新方法，不破不立，破字当头，立在其中。对旧事物进行否定，用新事物取而代之，取得面貌一新、不留痕迹的结果。

二是集旧成新。集旧成新的思维模式指的是面对已经存在的许多事物，包括理论、方案、技术和产品等，运用发散思维把它们的共同点和不同点，以及相互关联之处逐一地找出来；再运用集中思维从杂乱无章的现象中顺出一个统一的规律，求同存异、去伪存真、由表及里、相互渗透，最后把它们重新组合成一个协调一致的新整体。

三是推陈出新。世界上的万事万物都有一个不断发展变化的过程。新事物可随着时光的流逝而演变为旧事物，而旧事物也可以发展变化成为新事物。有些旧事物因时代的变化失去了自身存在的价值而成为破旧立新的对象；有些旧事物虽然已经陈旧，但仍不失其存在价值，经过更新换代或改进、变革之后又会成为新事物，这便是推陈出新的创新思维模式。

（二）逆向思维

1. 逆向思维的内涵

逆向思维，又被称为求异思维或反向思维，指的是从反面或者对立面提出问题和思考问题的一种思维方式。这种思维方式能够"反其道而行之"，以背离常规的方法来解决问题，为人们提供解决问题的新思路。

按照人们思路的延伸方向划分，人们的思维活动分为正向思维与逆向思维两种。正向思维是沿着人们的普遍认知和习惯性的思考方式，由因到果思考问题，这种思维方式比较直接、有效，在解决常规问题时具有明显的效果。由于正向思维符合人们的认知规律与思维习惯，所以更容易被人们理解和接受。但是，正向思维并不是完美无缺的，其中也存在着一定的不足，集中表现在对疑难问题的处理和指导创新两方面。

正向思维是一种符合人们思维习惯的行为，但因其思维起点局限在有限的认识范围内，难以掌控思维过程中的诸多变数，不能对整体事件进行更为全面客观的认识。因此，在需要创新时，正向思维这种常规性思维方法有时不仅不能解决问题，还会限制人们的思路，影响人们的创造性。这时如果善于转换视角，从逆向去探求和思考，也就是采用逆向思维，往往会引发新的思索，产生超常的构思和不同寻常的新观念，逆向思维也就体现了其独有的应用价值。

由于逆向思维与人们的思维习惯相反，因此逆向思维的思维过程本身就是一个求新、求异的过程，具有创新的特征。从创新的内涵出发考察逆向思维，创新本身就是一种创造性的活动，是高于人们普遍认知和思维习惯，但又符合实践发展规律和事物发展方向的一种创造行为，创新的过程是对原有思维模式的一种突破，这与逆向思维求新、求异的特性十分契合，许多创新的思路都是通过逆向思维产生的。因此，可以说逆向思维是创新思维的重要组成部分。

2. 逆向思维的特征

逆向思维与常规思维相对应，是一种突破常规的特殊思维方式，逆向思维的特征主要有以下四方面。

（1）普遍性。思维一般具有正反两个方面，人们在进行思考时，既可以选择从正面思考问题，也可以选择从反面思考问题，正反两个方面的对立统一是普遍存在的。因此，逆向思维同样具有普遍性，能够普遍适用于不同的领域、不同的对象。在人们的生产和生活实践中，逆向思维也被广泛地运用，大量的创新活动及创新实践就是在创新主体灵活运用逆向思维的前提下开展的。

（2）多样性。逆向思维的多样性主要体现在以下两个方面：其一，事物的内在属性、表现形式以及发展规律都是多种多样的，这就决定了逆向思维必须根据事物的特征和事物发展的实际情况采取相应的思维形式；其二，人类的思维方式本身就是多种多样的，逆向思维同样具有多种表现类型，包括方位逆向思维、属性逆向思维、因果逆向思维和心理逆向思维等。

（3）批判性。批判性是逆向思维较为显著的特性之一，逆向思维是与常规的正向思维相对而言的，常规思维是一种常规的、常识的、习惯的做法，而逆向思维则是对这种常规与习惯的反叛和批判，逆向思维能够打破思维的定式，破除由经验与习惯造成的思维僵化的认识模式，这本身就是一个对常规思维进行批判的过程，没有对正向思维的批判，就无所谓逆向思维，因此逆向思维具有批判性。

（4）新颖性。虽然运用常规思维解决问题，具有简单、高效的特点，但是这很容易造成人们思路的僵化，摆脱不了原有思维模式的束缚，而逆向思维从反方向入手，以反常规的方式提出问题、引导思维、解决问题，所以经常能够产生新颖的思路，取得意想不到的收获。

（三）形象思维

1. 形象思维的内涵

人的思维能力概括起来主要有两种，分别是逻辑思维能力和形象思维能力，逻辑思维能力较为抽象，而形象思维能力较为开放和具体。相比于逻辑思维能力，形象思维能力侧重于直觉、灵感与创造，是思维原创性的主要源泉。形象思维是在形象地反映客观事物形态的感性认识基础上，通过联想和想象来揭示对象的本质及其客观规律的思维形式。

形象思维的思维内容是具体的形象，这种思维是人与生俱来的一种本能思维，其思维的支柱是直观的形象与表象。形象思维在思考和解决问题时，注重对事物表象的判断与取舍。形象思维是相对抽象思维而言的，抽象思维属于理性认识阶段，凭借抽象的概念反映事物的本质，随着人们的成长和接受教育程度的提升，抽象思维的地位会不断提升，但是形象思维对艺术创作与创新实践具有重要的促进作用。

2. 形象思维的特征

形象思维是创新思维的一种重要类型，形象思维具有以下几点特征。

（1）形象性。形象性是形象思维的显著特征。形象思维是依托具体的形象展开的，直观、具体的形象是形象思维的基本材料和对象。形象思维与抽象思维不同，形象思维注重对客观事物的直观反映。在形象思维的整个过程中，离不开具体可感的形象。

事物的客观形象，最初是通过人的各种感官，包括视觉、听觉、嗅觉、触觉等，以感性形象反映到头脑之中的，经过初步加工，将许许多多同类的感性形象的共同特征抽象、概括出来，形成观念性形象——意象。形象思维就是通过联想、类比等形式，将大脑中形成的许多意象联系起来，从而来反映、表现客观事物和社会生活。

比如，在李白的《古朗月行》中的诗句："小时不识月，呼作白玉盘。又疑瑶台镜，飞在青云端。"诗中将月亮比作玉盘与圆镜子，这就是根据月亮的具体形象产生的联想。再比如，《望庐山瀑布》中"飞流直下三千尺，疑是银河落九天"，李白将庐山瀑布比作倾泻而下的银河；《白雪歌送武判官归京》中"忽如一夜春风来，千树万树梨花开"，岑参将白雪比作梨花；《望洞庭》中"遥望洞庭山水翠，白银盘里一青螺"，刘禹锡将洞庭湖与群山比作白银盘与青螺。这些通过事物形象展开的比喻和联想都是典型的形象思维。

（2）想象性。想象性是形象思维的关键特性，在形象思维中起着决定性的作用。想象指的是人们将感知到的表象通过头脑的加工形成新的形象的过程，属于一种高级的认知过程。想象既可以是根据已有形象在头脑中构建新形象的过程，也可以是通过一系列线索构建不在眼前的事物的具体形象的过程。

想象是自由奔放、不受时空所限制的，人们通过想象，既可以使思维穿梭于历史长河，徜徉于过去与未来，也可以在同一时间跨越山海、纵横苍茫宇宙。人们对形象思维的研究，很多都是从对想象的研究开始的。想象性是形象思维能够帮助人们开展创新活动的关键因素，有了想象，人们才能不拘泥于现实，充分拓展思路，在对实践具有充分认知的基础上赋予思维一定的前瞻性，引领实践的发展。许多创新性实践都离不开想象力，比如大量的发明创造都是人们根据实践需求，充分发挥想象力并利用技术手段将其落实的成果。

想象力还是艺术创作的重要源泉，这在许多文学与艺术作品中都有体现。比如，苏轼的《饮湖上初晴后雨》中"欲把西湖比西子，淡妆浓抹总相宜"就体现了其丰富的想象力，西湖与西施是在属性上截然不同的两个主体，但诗人通过天生丽质与神韵之美将两者联系在一起，既描绘出了西湖景色之美，又表达出了自身的审美情趣。法国小说家儒勒·凡尔纳（Jules Gabriel Verne）以独特的想象力将科学与文学结合在一起，他的足迹虽未遍布世界，但文字却环游地球，他在不断完善自身专业知识的基础上，将想象力与创作力注入自己的作品之中，创作出一系列文学名著，如《海底两万里》《神秘岛》《地心游记》等，他自己也被后世称为"科幻小说之父"，还被誉为"科学时代的预言家"。

（3）情感性。形象思维的情感性指的是形象思维的过程中渗透着强烈的审美感情色彩。人们在感知事物具体的形象时，会先对事物产生审美情感与审美判断，这种审美情感的产生多是一种大脑对客观对象的直接反映，而不是经过逻辑加工后的缜密分析，因此具有浓烈的主观感情色彩。

形象思维的情感性特征在不同主体对同一客体的情感表达中体现得较为明显，文学作品中常有"伤春悲秋"之情的体现，比如曹丕的《燕歌行》中"秋风萧瑟天气凉，草木摇落露为霜"，柳永的《雨霖铃·寒蝉凄切》中"多情自古伤离别，更那堪，冷落清秋节"，李煜的《清平乐·别来春半》中"别来春半，触目柔肠断"等，这些诗词句多是表达一种人们内心中油然而生的对短暂春色与萧瑟秋景的感伤。但也有孟郊的《登科后》中"春风得意马蹄疾，一日看尽长安花"，韩愈的《早春呈水部张十八员外》中"最是一年春好处，绝胜烟柳满皇都"，刘禹锡的《秋词》中"自古逢秋悲寂寥，我言秋日胜春朝"等赞美春秋美景的诗句。同样的季节在不同作者笔下具有不同的情感呈现，这就是形象思维的情感性特征的典型表现。

（4）粗略性。形象思维是人对外界信息产生的一种直观印象，因此形象思维是一种非逻辑性的思维。它可以是跳跃的、非连续的、跨界的，也正是因为这种非逻辑性，使得形象思维对客观对象的反映是整体的、粗线条的。

粗略性的特征决定了形象思维能够有更大的思维拓展空间，能够帮助人们拓宽思路，不拘泥于对客体本身属性的深入挖掘，而是在对事物性质有一个总体了解的情况下扩展思维。粗略性使得人们在通过形象思维分析问题时多是一种定性分析或半定性分析。

（四）直觉与灵感思维

1. 直觉与灵感思维的内涵

直觉思维与灵感思维指的是基于自身的知识、阅历，或由于自身思维的刺激，或由于外界信息的刺激而进行的一种快速、顿悟型的思维。直觉思维与灵感思维是逻辑性与非逻辑性相统一的理想思维的过程。

直觉思维与灵感思维之间同样既有联系又有区别，两者的联系表现在两者都具有突发性和不可预见性，即两种思维的产生都具有一定的随机性，且两种思维都是大脑在受到一种突发信号的刺激时产生的，其形成具有一触即发的特点。直觉思维与灵感思维之间的区别主要表现在两者产生的根源不同，直觉思维产生的根源是大脑存储的知识、经验、印象等信息的刺激，而灵感思维的产生则是源于大脑以外的某种信息的刺激。

直觉思维与灵感思维是创新思维中两种相对比较成熟的思维类型，在创新实践中，直觉思维与灵感思维发挥着无可替代的作用，这两种思维很容易引起重大的观念或理论突破，或者能够帮助人们在实践中取得重大进展。

2. 直觉与灵感思维的特征

同样作为一种顿悟型的思维，直觉思维与灵感思维在特征上具有很强的相似性，直觉思维与灵感思维的特征主要表现在以下几个方面，具体内容如图3-4所示。

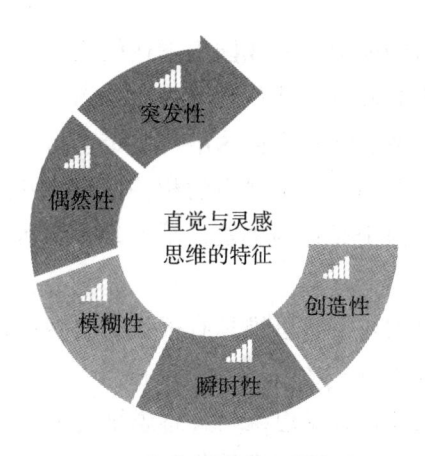

图 3-4　直觉与灵感思维的特征

（1）突发性。无论是直觉思维，还是灵感思维，通常都是在特殊信息的刺激下于刹那间出现，为思维主体提供新的思路，从思维出现的时间上来看，它们都是不期而至、突如其来的；从思维的效果上来看，它们都能是人们突然领悟到的，并对疑难问题的解决具有显著的促进作用。

（2）偶然性。直觉思维与灵感思维在什么时间可以出现，在什么地点可以出现，或在哪种条件下可以出现，都具有很大的偶然性，让人难以预测。直觉思维与灵感思维的产生不是源于人们缜密的逻辑分析，也不是源于人们根据客观对象展开的相关联想与想象，而是源于一种突发的信息刺激。这种信息的来源与出现时间均不固定，既有可能来源于外界，也有可能来源于人们的大脑；既有可能产生于人们思考问题的过程中，也有可能产生于其他任何时间，引领人们发现问题或为人们提供解决问题的新思路。

人们在探寻疑难问题的答案时经常会陷入"踏破铁鞋无觅处"的境地，此时，人们在山重水复之中以自己所掌握的知识与经验为基础，以特殊信息的刺激为媒介，通过直觉的指引与灵感的迸发寻到解决问题的路径，最终"柳暗花明又一村"。这就是直觉思维与灵感思维产生于人们思考问题过程中的情况，这种直觉思维与灵感思维也被称为冥想型灵感。

直觉思维与灵感思维还有可能产生于人们思考与处理具体问题的过程之外，其中又以灵感思维表现得最为明显，多表现为一种灵光乍现，这种灵感思维也被称为诱发型灵感。比如，阿基米德（Archimedes）发现浮力定律的故事就是诱发型灵感的典型表现，国王命阿基米德鉴定王冠的材质，阿基米德冥思苦想如何在不破坏王冠的前提下完成国王下达的任务，却百思不得其解。有一天，他在跨进澡盆洗澡时发现了体积与浮力之间的关系，并依靠这个规律顺利鉴定出王冠并非纯金打造。阿基米德沐浴与鉴定王冠这两件事情之间并无直接关系，而阿基米德也不是为了验证浮力的相关假设才开展的这一系列实践，而浮力定律被发现主要是由于灵感的迸发，是由某个偶然事件的触发而带来的一种具有独创性的设想。

综上所述，直觉思维与灵感思维具有很强的偶然性，往往给人以"有心栽花花不开，无意插柳柳成荫"之感。

（3）模糊性。模糊性是直觉思维与灵感思维的突出特征，因为直觉与灵感在大多数情况下只是为人们解决问题提供新的角度，而不是帮助人们构建一整套解决问题的思路，直觉与灵感在更多的时候表现为一种启发，而非一种路径。

灵感的产生往往是闪现式的，而且稍纵即逝，它所产生的新线索、新结果或新结论使人感到模糊不清，因为它可能以任何形式出现，且会带给人们新颖的信息，这种新颖的信息是超越实践的，是无法用既有的理论与逻辑对其进行验证的，这就导致直觉思维与灵感思维具有很强的模糊性。

德国有机化学家弗里德里希·凯库勒（Friedrich August Kekulé）由于梦到衔尾蛇而破解了困扰他许久的苯分子的结构，此项发现对有机化学的研究具有划时代的意义。衔尾蛇与苯环之间的相关性并不大，可以说，衔尾蛇这种意象在解决具体的化学问题时具有很强的模糊性，对一般人来说，很难将两者联系在一起。因此，如果要使这种直觉与灵感形成精确的思路的话，就必须有形象思维和抽象思维的辅佐。

（4）瞬时性。由于直觉与灵感思维不是一种逻辑缜密、清晰明确的思维类型，经常会表现为一种一闪而过的念头，稍纵即逝。因此，在直觉与灵感来临之时，人们应该及时将其把握住。

（5）创造性。直觉思维与灵感思维作为创新思维的一种，自然具有很强的创造性，直觉思维与灵感思维本身就是超越思维主体当前认知的一种思维类型，人们无法运用自己掌握的知识与经验处理遇到的问题，或是认知水平不足以解决当前遇到的问题时，通过直觉与灵感可以充分调动自己所具备的知识与经验，借助新的思路创造性地寻找解决问题的办法，这本身就是一个创造的过程。历史上众多通过直觉思维与灵感思维造就理论或实践突破的例子都充分证明了这一点。

（五）综合思维

1. 综合思维的内涵

综合思维指的是将客观事物的一些要素进行重新组合后形成一个新的思维或存在主体的过程，这些要素包括理论、方法、构思、技术、材料，以及不同类型的物品等。

综合思维不是简单地拼凑，而是一种系统的组合。任何事物都是作为系统存在的，是由多种相互联系、相互依存和相互制约的因素按照一定的规律组合而成的。人们在认识事物时，要以全面的眼光审视事物的性质与发展。综合思维要求人们从整体出发去认识事物，以达到对事物整体的把握。因此，综合思维的思维起点与思维终点都是整体。

人们在进行创造性实践时，也要将事物放在系统中进行思考，既不能片面、孤立地观察事物，也不能局限于一种思维模式与方法，要全方位、多层次、多方面地对事物展开分析，准确把握事物的结构、性质、事实、材料以及相关知识，找出事物之间的内在联系，综合利用各种思维方式开展创新实践，使创新活动符合事物整体的发展规律。

综合思维是一种对已有智慧和知识的综合与升华，而不是简单的拼接与组合，通过综合思维创造出的新整体，应该大于原本的部分之和，且具有新的内涵与特征。综合思维是一种在原有认识与观念的基础上进行新的突破，进而形成更具普遍意义的新成果的过程。

2. 综合思维的特征

综合思维的特征体现在思维的整个过程之中，其特征主要表现在以下几方面。

第一，综合思维是用全面的、联系的、运动的眼光观察事物，分析的过程不是片面的、孤立的、静止的。

第二，综合思维的对象是外在的事物，综合思维将外在的事物看作多种因素相互联系、相互作用的有机整体，而不是将其看作孤立的个体或是零散的组合。

第三，综合思维在思维方式上是多角度、多途径的想象组合，是对多种思维方式综合、科学地运用。这种想象的组合是不受时空限制的，可以在较大的范围内展开。

第四，综合思维之中渗透着非逻辑因素，这并不是代表着综合思维本身没有逻辑,而是打破原有知识与思维的框架,依靠新的逻辑框架,将要素重新进行组合。

四、大学生创新思维的培养路径

(一)帮助大学生突破思维障碍

培养大学生的创新思维,先要打破大学生的思维障碍,各种类型的思维障碍都在不同程度上制约着大学生创新思维的发展,倘若不能将其破除,这些障碍将会是大学生创新思维培养路径上的巨大阻碍。大学生需要突破的思维障碍主要有以下四种。

1. 从众思维障碍

从众思维是从众心理在思维模式上的体现,指的是个体受到外界人群行为的影响,使自己的思维模式表现出符合公众舆论或多数人的现象。

从众思维是一把双刃剑,积极的从众思维能够为人们带来许多益处。首先,积极的从众思维能够统一集体的思想,使人们心往一处想,劲往一处使,团结一致、锐意进取,有利于共同目标的达成。其次,个体的思维有正确与错误、合理与不合理之分,如果个体的思维不符合社会实践的发展,这时候,积极的从众思维就能够帮助个体纠正思维的错误,使其回到正确的轨道。最后,积极的从众思维能够起到鼓励与激励的作用,营造良好的社会氛围。比如,个体的一些不文明行为会受到公众的厌弃,这就会使得个体在行为过程中恪守社会公德,有利于构建良好的社会秩序。

消极的从众思维会制约个体与社会的发展。首先,消极的从众思维会严重制约个体思维的发展,导致个体思维的丧失,这就会造成个体在实践中难以充分发挥自身的主观能动性,不能将自己的智慧运用到实践当中,甚至逐渐消磨自身的创新思维能力,不利于个体的成长与发展。其次,消极从众思维也会对集体和社会的发展带来不利影响,消极从众思维经常会导致集体性决策错误。比如,人们在路口等红灯时,由于车辆较少,一个人闯红灯过马路,后面的很多人可能就会模仿这种错误的行为,严重影响交通秩序;再比如,在集体做决策时,人们都不愿意表达自己的意见,当一个人率先发言,其他人可能就会随声附和,假如这个率先发言者的决策是错误的,由于没有人对他进行纠正,就很容易导致集体决策的错误,损伤集体的利益。

消极从众思维会导致个体在思考问题时丧失独立性，人云亦云。创新的重要特征之一就是首创性，需要创新主体的思维具有一定的独创性，若想培养大学生的创新思维，就必须帮助大学生突破从众思维障碍，使其敢于与众不同，让大学生能够提出自己的观点，有独立思考的能力。

2. 权威思维障碍

权威思维指的是以权威人物的观点或权威思想为思维活动的指导，凡是权威观点或权威人士提出的观点，全部不假思索地一概接受的思维模式。

权威思维的主要表现形式有以下两种。

第一，迷信权威人物。权威人物指的是在行业中拥有较高话语权的人物，多是资深专业人士，或是影响力较大的人物。在权威思维的影响下，人们会盲目迷信权威人物，将权威人物的观点作为价值判断的依据，典型的例子就是古时候人们假托他人之名著书，这是因为当时社会上大部分人都被权威思维所束缚，小人物假托名人著书，为的是让自己的观点被更多人所认可。实践是检验真理的唯一标准，权威人士固然具备较强的专业素养，但其观点同样需要接受实践的检验，否则就不能被称为真理。倘若凡事以权威人士的观点为准，不仅容易导致被错误的理论所引导，还会严重影响自身思维的独立性。

第二，迷信权威观点。权威观点指的是权威人士提出的观点，或是受到社会普遍认同的观点，比如诸多科学定律就属于权威的观点，权威观点的优点是其大多经历了时间的检验，能够为人们的生产和生活提供良好的理论指导。但其缺点同样明显，即具有时效性，有些观点不能跟随实践的发展而发展，落后于时代，对实践的指导作用就会降低，甚至不能指导实践的发展，人们倘若一味迷信权威观点，不但难以实现创新，更有甚者，甚至不能正确地开展实践。

权威对社会的发展来说利弊兼有，但是以权威至上的思维不利于社会的发展，因为创新是引领发展的第一动力，无论是理论创新还是实践创新，都需要在一定程度上打破权威，实现新的突破与发展，人类历史上无数的创新实践都证明了这一点。因此，培养大学生的创新思维，必须要帮助大学生突破权威思维的障碍，在日常学习与生活中要敢问、勤问、善问，要勇于面对自己的疑惑，积极主动地去探寻答案，不能什么问题都轻信权威。要使大学生勇于质疑、敢于突破、敢为人先，只有具备这样的魄力，才能真正实现创新突破，进而推动社会的发展。

3. 经验思维障碍

经验思维指的是人们运用实践的直接体验及习惯的、传统的观念进行的思维活动。这种思维活动不受具体的规范所束缚，也没有固定的思维模式。经验思维中的"经验"是一种未曾规范化和一般化的知识，经验思维因人而异，受个体实践、认知与习惯的影响较大。

经验是人们从实践中总结出的具有相对稳定性的信息，经验能够对人们的实践提供有效指导，使人们少走弯路，但也可能会导致人们对其过分依赖，导致思维固化，排斥理性分析。因此，经验思维是一把双刃剑，需要人们对其有一个清晰的认知。

在农业社会，人们根据长期的耕作经验总结出农时，根据季节变化与雨热规律进行耕作，并将这种耕作规律代代相传。农民并非农业学家，农业社会也并未形成系统的农业科学理论，但是人们依然能够根据农时开展科学的耕作实践，这就是经验在发挥作用。无论是一代代人传承下来的耕作方法，还是自己在耕作实践中探寻到的规律与技巧，都作为一种经验指导人们有效开展实践。这就是经验思维的积极作用。

经验思维对于实践的消极作用同样表现得十分明显，历史上由经验思维导致失败的例子有很多。如长平之战中，赵国将领赵括放弃廉颇坚守壁垒的战略部署，转为主动进攻，一味遵照兵书所言，却没有根据具体的战场形势进行变通。而秦军则在白起的指挥下迂回作战，切断赵军各部之间的联系，分割包围赵军，最终赢得了这场秦赵两国之间的战略决战，极大地削弱了赵国的军事实力，为秦一统六国奠定了坚实的基础。又如三国时期，诸葛亮第一次北伐中原时，马谡在街亭之战中一味遵循"居高临下"和"置之死地而后生"的经验认知，屯兵高地，最终被魏军断绝水源而导致战役失败，并产生一系列连锁反应，使诸葛亮的主力部队进退失据，最终放弃北伐，退回汉中。

关于经验思维的寓言也有很多，比如《驴子过河》就是一则典型的因犯经验主义错误而导致"偷鸡不成蚀把米"的寓言。这则寓言讲的是一头背着盐的毛驴在过河时不慎滑倒，由于部分盐被水溶化，减轻了毛驴的负担，毛驴很高兴。于是，它在又一次过河时故意滑倒，想减轻负担，但是这一次它背的是棉花，棉花吸水后重量增加，毛驴的负担不但没有减轻，反而加重了。毛驴因为一味崇信经验，不但没有达到目的，反而为自己增加了负担，这就是经验思维的消极作用的典型表现。

创新是一种建立在实践基础上的创造性实践，无论是理论创新还是实践创新，都是一种新的经验形成的过程，成功的创新活动会推翻其所属领域的原有经验或对其进行丰富与补充。比如，电子商务就是计算机技术与网络技术发展的产物，是商贸活动与现代技术的结合，是经济领域的重要创新。在传统的商贸活动中，面对面交易、"一手交钱一手交货"以及纸质票据与凭证等都是传统交易经验的产物，而科技的发展使得整个商贸活动过程，包括信息发布、商品咨询、商品选择、商品交易、物流和售后等环节，都可以通过电子商务平台实现，交易过程从现实走向虚拟，不再受空间地域的限制。电子商务的产生就是对经验思维的重大突破，它在极大程度上改变了商贸活动的形式，方便了人们的生活。

培养大学生的创新思维，就需要让他们突破经验思维，对经验有一个客观的认知，合理利用经验指导实践，并能够以实践为依据，具体问题具体分析，不受经验思维的禁锢，这样才能与时俱进，成功开展创新实践。

4.线性思维障碍

线性思维是一种片面、直接、直线、直观、单向、缺乏变通的思维方式。这种思维方式忽略了事物的本质，不能全面、深入地认识客观事物，很难把握复杂的现象及其本质。

线性思维沿着一条直线轨迹或是用一种逻辑关系看待或解决问题，这种方式的优点是直接有效，正确运用线性思维能够有效提升解决问题的效率，还有利于准确识别或集中精力处理事物的主要矛盾。

线性思维的缺点同样十分明显。线性思维是一种将多元变为一元的思维方式，由于其不能深入、全面地认识问题，所以当在前进的道路上遇到拦路石时，只会想尽办法挪开石头，而不是绕过去。线性思维处理问题的逻辑是寻求事物变化中的可控要素，由此就需要排除其中的不可控要素。倘若新问题出现，迫使人们需要去寻找新的可控要素，线性思维就很难应付这种局面了，因为线性思维只能解决线性思维方式能够解决的问题。再以拦路石为例，倘若石头可以被破坏，那么线性思维就可以继续前行，倘若将石头换作一种难以破坏的物体，或者一道很深的沟壑，线性思维就会止步不前。

线性思维广泛存在于我们的日常生活之中，比如在处理诸多问题时会出现考虑不周的情况，在很多情况下就是线性思维导致的，因为线性思维不能全面地思考问题，就会导致在处理问题时经常会有疏忽和遗漏，思考不够周全。再比如，有些人在学习的过程中或是在生活中遇到困难，却不知变通，撞破南墙也不回头，这就是典型的线性思维。

新事物的诞生在很多情况下是不同类型的知识与经验的结合，我们观察创新活动，就会发现其中不乏交叉学科研究和曲线思维的影子。因此，培养大学生的创新思维，打破大学生思维定式，就必须锻炼学生的曲线思维能力，鼓励大学生广泛涉猎不同领域的知识，注重学生的个性化发展。既要有线性思维的坚韧不拔，又要有曲线思维的灵活变通，两者结合，才能激发学生的潜能，帮助学生充分发挥主观能动性，灵活应对各种问题。

（二）训练大学生具体的创新思维能力

训练大学生具体的创新思维能力，就需要针对不同类型的创新思维展开培养和训练。

1. 发散思维与集中思维的训练

发散思维与集中思维是相伴相生、相辅相成的两种思维类型，两者关系密切，但在思维训练方法上存在差异、各有侧重。发散思维与集中思维的训练方法主要有以下几点，具体内容如图 3-5 所示。

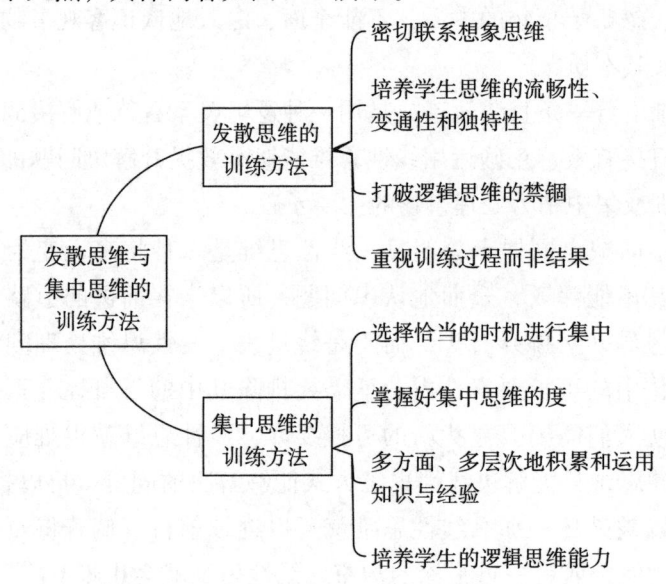

发散思维与集中思维的训练方法：
- 发散思维的训练方法
  - 密切联系想象思维
  - 培养学生思维的流畅性、变通性和独特性
  - 打破逻辑思维的禁锢
  - 重视训练过程而非结果
- 集中思维的训练方法
  - 选择恰当的时机进行集中
  - 掌握好集中思维的度
  - 多方面、多层次地积累和运用知识与经验
  - 培养学生的逻辑思维能力

图 3-5　发散思维与集中思维的训练方法

（1）发散思维的训练方法。发散思维对于创造性思维来说具有重要的意

义，可以说，如果没有发散思维，那么创造性思维将很难实现。训练发散思维要注意以下几点。

第一，密切联系想象思维。从内涵上观察发散思维与想象思维，两者之间有着密切的联系，这两种思维都强调思路的扩展与发散，想象思维可以说是发散思维的一种特殊类型。培养大学生的发散思维，就是要帮助大学生摆脱常规思维的束缚，使其充分发挥想象力。

第二，培养学生思维的流畅性、变通性和独特性。培养和提升学生的思维能力，不但需要保证学生的思维是流畅的，还要使学生懂得变通，在思维过程中根据实践或自身需求的变化灵活变通，不能一味坚持直线思维。在流畅与变通的基础上，就可以帮助学生构建思维的独特性。

从流畅性到变通性再到独特性，是一个循序渐进的过程。因此，在培养学生发散思维的时候，要按部就班地对学生展开训练，保证对学生发散思维的培养符合思维能力提升的客观规律。

第三，要帮助学生打破逻辑思维的禁锢。逻辑思维是一种十分重要的思维类型，对创新思维的发展也有很大的帮助。但是，逻辑思维是一种抽象思维能力，其特点是以概念、范畴等为工具去反映认识对象。逻辑思维固然重要，但一味坚持逻辑思维，就会阻碍发散思维的发展。随着年龄的增长与受教育水平的提升，人们逻辑思维所占的比重会不断上升，对于大学生来说，更是如此。由于思维的惯性，人们在进行创新实践时很有可能会受限于由逻辑思维而产生的思维定式，难以有效地进行思维的拓展。因此，在培养和提升大学生发散思维的过程中，要帮助学生科学对待逻辑思维与发散思维，既不能抛弃逻辑思维去谈创新，也不能受逻辑思维的禁锢，使思路难以拓展和发散。

第四，发散思维的训练要重视过程而非结果。创新具有一定的风险性，而作为创新思维重要的组成部分，发散思维的成果同样存在巨大的不确定性。训练学生的发散思维，重点在于对学生思维能力与思维习惯的培养和提升，而非以结果论成败。因此，在训练过程中，要强调思维过程的重要性，淡化思维的结果，贯彻以学生为主体的教学理念，重视学生的个性化发展，使学生敢于发散思维、善于发散思维。

（2）集中思维的训练方法。集中思维的特点是将多路思维集中到一起，指向某一中心，这是一种收敛性思维。集中思维在我们的生活中非常常见，其基本内核是抽象与概括。集中思维的训练需要注意以下几方面。

第一，选择恰当的时机进行集中。创新思维的过程需要发散思维与集中思维交替进行，这是一种螺旋式上升的发展过程。集中思维的任务是对发散思维进行阶段性总结，而且这种总结时机的选取十分重要，既不能太早，也不能太晚。太早的话，会导致集中思维对发散思维的总结不到位；太晚的话，会使发散思维多条的思路延伸太长，难以收敛。

第二，要掌握好集中思维的度。集中思维是对发散思维的收敛与概括，需要精准总结出发散思维的可取之处，并能体现其核心价值之所在。因此，集中思维总结的程度就变得十分重要，在训练大学生的集中思维时，要注重对其概括能力的训练。在概括时，不能遗漏发散思维中蕴含的有价值的因素，还要使结论具有高度的概括性与实用性。

第三，要多方面、多层次地积累和运用知识与经验。集中思维需要思维主体具备充足的知识储备。因为发散思维具有很强的拓展性，所以只有具备了丰富的知识与经验储备，才能对不同延伸方向的发散思维进行科学的收敛。为此，在培养和提升大学生集中思维能力的时候，要注重大学基础知识的学习与知识的拓展，同时还要通过实践教学、课外实习等一系列活动，丰富大学生的实践经验。

第四，培养学生的逻辑思维能力。集中思维与发散思维相对应，发散思维强调形象与拓展，集中思维则重视抽象与概括。在发散思维的训练中，我们提到要打破逻辑思维的禁锢，这并不是说逻辑思维不重要，而是不能让学生被逻辑思维所左右。相反，逻辑思维对于创新实践来说同样十分重要，集中思维的训练离不开逻辑思维。由于集中思维是对发散思维的概括，所以需要把不同的范畴、概念组织在一起，从而形成一个相对完整的思想，并加以理解和掌握，这是一个逻辑思维的过程，也只有这样，集中思维才能对创新实践起到积极的促进作用。因此，培养和提升大学生的集中思维能力，还要重视对大学生逻辑思维能力的训练。

2. 逆向思维的训练

逆向思维是一种与常规思维的思路相反的思维方式，逆向思维的训练可以从逆向思维的类型入手。

（1）反转型逆向思维训练。反转型逆向思维指的是从事物的相反方向展开思考，这种思维方式的训练通常需要培养学生从事物的功能、结构与结果三个方面进行逆向思维。比如，在数学几何模块的教学中，反转型逆向思维有时能发挥奇效，几何学习对形象思维的要求非常高，这就导致学生很容易陷入思维的泥潭，难以对几何问题进行求解。这时候，不妨从结果入手，几何自身具有鲜明的形象性，学生可以先观察图形之间的关系，对答案进行猜想，再根据这种猜想反推解题过程。这种反转思维的方式在解决几何疑难问题或自身思路受阻时具有奇效。

任何事物都是对立统一的，这是其内在的属性。反转型思维需要学生充分认识并把握这种对立统一的规律，从不同的方向看待事物、处理问题、盘活思路。

（2）转换型逆向思维训练。转换型逆向思维训练强调思路的拓展，即在常规思维受阻的时候，不按照常规的逻辑进行思考，通过曲线思维转换思路，绕过困难，突破直线思维的障碍。

司马光砸缸就是对转换型逆向思维的典型应用。司马光无法爬进缸中救人，于是转变思路，将缸破坏使水流出，最后顺利地解决了问题。转换型思维的培养需要打开学生的思路，丰富学生的知识，培养学生的曲线思维能力，学会在遇到困难时灵活机变。

转换型逆向思维的另一个关键是具有明确的目标意识，即善于发现事物的主要矛盾，明确问题的核心。在司马光砸缸救人的过程中，司马光认识到问题的核心是将人从缸中救出，而救人的方法则可以有很多种，于是他围绕"救人"这一核心问题充分拓展思路。因此，在训练大学生的逆向思维能力时，要注重锻炼大学生的目标意识与寻找主要矛盾的能力，使其能够充分把握问题的核心，进而创造性地探寻解决问题的方法。

（3）缺点逆向思维训练。缺点逆向思维指利用事物的缺点，将缺点变为可利用的东西，充分发挥主观能动性，化腐朽为神奇，化不利为有利。创造性地探索事物新的发展方向，或者发现全新的内容。缺点逆向思维并不是以克服缺点为目的，而是发现缺点之中存在的潜在价值，转换角度，化弊为利。

在人类的创新实践中，经常会出现缺点逆向思维的影子。有许多现代雕塑所使用的材料就是日常生活中的废品，这些废品由于种种原因丧失了原本的使用价值，但是经过艺术家的创造性实践，不仅能产生新的审美价值，还充分利用了资源，保护了环境。比如，金属腐蚀是一种坏事，但人们利用金属腐蚀原理进行金属粉末的生产，或进行电镀等，无疑是缺点逆向思维法的一种典型应用。

训练学生的缺点逆向思维,要使学生善于挖掘事物的潜在价值,提升学生思维的广度与深度,使其在观察客观事物时,不拘泥于事物的原本属性,能够从多个维度探索事物的价值。

3. 形象思维的训练

形象思维的训练对于提升大学生创新思维能力具有重要的意义。大学生形象思维训练的主要方式有以下四种,具体内容如图3-6所示。

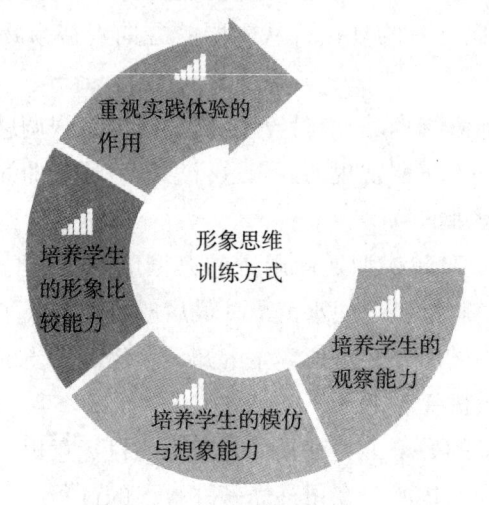

图3-6 形象思维训练方式

(1)培养学生的观察能力。形象思维是以直观感受为基础的,这种直观的感受主要通过人们的感官来实现。因此,训练和提升学生的观察能力就是培养学生形象思维的重要环节。

随着时代的发展,我们获取知识的途径不断增多,从报纸、书本到电视、智能手机,我们足不出户就可以了解天下事。世界上的任何事物都是对立统一的,科技发展虽然为人们的生活带来了极大的便利,但也在不知不觉中弱化了人们的一些能力,观察力就是其中的典型代表。由于人们可以通过发达的网络获取想要的信息,于是逐渐忽视了观察的重要性,人们的观察能力逐渐降低,容易忽略生活中的细节。

很多情况下,我们并不是没有能力看到生活中的细微之处,而是对这些细节视而不见,这就是观察能力降低的典型表现。培养学生的观察能力,需要激发学生的好奇心以及对于周围环境的热爱,贯彻以学生为主体的教学理念,通过一系列教学设计来锻炼学生的观察能力。比如,可以让学生观察月相的变化，并尝试自主分析地月运动的规律；也可以多做实验，让学生通过观察实验的过程及结果，分析事物的属性，总结其内在规律。

（2）培养学生的模仿与想象能力。模仿思维能力指的是依据已有的思维模式和认知来模仿、认识未知事物的思维能力，模仿思维能力在形象思维中表现为一种类比与联想的思维能力。想象思维则指的是人体大脑通过形象化的概括作用，对脑内已有的记忆表象进行加工、改造或重组的思维活动。在创新实践中，模仿与想象在很多时候是联系在一起的，以模仿为基础展开联想与想象，是创新实践的重要路径之一。

人们的许多创新实践都是以对客观事物的观察和模仿为创新源头的，人们以某种模仿原型为参照，并在此基础上通过形象类比、想象与创新性实践，创造出新的事物。如人们通过模仿鸟发明了飞机，通过模仿蝙蝠和海豚等动物发明了雷达与声呐等。

训练学生的模仿与想象能力，不能只停留在课堂教学中，应该让学生多实践、多观察、多想象。同时，也需要注意知识的积累，没有理论知识支撑的想象是无源之水、无本之木，难以付诸实践、转化为创新成果。

（3）培养学生的形象比较能力。形象比较能力是形象思维训练的重要组成部分，培养和提升大学生的形象比较能力是引导学生发现事物内在联系的过程。

培养和提升形象思维能力，要求学生不但要善于观察事物，还要善于对所观察到的形象进行分析，而对形象的比较就是这种分析过程的重要组成部分。对形象的比较有多种类型，有对同一事物在不同时间呈现形象的比较，有对同一时间内的不同事物属性之间的比较，还有对不同形象之间的多维比较，甚至事物的形态、特点、变化和发展规律等许多属性都是可以通过比较分析出来的，而学生的形象思维能力也可以在这种比较过程中不断地得到锻炼和提升。

比如，当分析一个地区的人文景观时，如果直接让学生对该地区人文景观的特点及其背后的诸多影响因素进行分析，可能会存在一定的难度。这个时候，就可以多举几个例子，让学生通过观察不同地区的人文景观风貌，在对比中总结出不同区域的建筑特点、交通特点、服装特点、风俗文化特点等，并可以让学生根据不同区域的地理区位、历史文化、经济发展水平等因素，进一步分析得出某个区域的人文景观形成的原因。在这个过程中，事物的形象特征及其内在规律是通过比较得到的，这种比较过程能够突出形象的独特性，并引导学生充分挖掘自身掌握的知识，发现这种独特形象所蕴含的内在规律。

我们从上面的例子中可以看出，形象比较能力可以通过对不同形象的观察提升对复杂形象的认知水平，是培养和提升学生形象思维能力的重要方式。

（4）重视实践体验的作用。实践是认识的基础，实践同样也是培养和提升大学生形象思维能力的重要途径。形象思维作为一种感性认识，具有形象性、想象性、情感性和粗略性，形象思维的特性决定了其培养过程不能单纯依靠书本与课堂教学，因为纯粹的文字与图像会使学生对于事物形象的感知大打折扣。若想切实培养和提升学生的形象思维能力，就必须尽可能地让学生进行实践，在实践中观察事物的具体形象，总结规律。

"纸上得来终觉浅，绝知此事要躬行"出自陆游的一首教子诗——《冬夜读书示子聿》，意思是认识要从实践中得来，对于重视主体感受的形象思维来说更是如此。培养和提升学生的形象思维能力，就需要让学生走出书本，通过在实践中的观察验证自己所学习的理论知识，这也是高等教育课外实践课程开设的重要目的之一。

比如，在进行植被垂直分布规律的教学时，课外实践教学的效果就十分明显。植被的垂直分布规律受多种因素影响，包括温度、水分、土壤等。不同的地质条件、山脉走向、植被特点也会对植被的垂直分布产生重要的影响。植被垂直分布是一种形象性较强的地理现象，能够呈现明显的规律性。因此，如果脱离实践进行教学，学生只能凭借书本与课堂教学想象植被垂直分布的景观，这样的教学方式不利于加深学生对于知识的理解。教师可以组织学生到优质的实践场所进行实践教学，一边让学生观察植被的分布规律，一边开展实践教学，使学生能够对所学习的知识有一个相对直观的感受，并在这种实践体验中深化对于理论知识的理解。

随着时代的发展，各种知识的媒介如雨后春笋般涌现，这些媒介的知识承载能力也远超出以往的任何一个时期。人们可以通过这些媒介，足不出户便能得到自己所需的知识与信息，不知不觉中，学习环境与真实环境逐渐脱离了，许多知识的学习已经不需要依靠真实的环境，这对于人们形象思维的发展来说是十分不利的。

形象思维是人们思维体系中重要的组成部分，是创新实践的重要思维基础。这要求我们重视对大学生形象思维的培养，在教学过程中要让学生经常性地回到真实环境中去。书本上的知识归根结底是一种间接的经验，不具有直观性，若想深化学生对于理论知识的理解，使学生在实践中获取直接经验，提升形象思维能力，就必须回归实践。

4.直觉思维与灵感思维的训练

无论是直觉思维还是灵感思维，都是一种顿悟型的思维，这种类型的思维在训练时需要重视启发的作用。总体来看，直觉思维与灵感思维的训练方式主要有以下几种，具体内容如图3-7所示。

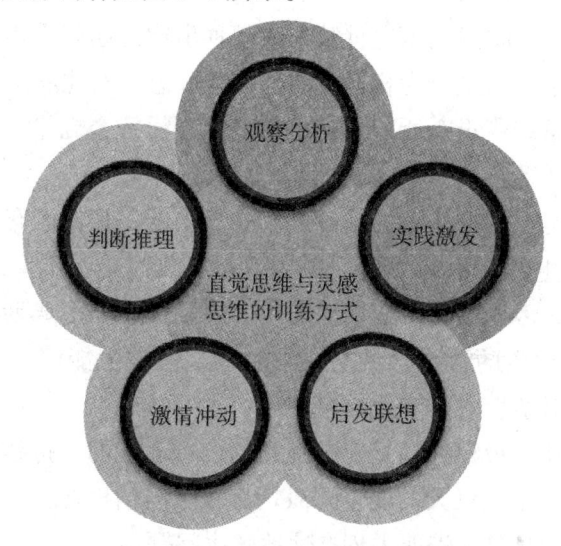

图3-7 直觉思维与灵感思维的训练方式

（1）观察分析。观察与分析对于直觉思维与灵感思维的训练来说十分重要。观察分析是开展创新实践的重要环节，这里的观察不是普通的观看，而是有目的、有计划、有步骤地去观看和考察研究对象。通过深入地观察，可以发现平时容易忽略的现象，可以从形态各异的现象中发现其中的相似点，可以从纷繁复杂的现象中发现隐藏的规律。

当然，直觉思维与灵感思维的培养和提升要求学生在观察的同时必须进行分析，观察的目的是发现问题，并为分析提供足够的材料，只有在观察的基础上进行分析，才能赋予观察活动应有的意义，才能激发灵感，形成具有创新性的认识。

（2）实践激发。无论是直觉还是灵感，其来源都是实践。直觉与灵感的产生是以实践为基础的，直觉与灵感的目的是解决实践的需要，各项科技创新成果的诞生，都离不开实践需要的推动。

在实践的过程中，新的需求与新的问题总是不断出现，这些需求与问题促使人们去积极地思考与探索。问题是科学的逻辑起点，科学的发展与创新需要人们不断地在实践中发现问题、思考问题、解决问题，而直觉与灵感也是在这个过程中被激发的。因此，培养和提升大学生的直觉思维与灵感思维，需要充分发挥好实践的激发作用。

（3）启发联想。联想是指通过某人或某种事物想起与之相关的其他人或事物的一种心理现象。联想分为相似联想、接近联想、对比联想和因果联想，这四种联想方式的思维逻辑有所差异，但它们都遵循一个规律，即联想的内容之间存在着一定的联系。

新的认识都是在已有认识的基础上发展而来的，把握已有认识与新认识之间的关联，是产生新认识的关键。许多创新实践都是在丰富或批判已有认识的基础上形成的，因为联想可以启发思维、引发灵感、形成创造性的认识。因此，培养和提升学生的直觉思维与灵感思维，使学生能够更好地开展创新实践，就需要重视对学生联想能力的启发。

（4）激情冲动。激情冲动是一种强烈的、爆发性的、持续时间较短的情绪状态，激情能够赋予人巨大的能量。激情有积极与消极之分，积极的激情能够帮助人们充分调动自身的潜能去创造性地解决问题。

积极的激情冲动，可以帮助人们丰富自身的想象力，增强人的注意力与理解能力；能够使人们以更加积极的心态去面对问题，以更加坚韧的意志去解决问题，不怕困难，奋勇向前。

积极的激情冲动对创新实践也具有显著的促进作用。激情冲动可以帮助人们突破思维定式，产生一种十分强烈的创造性冲动，这种冲动既是创新的重要源泉，也能为人们带来灵感。当然，在培养和提升大学生直觉思维与灵感思维的时候，想要通过激情冲动引发学生灵感的基础是学生对知识的牢固掌握以及对实践探索进行的充分准备，只有这样，当激情与冲动携灵感前来时，学生才能准确地将其把握住。

（5）判断推理。判断是对事物的属性进行辨别，推理则是由一个或几个已知的判断推出新的判断的过程。判断与推理之间的关系十分密切，推理是以判断为基础展开的，而判断的形成则依赖推理。

判断推理就是一个在判断的基础上不断形成新判断的过程。在这一过程中，人们需要不断对新事物进行认识与判断，并在这种新判断的基础上开展推理实践。这种对新事物的思考、判断与推理，也是引发人们灵感、促使人们开展创新实践的重要途径之一。

5. 综合思维的训练

综合思维的训练方法主要包括以下几个方面。

（1）坚持整体性的原则。综合思维的核心是要素的分离和重组，是分离不同整体之中的要素，重新构建新整体的过程。在这一过程中，坚持整体性原则十分重要。只有坚持整体性原则，学生才能按照新的规律提取各个组成要素，将相互联系的各部分联合成为一个有机整体，使各个部分符合新系统的整体属性。因此，训练大学生的综合思维，就要重视培养大学生把握事物整体的能力。

（2）充分认识各要素之间的联系。培养和提升大学生的综合思维能力，还需要培养学生在分析的前提下充分认识各要素之间的感性与非感性联系的能力。联系是指事物之间或事物的各要素之间的相互影响、相互制约和相互作用的关系。只有明确了各要素之间的联系，才能进一步根据这种联系实现各要素之间的有机协调。因此，培养学生综合思维的前提就是训练学生认识各要素之间联系的能力。

（3）巧妙运用综合思维与分析思维之间的关系。综合思维与分析思维是两种相对的思维类型，综合思维指的是将不同的部分组合为一个整体；分析思维与综合思维不同，指的是经过仔细研究、逐步分析，最后得出明确结论的思维方式。分析思维方式的特征是其思维过程是每次前进一步，一步一个脚印。

综合思维与分析思维之间是一种对立统一的关系，两者既相互区别，又相互联系，呈现相互包含、相互补充、相互转化的关系。综合思维不但需要具备较强的信息整合能力，还要能够对具体的内容进行全面、科学的分析。因此，培养和提升大学生的综合思维能力，还要注重对其分析思维的训练。

第二节　当代大学生创新能力的培养

一、创新能力概述

(一) 创新能力的内涵

1. 能力与创新能力的定义

能力是行为主体为了顺利完成某项工作或实现某一目标所必备的个性心理特征与综合素质。能力表现为人们掌握知识、技能的快慢、难易、深浅的程度。能力作为一种个性特征具有显著的差异性，对于个人来说，能力是体现在许多方面的，包括专业知识与专业技能、思维能力、创新能力、沟通能力、协作能力等。个人不同能力的水平高低亦有差距，对于个人来说，在所具备的能力中，既有较为突出的能力，也有较为薄弱的能力，每个人的能力体系都是由多种能力以不同的结构组合在一起的。从人类整体的视角观察，不同人之间的能力结构存在巨大的差异。

创新能力指的是在日常的生产生活实践中，能够充分运用自己所掌握的知识与具备的能力，不断提供具有经济价值、社会价值、生态价值的新思想、新理论、新方法和新发明的能力。创新能力是社会与经济发展的重要推动力，是高素质人才所应具备的基本素质。

2. 创新能力的内容

创新能力的内容涉及创新的各个环节，主要包括以下五个方面，具体内容如图3-8所示。

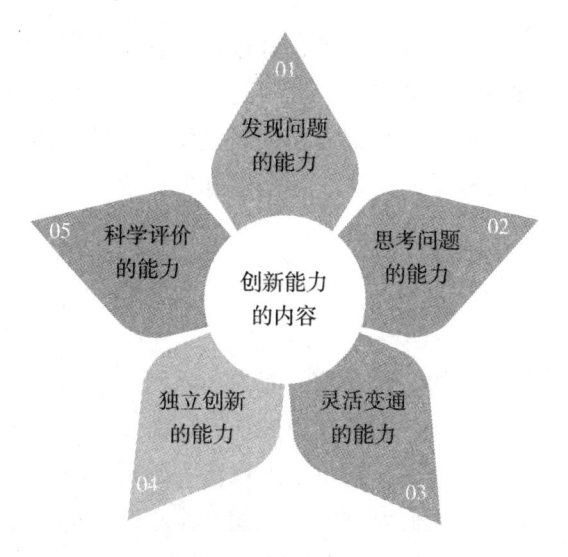

图 3-8　创新能力的内容

（1）发现问题的能力。在生产与生活实践中，发现问题的能力与解决问题的能力一样重要，因为发现问题是创新的重要环节，是激发创造性思维的重要因素。发现新的问题、新的可能性，或者提供观察事物的全新视角，本身就是一个求新的过程，也是创造性实践的第一步，需要个体具有创造性的想象力。要培养和提升大学生的创新能力，就需要使学生具备发现问题的能力，促使学生思维更加活跃。

（2）思考问题的能力。思考问题的能力即思维能力，是创新能力的重要组成部分。只有具备思维能力，才能使人们在遇到问题时思维流畅，能够在短时间内对事物做出准确的判断，并提出多种解决的办法。思维能力是培养和提升创新能力的基础。

（3）灵活变通的能力。灵活变通的能力能够帮助人们拓展思路、开阔视野，使人们能够根据客观实践的变化调整思路，能够从多角度、多层次观察和理解问题，从不同的方位探索并解决问题。

（4）独立创新的能力。独立创新能力是创新能力的重要内容，创新的过程需要合作，但是若想切实提升个体的创新能力，就必须重视发展个体独立思考与独立判断的能力，使其打破思维的禁锢，突破从众思维障碍、权威思维障碍、经验思维障碍和线性思维障碍，能够独立发现问题，独立思考问题。

（5）科学评价的能力。创新是一个复杂的过程，从问题的提出，到对问题的分析与思考，再到创新实践的实施，都包含大量的内容，需要针对这些内容进行深入分析与详细规划。同时，在创新过程中，还包括拟订目标、制定方案以及实施方案，这一系列的内容都需要创新主体拥有较强的评价能力，能够针对创新的各个环节进行科学的评价，并能够根据评价结果及时对创新的各个环节进行调整。

（二）创新能力的特点

1. 可开发性

创新能力是一种潜在的、可开发的能力。人们可以通过智力训练以及开发大脑来提升创新能力，同时，创新能力的提升还需要依靠知识的积累与实践的训练。创新能力如果不去开发，它将永远以潜力的形式存在。每个人的创新水平存在差距，主要是因为人们对创新能力的开发程度不同。创新能力就是在这种不断地挖掘、开发与训练的过程中得到提升的。

2. 新颖性

新颖性指创新能力是在已有的理论与实践基础上创造新事物、新价值的能力。新颖性是创新能力较为显著的特性之一，体现在创新的整个过程中，问题的提出、方案的制定、方案的实施等多个环节都是具有新颖性的。

当然，创新能力的这种新颖性需要创新主体在拥有扎实的专业基础与综合素养的基础上，尊重科学，充分发挥主观能动性，进而开展创造性的研究与实践，一味地追求新颖而忽视基础是不可取的。

3. 价值性

创新能力的价值性与创新的价值性密切相关。创新实践无论是从过程还是成果来说都是有价值的，因此，作为创新行为能力基础的创新能力也应该是有价值的。创新能力的价值体现在创新主体凭借创新能力而获得的新方法、新成果具有一定的价值，能够带来一定的效益。

与创新的价值性类似，创新能力的价值性同样体现在两个方面，分别是社会价值与个人价值。社会价值包括政治价值、经济价值、文化价值等，是指创新主体的创新实践给社会各个领域带来的促进作用；个人价值则是指创新能力提升的过程也是个人不断成长、发展，综合素质不断完善的过程。

4. 普遍性

普遍性指创新能力是每个正常人都具备的能力，无论是科学家、学生、工人还是农民，每一个人都有可能成为新事物的创造者。创新能力是人脑的功能，每一个健全的人都具备一定的思维能力，只要具有创新意识，并且方法得当，每一个人都可以开展创造性实践。

二、明确当代大学生创新能力培养的目标

（一）提高大学生的综合素质

2022年5月，习近平总书记在庆祝中国共产主义青年团成立100周年大会上发表重要讲话，他强调："实现中国梦是一场历史接力赛，当代青年要在实现民族复兴的赛道上奋勇争先。"新时代的中国青年必须担负起时代重任，创造时代赋予的新的历史意义，才能为建设中国特色社会主义注入新的青春活力。

创新是推动经济社会发展的重要驱动力，大学生则是新时代中国特色社会主义建设的中坚力量。大学生要担负时代重任，勇立时代潮头，就必须具备创新意识与创新能力，这既是国家和社会发展进步的需求，也是大学生实现人生价值，谋求自身发展的要求。高等教育的目的是培养全面发展的高素质人才，作为当前高校教育的重要组成部分，大学生创新能力培养面向的是全体大学生，其根本目的是提升大学生的综合素质，不但要培养和提升大学生的创新思维和创新能力，还要使大学生具备较强的综合素质。

创新是一种发展理念，其自身也具有很强的实践性。创新的意义在于创造出具有时代价值的新事物，能够推动实践的发展，而不仅仅是停留在书本与课堂之上。因此，在大学生创新能力培养的过程中，要将理论教学与实践训练充分结合，这样才能切实提升大学生的创新能力。

大学生学习创新知识，进行创新实践训练，既能够有效增强自身的创新能力，又能丰富自身的知识体系，锻炼自身的实践动手能力、团队协作能力和沟通交流能力等。首先，创新能力的培养过程涉及对学生形象思维、逻辑思维和综合思维的训练，能够有效地提升大学生的思维能力。其次，大学生通过参与科技创新的相关活动，能够提升自身的观察能力与动手能力。最后，大学生在参与创新实践的过程中，需要经常参与实践调研、撰写材料、合作交流等，这些实践能够在很大程度上提升大学生的写作能力、沟通交流能力、数据分析能力、团队协作能力等。

综上所述，培养和提升大学生的创新素质与创新能力，不仅是为了产出更

多的创新成果，更是为了提升大学生的综合素质，使大学生自身的发展更加符合新时代的需求。因为创新是新时代国家和社会发展的重要理念，所以大学生作为未来国家发展的建设者，应将创新这一理念深刻融入自身的成长与发展过程之中，不断提升自身的综合素质。

（二）推动知识经济发展

当今时代是知识经济的时代，而创新是知识经济的核心。知识经济作为一个 20 世纪末才出现的名词，学术界虽然对其概念没有一个明确的界定，但是对其内涵的定义却相对一致，即知识经济是以知识为基础，以脑力劳动为主体的经济。可以说，知识是知识经济的首要组成要素，是知识经济运行的基础，教育与研究开发是发展知识经济的重要保障，高素质的人力资源则是知识经济较为关键的资源。

知识经济的兴起对产业结构、教育形式、投资模式等都具有深刻的影响，知识经济主要具有以下几点特征。

1. 以智力资源为基础

人类社会经济发展的资源基础包括劳力资源基础、自然资源基础和智力资源基础。虽然在以劳力资源和自然资源为基础的经济发展模式中也离不开知识，但是经济的增长主要取决于劳动力和自然资源，仍然属于以物质资源为基础的经济发展模式。而在知识经济中，人们所掌握的知识成为影响经济发展水平的首要因素，知识的水平以及更新速度对于经济的发展来说十分重要，所以要重视智力资源的开发。

2. 以无形资产投入为主

知识经济较为显著的特点之一就是资产投入无形化。知识经济是以知识、信息等智力成果为基础构成的，以无形资产投入为主的经济，无形资产成为发展知识经济的主要资本。其中，知识产权是无形资产的核心。

3. 虚拟化是知识经济重要的特征

在知识经济时代，虚拟化已经成为经济运行和发展的重要特征。虚拟化并不是指整个经济运行环节都是虚拟的，而是指可以通过虚拟的手段促进经济的发展。虚拟交易就是一个典型的例子，人们可以通过虚拟平台完成整个交易活动，无论是产品的搜索、信息的查询，还是产品的交易，都可以通过虚拟的手段来完成，但产品的生产、交付都是在现实中完成的。

4.创新成为经济发展的核心

知识经济的关键是创新能力，只有不断地进行知识与技术创新，才能为知识经济的发展提供源源不断的智力支持。当今时代，知识与信息的更新速度非常之快，一个企业若不能及时掌握行业发展的最新动向，或不能通过技术创新更新自己的产品与服务，就难以在激烈的市场竞争中取得主动权，甚至很有可能被市场淘汰。

从知识经济的内涵与特点中可以看出，知识经济已经成为经济发展的主流，国家和社会经济的发展需要重视知识经济的发展，知识经济发展的核心则在于创新，创新的主体则是高素质人才。因此，培养和提升大学生的创新素质与创新能力，其重要目的之一就是为知识经济的发展提供高素质的创新型人才。

（三）提高综合国力与国际竞争力

创新是引领发展的第一动力，是建设现代化经济体系的战略支撑，是一个国家和民族发展的不竭动力。随着时代的发展，创新越来越成为综合国力竞争的决定性因素。

科技是第一生产力，创新则是实现科技突破的必要因素。当今世界，科技水平和自主创新能力已日益成为综合国力竞争的关键因素。我们正处于大发展、大变革的时代，在激烈的国际竞争面前，如果我们不能有效提升自主创新能力，一味依靠技术引进，那么我们的国家就永远难以摆脱技术落后的局面，也难以提升综合国力与国际竞争力。

大学生是国家未来建设的中流砥柱，是推动国家未来发展的中坚力量。因此，大学生素质的高低将直接影响着国家未来的发展。在大学生所应当具备的诸多素质当中，创新能力的地位随着时代的发展而不断提升。创新是一个求新求变的过程，只有不断创新才能开辟新的发展领域，不断提升生产效率。同时，创新也是一种优秀的素质，能够锻炼学生的思维，提升学生的综合素质。

科技创新是提高社会生产力和综合国力的战略支撑，必须摆在国家发展全局的核心位置。我国经济发展要想突破瓶颈、解决深层次的矛盾和问题，根本出路在于创新。无论是增强综合国力还是提升国际竞争力，都需要重视创新的关键作用。

实践的主体是人，因此创新驱动归根结底是人才驱动。若想切实有效地提升国家的自主创新能力，就必须重视创新人才的培养，要将提升劳动者素质与教育水平放到重要的位置。高等教育是人才培养的关键环节，更应充分发挥其在人才培养方面的巨大作用，在人才培养的过程中重视对学生创新能力与创新素质的培养，为国家的建设源源不断地提供高素质的创新型人才。

综上所述，高等教育对于创新型人才培养的目标定位要具有一定的高度，既要重视学生自身素质的提升，也要明确提升学生的创新能力与创新素质对于国家发展的重要性，并以此为依据确立人才培养的目标。高校不能将创新教育局限在学生具体的创新技能培养上，而是要善于通过创新教育，或者通过将创新理念融入学生日常学习与生活等方式，提升学生的创新素质，锻炼学生的思维能力；将创新作为一种重要的理念融入学生自身的品质之中，使学生将来无论从事什么类型的工作，都有机会根据工作实践充分发挥主观能动性，为新时代国家的发展贡献更多的力量。

三、明确当代大学生创新能力培养的原则

当代大学生创新能力的培养是一个系统的工程：从创新人才培养的内容来看，涉及学生创新素质的方方面面；从创新人才培养的主体来看，涉及学校、政府、企业等多个主体；从创新人才培养的过程来看，涉及理论教学和实践教学中的多个教学模块。因此，若想使新时代大学生创新能力的培养取得理想的效果，就必须遵循以下原则。

（一）个性化原则

新时代大学生创新能力培养要重视个性化原则。个体具有特殊性，不同的个体之间在成长经历、生活环境、性格特点、学习习惯、擅长领域等方面都存在巨大的差异。但也正是由于存在这些差异，才给人类实践活动赋予创造性，没有个性，就不存在创造。因此，培养和提升大学生的创新能力，就必须遵循个性化原则，针对不同学生的特点开展教育，不能使学生的知识与能力结构趋同化发展。

个性化原则倡导以人为本、因材施教。不但要重视学生知识的积累，而且要重视对学生自主学习能力的培养和提升，根据学生的特点因势利导，引导学生充分开发自己的潜能进行创造性实践。

创新实践，特别是具有首创性的自主创新实践，与创新主体的个性化发展

是密不可分的，因为创新活动本身就是一种与众不同的创造性实践，所以这种创造性实践广泛开展的前提是创新主体知识结构与思维模式的差异性。因此，在培养和提升大学生创新能力的过程中，要坚持以学生为主体，重视个性化教学，使学生在掌握知识、提升实践技能的同时，能够保持自身的个性化发展。

（二）系统性原则

系统指的是由若干相互联系、相互作用、相互影响的要素，按一定的结构与规律组成的具有一定功能的有机整体，这一整体中的各个要素之间具有清晰明确的逻辑关系。系统性则是基于系统的概念引申出来的一种特性，即一个层次分明的整体，其不同维度的指标处于不同层级，而且形成一定的秩序，同层级指标之间、指标层与指标层之间具有清晰的逻辑关系。

大学生创新能力的培养和提升需要遵循系统性原则，主要有以下三方面的原因。

第一，创新能力的培养是一个复杂的系统，包含许多关于能力培养的子系统。例如，创新意识培养、创新精神培养、创新思维训练、创新方法教学等，都是大学生创新能力培养的重要组成部分，它们互相联系、互相影响，共同组成一个人才培养的有机整体，各部分缺一不可，且必须以联系的眼光处理各部分之间的关系，绝不能将其割裂开来，任何一个部分脱离了其他部分，都不能单独实现培养创新人才的目标。

第二，创新人才培养是社会发展这个大系统的重要组成部分，教育对社会发展具有重要的推动作用，对社会的进步具有先导性作用。其关键在于教育的成果是培养符合社会的发展需求的高素质人才，为国家和社会的发展源源不断地提供高素质的劳动力。人作为实践的主体，具有强烈的主观能动性和创造价值的能力，具备创新素养与创新能力的高素质人才能够通过创造性实践引领社会的发展。

社会的发展对创新人才培养同样具有重要的推动作用。社会的发展能够带来更为优质的教育资源，提供更为良好的教育条件，提升社会整体的教育质量与人才培养水平。因此，国家和高校应该将大学生创新能力的培养放到整个社会发展的系统中去，政府、企业以及其他社会团体也应该积极投身到大学生创新能力培养的过程中来，与高校充分合作，充分发挥自身所具备的教育资源优势，与高校共同进行创新型人才的培养，并共享创新型人才培养的成果。

第三，培养和提升大学生创新能力是促进大学生全面发展的重要环节。大学生自身知识与能力结构的完善与发展也是一个复杂的系统，既包括专业与通识知识的积累，也包括实践技能的训练，还包括思维能力、沟通交流能力、团队协作能力、自主学习能力、创新创业能力、管理能力等多种能力的培养和提升。

创新能力是新时代大学生所必备的素质，但创新的基础是扎实的知识体系与较强的综合素质。大学生进行创造性实践，除了具备创新思维，还需要有扎实的知识作为基础。如果没有知识的支撑，就难以创造出有价值的成果，就像一个不具备化学知识的人难以提炼出新的元素，不具备物理知识的人难以探寻出磁场的奥秘。

培养大学生创新能力的目的也不仅仅是为了使学生都能成为发明家，或者都能研发出创新的成果。创新更是一种素质，通过教育将创新融入学生的综合素质之中，使学生能够在将来的工作与生活中保持一种拒绝思维固化、积极求新的精神，在实践中更好地发挥主观能动性。

因此，无论是从创新能力培养的过程来看，还是从创新能力培养的结果来看，创新能力的培养都不是孤立的、片面的，而是联系的、发展的，具有鲜明的系统性。

(三) 实践性原则

实践是认识的基础，实践性原则指的是人们必须重视实践的作用，在实践中总结经验、获取知识。人类创新活动的目的不仅是改变客观对象的形态，还包括通过创造性实践，赋予客观对象新的价值。

创新活动具有鲜明的实践性，无论是理论创新还是技术创新，都需要以实践为基础。创新是以满足一定的社会需求为目的的，而这种社会需求的产生正是来源于人们的实践活动。创新的过程同样具有鲜明的实践性，创新主体是通过在实践中不断探索、实验，最终总结出新的规律，或者开发出新的技术或产品的。同时，创新的成果一定具有价值性，而这种价值性正是通过实践的检验得出的，即实践是检验真理的唯一标准。

因此，创新活动也是一个从实践中来，到实践中去的过程，培养和提升大学生的创新能力，不能脱离实践，纸上谈兵，必须坚持理论与实践相结合，在人才培养的过程中贯彻实践性原则，切实提升学生的创新能力，使人才的培养符合实践发展的需求。

（四）协作性原则

协作指的是不同的实践主体之间通过相互配合、相互协调，共同完成某一目标的过程。协作的内容是十分广泛的，包括智力、资源、技术、信息等各个方面的合作。协作性指的是在实践中重视协作的作用，提倡沟通、合作与交流。

培养大学生的创新能力要坚持协作性原则，创新能力不仅与个体的智力因素相关，非智力因素也在很大程度上影响着创新活动的开展，比如硬件设施、政策、资金以及合作水平等。人类历史的许多发明创造都是在合作的基础上实现的。因为个人的眼界和具备的知识量是有限的，具备不同专业知识与专业素养的人可以通过合作共同研发出新的成果。特别是在当今时代，学科交叉研究在创新中的重要性不断提升，这就更体现出合作的重要性。

当今科学的发展使得个体难以在多个领域均达到较高的研究水平，若想在现有的科技基础上有所创新，就必须与他人进行合作，共享信息与资源。创造性既是一种个人的品质，也是一种社会化的特征。因此，在培养和提升大学生创新能力的同时，要重视培养其合作、沟通与交流的能力，要使学生乐于与他人合作、善于与他人合作。

四、构建当代大学生创新能力培养的路径

当代大学生创新能力的培养，既要体现新时代新的发展理念，也要符合创新人才培养与教育发展的客观规律。构建当代大学生创新能力培养的路径，主要从以下四个方面入手。

（一）树立正确的创新能力培养观念

1. 以社会主义核心价值观统领创新人才培养

社会主义核心价值观是社会主义核心价值体系的内核，体现社会主义核心价值体系的根本性质和基本特征，反映社会主义核心价值体系的丰富内涵和实践要求，是社会主义核心价值体系的高度凝练和集中表达。社会主义核心价值观对巩固马克思主义在意识形态领域的指导地位、巩固全党全国人民团结奋斗的共同思想基础，对促进人的全面发展、引领社会全面进步具有重要的现实意义与深远的历史意义。

社会主义核心价值观作为党和国家治国理政的基本方略之一，立足于我国

发展实际,对我国各领域的社会实践具有重要的指导作用。从大学生创新能力培养的方面来看,社会主义核心价值观对于大学生创新能力培养具有重要的引领作用,这种引领作用突出表现在两个方面:一是引领教育工作者形成科学的创新人才培养理念,二是引领学生构建正确的创新价值观。

以社会主义核心价值观引领创新人才培养,应该重视将人才培养与社会主义建设充分结合,人才培养目标、人才培养过程和人才培养评价体系既要符合社会对于创新人才的需要,也要符合学生自身发展的需求,要将社会主义核心价值观上升为创新人才的内在价值追求。根据时代的新特点,探寻符合社会发展方向与教育发展规律的创新人才培养新模式。

2. 坚持以人为本的教学理念

人是实践的主体,以人为本是一种对人在社会历史实践中主体地位的肯定。以人为本既是一种价值取向,也是一种思维方式,强调在实践中尊重人、依靠人、为了人,在社会实践中将人摆在核心位置。在大学生创新能力培养的过程中坚持以人为本的教学理念,主要从以下四个方面着手,具体内容如图3-9所示。

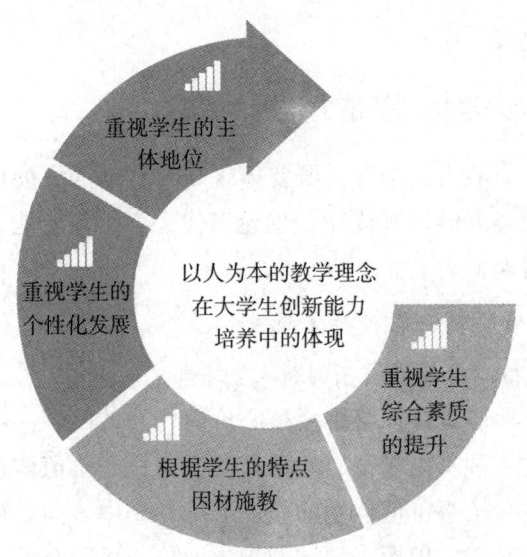

图 3-9 以人为本的教学理念在大学生创新能力培养中的体现

(1) 重视学生的主体地位。教育活动作为人类社会中重要的实践活动之一,同样需要坚持以人为本的理念。在大学生创新能力培养的过程中坚持以人为本，就要以学生为主体，以学生为本，重视学生在教育活动中的主体地位。教育工作者科学引导学生进行创新学习与实践，重视学生自主学习能力的提升，凸显学生在自主学习中的主体性，科学制定人才培养方案。

（2）重视学生的个性化发展。在大学生创新能力培养的过程中贯彻以人为本的教学理念，还要重视学生的个性化发展。作为创新实践主体的人具有自身的独特性，也正是这种独特性，使人类历史中数不胜数的创造性实践活动展现出与众不同的特点。创新是一个求新、求异的过程，因此，培养和提升大学生的创新能力应该重视学生个性的发展，不能抑制学生个性的发挥，使学生能够在掌握基本知识的基础上充分发挥主观能动性，开展创造性实践。

（3）根据学生的特点因材施教。因材施教的教育方法由来已久，在《论语·先进》中，就记载了孔子因材施教的典型案例。因材施教指的是教师在教学过程中，根据学生不同的认知水平、学习能力、性格特点和生活环境等，有针对性地选择适合不同学生的教学方法进行教学。

在大学生创新能力培养的过程中，以人为本的理念需要教育工作者在大学生创新能力培养的过程中尊重学生个体的差异性，并能够根据学生不同的特点选择合适的教育方法，因材施教，充分挖掘学生的创新潜能，使学生能够通过创新教育，既获得了基础性知识，又不会失去自身个性，在创新实践中能够将创新的理念、方法、技巧与自身的特点充分结合。

（4）重视学生综合素质的提升。在大学生创新能力培养的过程中贯彻以人为本的教学理念，还需要重视对学生综合素质的培养和提升。高校人才培养的最终目的是促进学生的全面发展，为国家培养高素质人才。因此，培养和提升学生的综合素质是高校教育永恒的主题。

培养学生的创新能力是提升学生综合素质的重要环节，创新教育并不能使每一位大学生都开展成功的创新实践，取得显著的创新成果，但能使学生具备较强的创造性素质，在学习、工作和生活中可以用新的思维模式处理遇到的问题，能够灵活运用获得的知识创造性地展开实践。大学生创新能力培养的目的并不是使每一位大学生都能变成创造家和发明家，而是提升大学生的综合素质，使大学生具备与时代发展需求相符的素质与能力，使其能够在符合社会对高素质人才需求的同时，实现自身更好的发展。

3. 遵循整体性教育原则

整体性教育原则是系统思维在教育领域的具体表现。整体性原则强调整体的作用，将研究对象看作由各个要素依据一定的规律构成的有机整体。在整体性原则中，整体的性质与作用不仅是各个组成部分性质与作用的机械相加，还是由各组成要素之间的相互作用决定的。整体性教育原则就是整体性原则与教育规律充分结合的产物，强调将人才培养的各个环节有机联系在一起。

整体性教育原则主要有两层含义：一是教学任务需要体现整体性，即教学任务的完成应该是整体的、全面的；二是教学活动的整个过程需要具有整体性，即教学活动应该是由一系列教学要素组成的完整系统。无论是教学目标的制订、教学方案的设计、教学模式的选择、教学方法的使用，还是教学的实施与评价，都需要有机联系在一起，共同组成一个人才培养的整体。

在大学生创新能力培养的过程中，应该重视人才培养体系的整体性，使创新能力培养的各个环节有机联系在一起。创新能力培养的目标应该既符合社会对于创新人才的需求，也符合学生自身发展的需要。创新能力培养教学方案的设计需要以教学目标为导向，并符合创新能力培养的原则与规律。创新能力培养教学模式与教学方法的确定则要以教学方案为依据，以实现教学目标为原则，以提升学生的创新能力为核心，同时重视与学生的特点以及教育工作者自身的教育实践充分结合。大学生创新能力培养评价体系的构建同样需要重视整体性，需要对人才培养的整个流程和各个要素进行评价，评价主体也应该遵循多元化原则，以保证评价结果的客观性与科学性，能够为大学生创新能力培养体系的优化提供科学的参考。

（二）营造良好的创新人才培养环境

1. 营造良好的教育环境

大学生创新能力的培养和提升是高校人才培养的重要内容，是高等教育的重要组成部分。因此，培养和提升大学生的创新能力，就先要为大学生营造良好的教育环境。教育环境对学生的影响体现在方方面面，大学生创新能力的培养，需要一个相对宽松且积极向上的教育环境。这种教育环境的形成依赖家庭、学校和社会环境的良性结合，既要有崇学尚知的学习氛围，帮助学生更好地进行专业知识的学习，还要有相对宽松的人才培养环境，使学生能够充分展现自己的个性。

2. 营造良好的家庭环境

家庭是人生的起点，是教育的起点，家庭环境对于学生的影响是不可忽视的。家庭是塑造学生性格、培养学生品格的重要环境，也是学生知识的重要来源。家庭在某些方面对于学生的教育作用，甚至是学校和其他教育机构无法替代的。家庭是一个具有面对面交往特点的初级群体，家庭成员在地理空间上充分接近，互动频率高。家庭教育对个体的社会化作用至关重要。

家庭教育要重视对孩子的性格与价值观的培养，既不能一味溺爱孩子，也不能对待孩子太过严苛，要多给孩子锻炼的机会，培养孩子良好的性格与行为习惯，多与孩子进行平等对话，帮助孩子在健康成长的同时，形成良好的人格。

3. 营造积极求新的学校环境

学校作为教学活动开展的主要场所，对于学生的成长和发展具有重要的影响。校园环境对于学生的心理和行为产生具有重要的影响，良好的校园环境可以促进学生身心的健康发展，充分调动学生的积极性和主动性，提升学习效率，有利于学生良好学习习惯的养成；不健康的校园环境则会对学生的成长和发展产生不利的影响。学生的身心健康是其正常学习、生活、交往、发展的前提和基础，校园环境的好坏直接影响到学生的心理能否健康发展。因此，校园环境的建设应该得到高校和政府充分的重视。

相对于社会来说，学校是一个相对闭塞的环境，也是一个独立性相对较强、有着自身独特运行系统的特殊环境，学校是以传授知识为主要目的的场所，在学校这一环境内，学生能够系统、快速地开展知识学习。特别是对于大学生来说，高校人才培养具有极强的目标性与导向性，大学生在学校中开展以学习为中心的各种形式的活动，这一过程中学生会受到校园环境的深刻影响，并反映在自己的学习与成长过程中。由此可见，学生各项素质与能力的培养与提升和校园环境之间是密不可分的。

校园环境包括校园物质环境与校园精神环境，校园物质环境主要包括学校的建筑、设施设备、花草树木等；校园精神环境主要包括学校的办学理念、校风、学风、教风、人际环境等。对于大学生创新能力培养来说，校园环境十分重要，校园物质环境能够为大学生提供创新学习的硬件支持，同时，优美的校园景观能营造良好的学习氛围，能够使身处校园之中的学生心旷神怡，受到良好环境的熏陶，保持积极向上的学习状态。而校园精神环境对于塑造学生的学习态度与创新精神有十分重要的作用，在教风、校风、人才培养理念中体现创新精神，有利于学生创新意识与创新思维的培养和提升。

校园物质环境与校园精神环境还体现在教学的各个具体环节与因素之中，如课堂环境、教室环境、课外实践环境等，这些，是学生学习与成长过程中不可或缺的因素，对学生具有重要的影响。

4. 营造公平竞争的社会环境

相比于家庭和学校来说，社会是一个无比广阔的空间，在大学生创新能力培养中，社会环境指的是影响个体创新能力成长与发挥的社会背景与群体氛围。社会环境包括国家政策、社会风气、社会价值取向、经济环境、技术环境、经费支持和社会舆论等。

社会环境对于大学生创新能力培养的影响是宏观的，创新作为新时代引领发展的第一动力，受到国家与社会的重视程度不言而喻。因此，社会各方对创新人才培养的支持是毋庸置疑的。政策鼓励与资金支持可以为大学生创新能力的培养提供良好的硬件与软件支持；宽松的管理体系可以使学校在人才培养的过程中拥有更多的自主选择权，能够在更大程度上发挥主观能动性，开展符合学校教学实践与学生自身特点的创新教育活动，使大学生创新能力培养取得更好的效果；教育理念的创新和发展也有利于学校优化人才培养模式，提升人才培养质量；崇尚创新的社会风气则能够为学生创新能力的培养营造良好的环境，使学生追求创新、勇于创新。以上都是社会环境在创新人才培养中直接发挥作用的表现。

作为人们生产生活的主要场所，社会环境对于大学生创新能力培养的影响是无时不在、无处不在的，其中，营造公平竞争的社会环境对于大学生创新能力培养来说十分地重要，公平竞争的社会环境对于大学生创新能力的培养和提升具有巨大的促进作用。公平既是一种评价标准，也是一种价值取向。营造公平竞争的社会环境，能够为创新实践提供坚实的保障，能够让创新主体获取应得的回报，能够提升学生开展创新实践的积极性，使学生热爱创新、勇于创新，真正将创新驱动发展的理念贯彻在人才培养的各个环节之中。

（三）优化创新能力培养的课程设置

1. 创新能力培养课程设置的原则

高校对大学生创新能力培养的课程设置应当遵循以下几点原则。

（1）指向性原则。指向性原则指的是高校创新能力培养课程设置需要具有明确的目标指向性，要以人才培养的总目标为根本指向，以提升人才的创新能力为基本目标指向。创新能力培养课程设置要强调创新素质要求，保证在规定的课程计划内达到预期的教育效果。

（2）综合性原则。高校创新能力培养课程设置应该遵循综合性原则，即创新课程设置应该综合考虑各种课程之间的内在联系，重视不同知识模块之间的内在联系，使专业课程、通识类课程和创新创业课程形成一个整体，从总体上保证学生创新素质的提升。

（3）实践性原则。创新能力是在实践中体现的，因此，创新能力培养课程设置也应该具有鲜明的实践性。创新能力是一种重要的实践能力，其课程设置应该与传统的理论知识教学具有显著的区别，应该体现实践的特性，课程设置以提升学生创新能力为核心，重视创新实践教学。

（4）多样性原则。创新能力培养课程设置的多样性主要体现在课程门类的设置上，课程设置应该注重理论教学与实践训练相结合，注重课程教学与知识渗透相结合，注重必修课程与选修课程相结合，全方位、多角度地提升学生的创新能力。

2. 优化创新能力培养课程设置的路径

（1）科学设置理论教学课程。理论对实践具有重要的指导作用，创新能力的提升必须以扎实的专业理论知识为基础，倘若学生不具备扎实的专业知识，那么开展创新实践也是天方夜谭。

大学生创新能力培养的理论课程包括专业课程、通识类课程、创新创业理论课程以及选修课程。这些不同类型的课程在教学重点上各有侧重，均为大学生知识结构的重要组成部分。第一，专业课程的作用是完善大学生的专业化知识，专业课教学是高等教育人才培养的主要构成内容。第二，通识类课程指除专业教育之外的基础教育课程，与专业课程重视学生在具体专业领域知识和技能的掌握不同，通识类课程重视学生常识性知识的学习。通识类课程教学是提升大学生综合素质的重要途径。第三，创新创业理论课程着重教授大学生创新创业的基本理论知识，深化大学生对于创新创业的理解。第四，选修课程是促进大学生个性发展的重要手段，大学生可以选择自己喜欢或者擅长领域的选修课程进行学习，通过选修课程，大学生可以丰富知识、拓宽视野和思路，进而促进创新思维的发展。

科学设置创新能力培养的理论课程，需要重视两方面的内容，分别是课程内容的设置和课程结构的安排。课程内容的设置应该全面、系统、逻辑清晰，符合新时代社会发展对于创新人才的需求，符合大学生的认知规律和教育的一般规律；课程结构的安排应该注重不同课程之间的内在联系，注重不同知识模块之间的内在联系。

大学生的创新能力是建立在丰富、系统的知识体系基础之上的，纵观人类历史上成功的创新实践，特别是近代以来的创新实践，大多是建立在知识交叉研究基础之上的，因此，综合且扎实的基础理论知识是新时代大学生创新能力提升的重要保障。

（2）重视实践教学课程设置。实践性是大学生创新能力培养的显著特性，因此，优化大学生创新能力培养的课程设置，要提升对于创新实践课程的重视程度，要重视对大学生创新能力的训练。

我国传统的高校教育重视研究型人才的培养，因而相对重视理论知识的教学，在一定程度上忽视了实践技能的训练。随着时代的发展，国家对于应用型人才的培养以及大学生实践能力的提升愈发重视。实践能力是大学生综合素质的重要组成部分，高校不但要使学生能够学会知识，还要帮助学生学会将知识运用在实际的生产生活之中，创新能力培养课程自不必说，作为以提升学生创新能力为目标的课程，更需重视实践课程的教学。

实践课程的设置要注重课程之间的联系性，即实践训练课程要与理论教学课程有机结合在一起。在创新课程教学内部实行模块化教学，把创新理论教学与相应的创新实践训练结合在一起展开教学，可以帮助学生获取直接的创新经验，在提升学生创新能力的同时，深化学生对创新理论知识的理解，也可以在实践中发现新的问题，开辟新的思路。

同时，高校还应注重创新实践课程与其他类型课程之间的联系。当今时代的创新具有知识交叉的性质，高校应该以学生为主体，将创新实践训练与大学生的专业课程、选修课程充分结合，通过创新实践培养和提升学生对不同类型知识的运用能力。

（四）采用创新的教学方法和手段

1. 采用探究式教学方法

探究式教学方法指的是在教学过程中，学生在教师的指导下，通过以"自主、探究、合作"为特征的学习方式对当前教学内容中的主要知识点进行自主学习、深入探究并进行小组合作交流，从而较好地达到课程标准中关于认知目标与情感目标要求的一种教学模式。

在探究式教学方法的应用中,一般由教师率先根据教学内容确定学习的主题,让学生通过观察、思考、讨论等方式学习主题进行合作探究。探究式教学方法的优点在于,在这一学习过程中,不仅让学生学习到了知识,还能帮助学生提升自身的思维能力、沟通交流能力以及团队协作能力等。探究式教学既强调学生在教学过程中的主体地位,又重视发挥教师在教学过程中的主导作用,即探究式教学方法倡导在教师的引导下充分发挥学生的主观能动性,自主进行探究学习,增强学生的自主学习能力。这种教学方法不仅有利于深化学生对于知识的理解和掌握,还有利于学生创新思维与创新能力的形成与发展。

2. 采用互动式教学法

互动式教学法指的是在教学过程中,营造多边互动的教学环境,在这种教学环境中,师生之间平等交流,学生可以自由发表观点,并通过观点的碰撞与交融激发教学双方的主动性与探索性,实现良好的教学效果。

互动式教学是一种教与学双向活动的过程,互动式教学法具有明确的教学主题、清晰的教学思路,以及多样化的学习方法。互动式教学法要求学生在课堂上与教师形成积极的互动配合,在对问题进行充分讨论与深入思考的同时,不断促进学生个性的发展,使学生之间形成良好的凝聚力和团结合作的学习氛围。

互动式教学法的显著特点是突破传统教学方法的束缚,突出学生在人才培养过程中的主体地位,不断加强学生的独立意识,并通过这种相对宽松、自由的教学组织方式锻炼学生的思维与表达能力,培养学生浓厚的学习兴趣,提升学生学习的主动性。互动式教学法在进行知识传授的同时,能够有效提升大学生的思维能力,对大学生创新思维与创新能力的培养和提升具有积极的促进作用。

3. 充分利用现代教学手段

随着时代的进步和科技的发展,教学的模式与方法也在不断地丰富,其中较为显著的就是教学工具的更新,从原来的三尺讲台到如今的多媒体教室与融媒体教学,教学手段在不断更新。

现代教育技术较为显著的特点就是将信息技术与课程教学有机结合,充分利用信息技术的优势,构建理想的教学环境,丰富交互模式,并不断改进学习方式,使得教学活动更加生动、形象,从而提升学生上课学习的主动性,更好地实现教学目标。因此,在大学生创新能力培养的过程中,应该重视现代教学手段的灵活运用。

第三节　当代大学生创新技法的提升

一、创新技法概述

(一) 创新技法的内涵

创新技法指创造学家根据创新思维的发展规律而总结出来的一些原理、技巧和方法。具体来说，创新技法就是具有丰富创造经验或创造知识较为丰富的研究者，研究成功创新实践的思路与过程，经过归纳、分析、总结，最终得出具有普遍性的规律与方法来供人们学习、借鉴和仿效，使人们可以根据这些具体的且具有较强操作性的方法开展创造性实践。从这个角度来看，创新技法更像是一种创新的工具。

(二) 创新技法的作用

创新技法具有较强的可操作性，其作用主要有以下两点。

1. 启发人们的思维

创新技法作为一种相对成熟的创新技巧与方法，其较为显著的作用之一就是启发人们的创新思维。人们可以将创新技法与实践充分结合，产生创新的意愿与思路。创新技法在启发人们创新思维的同时，也提升了人们的创造力与创新能力。

2. 催生新事物与新成果

创新技法本身是一种成熟的方法与技巧，具有实用性强的特点。因此，其可以直接催生出创新成果，或者提高创造与创新成果的实现率。人们可以通过创新技法更为方便快捷地进行创新实践，相比于自己摸索创新的路径更为高效。

二、创新技法的类型

(一) 国际 TRIZ 学会的分类

国际 TRIZ 学会（International TRIZ Society）的成员依据创新技法所使用的方法和方式，将创新技法分为以下七类。

1. 条件、激发、组织技法

条件、激发、组织技法指的是利用某些特殊的条件或方式来帮助人们突破固有观念的束缚，最大程度地发挥创新思维能力的一系列技法。

2. 发散技法

发散技法指的是从多维度、多角度去观察问题、认识问题、分析问题，从纷繁复杂的条件中探寻创新思路的方法。倡导打破常规、积极思考、充分交流，头脑风暴法就是这种创新技法的典型代表。

3. 集中创新技法

集中创新技法指的是围绕一定的中心或目标进行创新的技法。这种技法的鲜明特征是在创新的整个过程中具有鲜明的目标指向性，通过列举事物的各种特性引发新思维的特征列举法就是集中创新技法的典型代表。

4. 系列技法

系列技法指的是以一定的顺序，依据一系列中心化或随意的步骤进行系统性思考的技法。系列技法强调创新思路的组织，以清晰的思路指导创新实践的各个环节。

5. 焦点式技法

焦点式技法指的是在直觉、经验或已有知识的基础上确定研究和开发的方向，进行单步或多步的思考、筛选时所运用的技法。如问题逆向创新法。

6. 展开性技法

展开性技法指的是根据基础的创新技法模型发展起来的新的技法。如TRIZ模型演变技法和技术性演变方法。

7. 创新知识型技法

创新知识型技法指的是依据从人类已有的创造经验中发展出的结构性知识而进行思考创新的技法。如矛盾点核表法。

（二）日本创造学会会长恩田彰和日本创造力开发研究所所长高桥诚的分类

1. 扩散发现技法

扩散发现技法指的是围绕创新发明的对象，利用发散思维来诱发出各种各样的创造性设想的创新技法。

2. 综合集中技法

综合集中技法指的是通过收集情报信息，并按一定程序进行集中思维的创新技法。

3. 创新意识培养技法

创新意识培养技法是一种前期创新技法，其用意在于培养人的注意力，并诱发创新思维的萌芽。

三、大学生创新技法培养和提升的路径

（一）重视对于创新技法的分析与总结

创新技法作为一种具体且实用性较强的创新方法，其类型多种多样，研究机构或创造学家对于创新技法的分类方式有很多种，而各种分类方式之外的零碎的创新技法也有很多。因此，在大学生创新技法的培养和提升过程中，要重视对于具体创新技法的分析与总结，将纷繁复杂的创新技法进行总结归纳，形成较为清晰的创新技法教学体系，让学生能够更加系统地进行创新技法的学习。

对于创新技法的系统化，学界尚存在一些争议。有的学者认为创新技法本身的作用就是开发人们的创新思维，拓展人们的思路，若将其系统化，则容易使人们被体系所禁锢，难以根据现实条件的变化灵活地开展创新实践。有的学者则认为如果不对创新技法进行归纳和总结，人们将会难以学习和掌握具体的创新技法，对繁多的创新技法进行分类、总结与归纳的目的就是便于人们学习和应用具体的创新技法。

因为大学生创新思维还在不断成长之中，且大学生在进入大学之前进行创新实践的机会并不多，所以，培养和提升大学生的创新技法应该率先使学生了解和掌握具体的创新技法。这就需要教育工作者重视对于创新技法的分析与总结，系统地教授学生具体的创新技法。

培养和提升大学生的创新技法还应该重视在总结和归纳的基础上，对具体的创新技法进行分析。不仅需要学生了解具体的创新技法，还需要学生能够灵活运用创新技法。因此，教育工作者应该在总结和归纳创新技法的同时，带领学生对具体的创新技法进行分析，加深学生对具体的创新技法的理解，并使其能够灵活运用具体的创新技法。

（二）通过实践训练提升学生对创新技法的运用能力

创新技法是一种在大量的创新实践中总结出来的具体且实用的创新技巧，是一种在实践中形成的直接或间接的经验。因此，创新技法的学习与掌握也必

须扎根于实践。

在大学生创新技法的培养和提升中，高校应该重视发挥实践训练的重要作用。在归纳和分析创新技法的同时，教育工作者还应该针对具体的创新技法设计配套的实践训练环节。教育工作者可以灵活运用不同的教学方式展开创新技法实践教学，既可以在课堂上进行情境教学，也可以借助校企合作平台或相关创新实践基地，使学生能够在更加真实的环境中提升自己对创新技法的运用能力。

对于一些创新实践条件不足，或希望在课堂上高效开展创新技法教学的高校来说，情境教学法是较为理想的选择。情景教学法指的是在教学过程中，教育工作者有目的地引入或创设生动具体的场景，以引起学生的共鸣，使学生有真实体验，从而帮助学生更好地理解知识，并使学生的心理机能得到发展的教学方法。在创新技法教学的过程中，教师可以在课堂上创设相关具体创新技法的训练情境，通过在情境中模拟创新环境，提出创新问题，引导学生逐渐熟悉和掌握具体创新技法的运用方式。

对于实践训练条件良好的学校来说，想要培养和提升学生对具体创新技法的运用能力，可以采用校企协作，或让学生在实践基地训练等一系列方式，使学生置身于更加真实的创新实践环境之中。由教育工作者或者经验丰富的专业人员对学生进行引导，深化学生对创新技法的理解，提升学生对具体创新技法的应用能力，帮助学生在创新实践中通过分析、运用与归纳，将创新技法这一间接经验转化为自身的直接经验。

（三）创新技法应坚持与时俱进

创新技法作为一种具体的创新方法，与其所处时代的人类社会实践的联系十分紧密。创新技法的来源是生产和生活实践中产生的实际需求，创新技法解决的是具体的、实际的问题，创新技法的检验也是通过其所处时代的实践完成的。因此，创新技法具有鲜明的时代性。部分创新技法具有普遍适用性，可以跨越时代，永葆活力；但有些创新技法则具有鲜明的时效性，仅仅适用于所处时代的创新实践。因此，无论是学习创新技法，还是通过实践总结和归纳新的创新技法，都应注意分析其是否适用于当前的生产与生活实践，是否符合实践发展的趋势。

大学生创新技法的培养和提升应该坚持与时俱进的原则，从实践出发，将创新技法置于具体的创新环境与创新实践中进行讲授和训练。创新是从实践中产生的，对于实践的发展具有一定的引领性，成功的创新一定是能够引领实践发展、符合实践发展趋势的。因此，在大学生创新技法培养的过程中要注重结合实践发展的趋势来进行教学。

创新实践需要用一定的理念与硬件条件支撑，而理念与硬件条件是不断发展进步的，就像蒸汽机车与磁悬浮列车的技术支持是天差地别的。创新实践是一个技术与理念不断由量变转变为质变，再在新的基础上进行量的堆叠与质的飞跃的过程。在这一过程中，作为创新支撑的理念与技术是随着时代的发展而不断更新和发展的，创新技法也正是在这一基础上总结、归纳形成的。因此，大学生创新技法的培养和提升应该坚持与时俱进的原则，要增强学生对新理念与新技术的理解与运用能力。

当前，我国已经迈入中国特色社会主义新时代，中国特色社会主义道路、理论体系、制度、文化正不断发展。当今时代，创新是引领发展的第一动力，而创新的重要基础就是科技的发展。因此，开展创新技法教学，应该让学生认清当前创新实践发展的趋势，并使其能够掌握具体领域的创新所必需的知识与技术要素。

第四章　当代大学生创业素质的构成与培养

第一节　当代大学生创业素质概述

一、创业精神概述

（一）创业精神的内涵

创业精神是创业素质的重要组成部分，但具有相对的独立性，是支撑创业活动开展的重要精神力量。因此，在研究创业素质之前，要对创业精神进行介绍与分析。

创业精神指的是在创业者的主观世界中，具有开创性的思想、观念、个性、意志、作风和品质等。创业精神主要表现为积极进取、勇于创新、富有激情、勇往直前、团结合作、坚持不懈等。创业精神是创业的动力与支柱，没有创业精神，创业活动也就无从谈起。

对创业精神的概念进行考察，其有三个层面的内涵：从哲学层面来看，创业精神表现为创业思想与创业观念，是人们对创业活动的理性认知；从心理学层面来看，创业精神表现为创业个性与创业意志，是人们开展创业实践的心理基础；从行为学层面来看，创业精神表现为创业作风与创业品质，是人们创业的行为模式。

（二）创业精神的来源

1. 经济形式

社会经济的运行形式与个体创业精神的形成有着密切的关系，甚至可以说，经济形式是影响创业精神形成的决定性因素。

自然经济是以家庭为单位、生产资料个体所有制为基础，主要或完全依靠自己劳动，满足自身消费为主的小规模农业经济。在这种经济形式下，很难产生创业精神，因为自然经济的特点是保守、封闭、孤立，这种经济运行形式不需要创业活动，自然也就不会诞生出创业精神。

创业精神是商品经济发展的产物，商品经济与自然经济相对，是指直接以交换为目的的经济形式，包括商品生产和商品交换。商品交换行为催生出市场与企业等。在商品经济中，市场连接着各个经济要素，个人能否在市场中成功开展创业实践，或是企业能否在激烈的市场竞争中取得优势，都与创业者是否有冒险、竞争和创新意识密切相关。也正是商品经济催生出的这种优胜劣汰的市场环境，才为创业者提供了施展自己才华的舞台，并产生了一系列创业精神。

2. 文化环境

文化环境主要作用于创业者的精神世界，对创业者自身的价值判断、价值选择以及处事态度具有重要的影响。创业精神的形成需要合适的文化环境，而在不同的文化环境下形成的创业精神也会有所不同。在中国古代封建社会，重农抑商、等级森严是社会文化的重要特征，人们的价值取向是"学而优则仕"，在这样的文化环境中，很难形成创业精神。

适合创业精神形成的文化环境，应该是一种自由开放、公平公正的，没有尊卑贵贱的职业观与森严的等级规定，只有社会分工不同的社会文化环境。在这种环境中，人们只要在自己所奋斗的领域获得成功，就可以收获应有的回报，并赢得他人的尊重。

3. 经济体制与政治体制

创业精神还产生于特定的经济体制与政治体制中。经济体制是指一定区域内的经济组织形式，而政治体制则是指政权的组织形式，经济体制与政治体制决定着国家的社会与经济运行模式，这些对创业精神的形成具有直接影响。

经济体制规定了国家、经济部门、企业之间的关系，并按照一定的原则管理社会经济的运行。经济体制决定了经济的组织和运行方式，自然也会对创业精神的产生与发展产生巨大的影响。在计划经济体制下，是很难产生创业精神的，因为这种对生产、资源分配和产品消费事先进行计划的经济体制基本无法产生真正意义上的创业者。而市场经济体制则不同，市场经济体制是一种以市场为主导的经济组织形式，在市场经济体制下，各方的利益都要通过市场来实现。企业是市场的主体，其产生与发展需要创业者或领导者具有良好的创业精神与创业素质。市场经济是创业精神产生和形成的重要基础。

政治体制体现着政权的组织形式，决定着社会的运行模式。经济作为社会发展中的重要组成部分，自然会受到政治体制的影响，只有在合适的政治与经济体制土壤中，创业精神才会萌芽与成长。

4. 创业者家庭和自身情况

创业精神的形成会受到创业者家庭和自身情况的影响，这两点是形成创业精神的个人因素，因人而异，因家庭而异。

就创业者的家庭情况而言，其家庭的经济条件、成员构成、成员受教育程度、家风与家庭关系、家庭教育理念、信仰情况、工作性质、性格等都会对创业者创业精神的形成产生至关重要的影响。

就创业者的自身情况而言，创业者是创业实践的主体，其个人的性格、受教育程度、兴趣爱好、人际关系、掌握的技能、擅长的领域等都对其创业精神的形成产生重要的影响。性格拘谨、不善与人交流、缺乏领导力与创造力的人一般难以形成创业精神；拥有激情、积极向上、勇于创新等品质和性格特点的人，更容易形成创业精神，而这些品质本身，也是创业精神的重要内容。

（三）创业精神的特征

1. 综合性

创业精神具有高度的综合性，这种综合性体现在创业精神不是一种单一的精神品质，而是一系列精神品质的总称，包括创新精神、进取精神、拼搏精神、奋斗精神、合作精神等。这些精神都是组成创业精神的重要因素，任何一种精神特质都无法完全代表创业精神。

2. 整体性

创业精神的整体性指创业精神是由哲学、心理学与行为学三个层面的内容组成的一个三维整体。前面提到，从哲学层面来看，创业精神表现为创业思想与创业观念；从心理学层面来看，创业精神表现为创业个性与创业意志；从行为学层面来看，创业精神表现为创业作风与创业品质。这三个层面中的内容缺少任何一个，都无法构成完整的创业精神。

3. 先进性

在创业精神引导下开展的创业实践，是人们开创全新的事业，或进行自己从未尝试过的实践的过程。在这一过程中，创新是必不可少的。同时，成功的创业实践必然具有一定的先进性，需要体现时代发展的新内涵与新趋势，只有这样，才能保证创业实践达到预期的目标。因此，先进性是创业精神重要的特征之一。

4. 时代性

时代性是创业精神的显著特性，无论是时代精神的形成，还是时代精神的内涵，都带有明显的时代印记。不同时代的人们有不同的物质生活和精神生活条件，创业精神的物质基础和精神营养各不相同，创业精神的具体内涵也就不同。不同的时代具有不同的特征和不同的诉求，创业精神根据各种时代特征的变化而不断地变化与丰富。

二、创业素质概述

（一）素质的内涵

"素质"一词由"素"与"质"构成，"素"本意是指白色的绢，后引申为白色、本色、本来、原始、构成事物的基本成分等，强调原本的、本来的、原始的；"质"指事物的根本特性，在哲学层面指事物区别于其他事物的规定性。"素质"的基本内涵正是由"素"与"质"结合形成的。"素质"指事物时，强调事物原本的性质；指人时，则表示人的修养和品质。

"素质"一词在《辞海》中的解释如下："在心理学上，指人的先天的解剖生理特点，主要是感官和神经系统方面的特点。是人的心理发展的生理条件，但不能决定人的心理内容和发展水平。某些素质上的缺陷可以通过实践和学习获得不同程度的补偿。"这个解释既涉及了素质的先天性与本质性，同时又表明素质是可以通过实践和学习不断丰富与发展的。

随着时代的发展和学科交叉研究的深入，人们对素质内涵的研究也逐渐向多元化发展，素质的内涵得到了很大程度的拓展，"素质"一词也被广泛应用于人们日常生产生活的方方面面。当今时代，素质的内涵既包括了先天的、本质的因素，也包括了后天的、发展的内涵，是先天本质与后天影响共同作用的结果。

综上所述，笔者认为，素质指的是人在先天遗传的基础上，经过后天实践影响所形成的各种智力与非智力因素的总和，集中体现在德、智、体三个方面。

（二）创业素质与大学生创业素质

1. 创业素质

创业素质指素质在创业实践中的体现，即创业者在创业实践中需要具备的心理与生理素质。创业实践需要创业者具备一定的心理与生理素质，这些素质主要由两方面组成：一方面是创业者所需要具备的品质，即创业精神、创业意识与创业思维等；另一方面是创业者所需要具备的具体能力，即创业过程中各个环节所需要的能力。

从创业素质的结构来总结创业素质的内涵，主要包括以下两方面的内容：其一，创业素质包括个性素质、智力素质、文化素质、心理素质、身体素质及创业者风格六个方面；其二，创业的基本素质包括知识基础与人格品质等。从整体出发考察创业素质的内涵，创业素质指的是参与创业过程的创业者体力素质、智力素质和非智力品质的组合。如果从系统的角度出发，将创业素质看作一个完整的系统，创业素质则包括创业意识、创业知识、创业能力，以及个人的品质和习惯等。

学界从不同的角度考察创业素质的概念，并由此得出不同的结论，但是其对于创业素质基本内涵的观点却十分接近，即创业素质包含创业过程中所需要具备的各种智力因素和非智力因素。创业素质并非单一的素质，而是由多种素质共同构成的。

2. 大学生创业素质

对于大学生创业素质内涵的考察，必须要先明确大学生这一群体的特点。大学生普遍经历了较长时间的学习，掌握了大量的专业知识，是具备创新技术、创新能力、创新思维的前沿群体，他们具有较大的发展潜力，是国家重点培养的高素质人才。但大学生长时间身处学校，因此他们的社会阅历普遍较浅。

大学生创业素质，就是大学生在先天遗传的基础上，受到教育与生活环境的影响，并通过个人的学习与努力形成相对稳定的创业所需要的智力因素与非智力因素，包括思想道德素质、身心素质、创业意识、创业精神、创业能力、创业知识等。

第二节　当代大学生创业素质的构成

一、创业意识

（一）创业意识的概念

创业意识指的是个体为适应自身的发展需要和社会的发展需求而形成的一种创业意向和创业愿望，包括需要、动机、兴趣、思想、信念、世界观、人生观以及价值观等。创业意识是人们开展创业活动的重要前提和内部驱动力，是人们创业思维与创业实践产生的源泉。没有创业意识，个体就不会开展创业实践，更无所谓创业素质与创业能力。因此，在新时代大学生创业素质的构成要素中，创业意识是非常重要的组成部分。

（二）创业意识的构成要素

1. 创业需要

创业需要指的是创业者不满足于现有条件以及自己的生存与发展的状况，并由此产生的经由创业才能实现的一种新的要求、愿望和意识。如果说创业意识是创业实践开展的前提和原动力，那么创业需要则是这种创业意识产生和发展的最初诱因，所有的创业行为与创业意识都由此产生，而创业者具体的创业实践类型也会受到不同创业需要的影响。当然，若想开展创业实践，仅仅有创业需要是不够的，因为创业需要不一定会转化为创业行为，只有创业需要进一步转化为创业动机时，创业行为才有可能发生。

2. 创业动机

创业动机指的是创业者开展创业实践的内部原因。创业动机多种多样，有的是为了实现个人的创业梦想，有的是为了获取更多的利益，有的是具备了一定的创业条件，希望通过创业活动充分发挥自身的创业优势。

创业动机是创业活动的重要前提。创业是一种拥有明确动机的实践活动，只有拥有了创业动机，才能产生创业行为。而创业动机对于创业过程同样也具有十分重要的影响。如果人们的创业动机非常浅薄，比如不想就业，或者贪慕虚荣，那么很可能就会导致创业失败。而如果人们具有十分积极且坚定的创业动机，比如通过创业实现自身的人生价值，或者将创业作为自己的重要的人生理想，那么创业者在创业过程中就会拥有更积极的态度、更充沛的精力以及更坚韧的毅力。

3. 创业理想

创业理想是创业意识的核心，指的是人们在实践中形成的，对于所从事的或将要从事的创业实践活动所怀有的较为稳定、持续的向往与追求，是创业主体的世界观、人生观和价值观在具体创业奋斗目标上的表现。从宏观来看，创业理想属于人生理想的一部分，在绝大多数情况下表现为一种职业理想与事业理想。理想是实践的重要支撑，成功的创业实践离不开创业理想的支持。

4. 创业兴趣

创业兴趣指的是创业者对于创业实践所持有的一种喜好或关切的情绪与态度。创业兴趣能够在很大程度上激发创业者的积极性，使创业者以更加饱满的热情开展创业实践，创业兴趣能够赋予创业者深厚的情感与坚强的意志，促使创业者的创业意识得到不断的升华。

（三）创业意识的内容

创业意识的内容主要包括创业过程中创业者所需要具备的具体的思维意识，主要由以下五点构成，具体内容如图 4-1 所示。

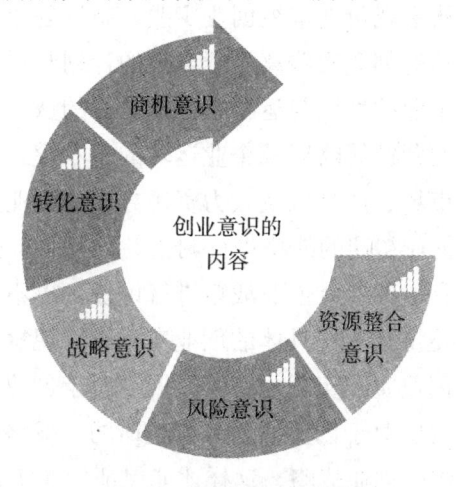

图 4-1　创业意识的内容

1. 商机意识

商机指的是在经济活动中，能够由此产生经济利益的机会。商机的类别有很多种,包括时间商机、价格与成本商机、方便性商机、通用需求商机、价值发现性商机、中间性商机、基础性商机、战略性商机、系统性商机,以及文化与习惯商机等。

商机意识就是创业者在创业的整个过程中对于商机的识别和分析能力。对于创业者来说,无论是在创业准备期、创业中期还是创业后期,始终都面临着识别商机、发现市场的考验。若想实现成功的创业实践,或者保证企业的持续发展,就需要对市场的变化具有足够的敏锐度,能够对宏观的经济环境以及微观的市场变动进行准确的识别与判断,并能做出正确的决策,这就是商机意识在创业实践中的体现。

2. 转化意识

转化意识指的是充分把握商机,将商机转化为具体创业实践的意识。在成功的创业实践中,仅仅有商机意识是不够的,因为商机是一种机遇,是一种潜藏着价值的机会,单纯地识别商机并不能直接产生效益,还需要充分把握并运用商机,将其转化为实实在在的经济利润,或者是支撑企业持续发展的战略。转化意识就是这种将机会转化为生产力的意识。对于大学生来说,将自身所掌握的知识与技能转化为智力资本、人际关系资本也是转化意识的一种体现。

3. 战略意识

战略意识指的是从宏观角度审视创业实践、制订创业计划的意识。创业是一个复杂的系统,成功的创业实践离不开合理的计划与科学的规划。在创业初期,创业者必须要对企业的发展与运行有一个总体的认识,明确商品或服务进入市场的方式、基本的营销策略以及企业运转的基本模式等;在创业中期,创业者必须要制定整合市场、产品以及人力资源方面的创业策略,根据创业实践以及市场的变化,对创业初期的战略进行调整。

创业战略并非只有一种,对创业战略进行评价,也不能单纯地只评价其好与坏、错与对,而是要将其放在具体的创业实践中,观察其与创业实践的适配程度,以及能否支持创业实践实现可持续发展。对于创业者来说,战略意识是必不可少的,创业者需要对于创业活动具有整体的、战略性的认识,并能根据这种认识适时调整具体的创业战略,这样才能保证创业实践的成功开展。

4. 风险意识

在创业的过程中,风险是无处不在、无时不在的。创业风险的来源有很多,有创业者决策带来的风险,有政策变动带来的风险,有市场环境变化带来的风险，有具体的经营过程中潜藏的风险，有财务与技术等问题带来的风险，还有人力资源方面的风险等。因此，在创业实践中，创业者必须具备一定的风险意识。

风险意识要求创业者了解不同类型的创业风险，能够意识到即将到来的风险，并能通过一系列战略调整来妥善应对风险。在风险来临之前，创业者需要拥有灵敏的嗅觉，而在风险来临之时，创业者需要沉着冷静，并且懂得如何应对和化解风险。

5. 资源整合意识

资源整合是指企业对不同来源、不同层次、不同结构、不同内容的资源进行识别与选择、汲取与配置、激活和有机融合，使其具有较强的柔性、条理性、系统性和价值性，并创造出新的资源的一个复杂的动态过程。资源整合是企业不断调整经营与发展战略，以适应自身发展实际的环节，同时，也是企业经营管理的日常工作。总体来说，资源整合就是不断优化企业资源配置的过程。

对于创业者来说，资源整合意识是基本的创业意识之一，因为企业的运行和发展离不开资源的整合与优化，创业者必须在充分了解企业的资源配置与运行模式的基础上，立足实践，充分发挥主观能动性，科学整合和配置资源，以实现整体的优化。

二、创业能力

（一）创业能力的概念

创业能力与一般的能力不同，它不是一种单一的、具体的能力类型，而是一系列与创业这种社会活动密切相关的能力的总和，是一个能力体系，具有丰富的内涵。关于创业能力的概念，学界有许多不同的观点，主要有以下几种。

第一，创业能力指的是在一定的条件下，准确发现并把握商业机会，充分整合现有资源，创造更多价值的能力。第二，将创业能力看作一种心理机能，这种心理机能以人们的智力活动为核心，具有显著的创造性与综合性，是一种知识、经验与技能的概括与总结。第三，认为创业能力是将科研成果或者市场创意转化为真实存在的生产力的能力。包括专业能力、创新能力、知识的掌握与运用能力，以及各种类型的社会能力。其中，专业能力是创业能力的前提，创新能力则是创业能力的基础。

综上所述，笔者认为创业能力是一种基于对商机准确把握和充分整合资源，并通过创业实践创造更多价值的能力。

（二）创业能力的特征

创业能力不是一种单一的能力，而是一个与创业实践以及创业思维紧密相关的能力体系，创业能力具有显著的特征，主要包括以下六点内容，具体内容如图 4-2 所示。

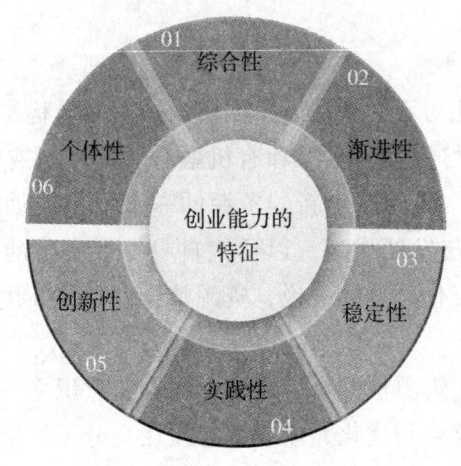

图 4-2 创业能力的特征

1. 综合性

综合性是创业能力显著的特性之一，上面创业能力的概念中提到，创业能力不是一种单一的、具体的能力类型，而是一系列能力的综合。创业能力是一种以智力为核心的具有较强综合性的能力，是高度协调各种能力以解决创业实践中面临的各种问题的能力。

2. 渐进性

创业能力是一种典型的后天形成的能力，这种能力是建立在一定的知识与经验基础之上的。能力的形成不像知识的学习一样可以在短时间内通过高效的学习获得，能力的形成和提升比较缓慢，必须要依靠系统的训练和培养逐步提升，特别是对于具有综合性的创业能力来说，其形成和提升更是一个渐进的过程。

3. 稳定性

虽然创业能力的增长是一个缓慢的、渐进的过程，但是一旦当人们获得某种能力后，便具有一定的稳定性，不会轻易失去。能力不像知识一样可以快速获得，也不像知识一样有快速失去的风险。

4. 实践性

实践性是创业能力的显著特性之一，创业本身就是一种创造性实践的过程，创业能力作为创业实践的重要支撑，必须具备较强的实践性，以科学指导创业实践的开展。而且，创业能力本身的形成与发展也是与创业实践密不可分的，创业能力的各构成要素是在创业实践中形成的，而创业能力也是在创业实践活动中不断成长与发展的，这同时也是创业能力渐进性的体现。

5. 创新性

创业是一种商业领域的创新性实践活动，创业能力必须具有突出的创新性，才能支撑起创业行为。创业能力的创新性体现在创业实践的各个环节，从发现商机到开展创业实践，从提出问题到解决问题，都包含着创新的因素。

当今时代，成功的创业更是需要体现时代发展的新趋势，或者是在自己的商品与服务上做到一定程度的与众不同，企业才能在市场上取得立足之地。即便是成熟的企业，若想进一步拓展市场，提升市场竞争力，获得持续的发展，也需要根据市场的变化不断寻找新的机遇，创业者需要具备创新创造性地提出问题和解决问题的能力。可以说，创新性是创业能力较为重要的特性之一。

6. 个体性

创业能力具有鲜明的个体性，这是由创业主体的差异性决定的。创业能力的形成过程和发挥作用的大小受个体个性特征的影响非常大。创业实践与创业能力的主体是创业者，而不同的创业者在成长环境、兴趣特长、性格特点、知识储备、能力结构、经验阅历，以及人际关系等方面均存一定的差异。因此，不同的创业者所形成的创业能力也各有不同，具有鲜明的个体性。这种个体性也对创业者在创业过程中的选择与决策具有重要的影响，进而催生出形形色色的创业实践。

（三）创业能力的构成

1. 识别和把握机遇的能力

创业的过程是创业者用敏锐的眼光发现商机，并充分把握商机，整合各种资源开展创业实践的过程。因此，对于市场机遇的识别和把握的能力是创业能力的重要组成部分。对于成功的创业实践来说，仅仅能意识和识别到商机是远远不够的，还需要创业者在识别商机的基础上，具备分析机遇与把握机遇的能力，要求创业者能够牢牢把握市场机遇，并将其转化为创业实践。

2. 创新能力

创新能力是创业的灵魂，是创业能力的显著特征，成功的创业实践要求创业者必须具备一定的创新能力。特别是当今时代，创新已经成为引领发展的第一动力，无论是在创业准备阶段还是在创业实施阶段，只有不断创新，才能不断超越自我，超越竞争对手，在激烈的市场竞争中取得先机。

在具体的创业实践中，创业者的创新能力主要表现在学习型组织和企业创新体系的建立上，创业者需要打破旧秩序的桎梏，充分把握市场发展的趋势，建立包含新产品、新技术、新市场、新制度和新组织结构的新秩序。

3. 战略规划能力

战略规划能力指的是创业者能够根据内外部环境的变化，适时调整企业的发展战略，为企业能够取得持续性发展，保持市场竞争力而进行总体规划的能力。战略规划能力包括战略规划水平、资源整合能力以及市场适应能力等。

在创业实践中，战略规划能力主要体现在创业者根据市场的变化以及自身运行状况，适时调整经营战略以及经营思路，快速重组资源以适应环境的变化，以及根据市场的发展趋势制定新的发展规划，使企业的生产经营保持一定的先进性。

战略规划能力要求创业者具有一定的知识储备、信息搜集与分析能力，以及战略眼光，能够对国内外宏观的经济、政治、文化等环境具有敏锐的洞察力与感知力，以及较强的系统思维能力。

4. 分析与决策能力

分析与决策能力是创业者必不可少的能力，它指的是创业者能够对创业过程中遇到的各种问题具备清晰的认识和做出准确的判断，并通过全面、系统的分析进行科学决策的能力。从某种意义上来说，创业过程就是一个不断地对创业实践中遇到的情况进行分析，并不断做出决策的过程。因此，分析与决策能力是创业能力的重要组成部分。

5. 控制与协调能力

控制与协调能力指的是创业者对于创业过程中的各种资源与关系进行组织、控制与协调的能力。企业是一个复杂的系统，企业的良好运行需要创业者根据创业实践的需求不断开发新的产品和服务，调整和优化生产与管理模式。企业的组织机构需要适配其生产与经营实际，因此要不断完善企业的组织管理体制，而这一过程就需要依赖创业者的控制与协调能力。

6. 信息获取与分析能力

无论是创业的开展，还是企业的经营与运行，都需要充足、准确的信息作为支撑，这些信息既包括市场行情信息、技术信息，也包括其他的知识经验。成功的创业实践，离不开创业者对于市场环境的密切监控，也离不开创业者对于相关市场信息的获取与分析，信息的获取与分析是明确市场现状、适应环境变化、做出准确判断与决策的前提。创业者若想实现成功的创业，就必须具备较强的信息获取能力，拓展信息获取渠道，同时能够对获取的信息进行科学的分析，以便更好地指导创业实践的开展。

7. 团队协作能力

从创业主体来看，创业活动很难仅靠一个人来实现，绝大多数的创业活动需要创业者组建一支创业团队，或者与他人合作进行创业。从创业基础来看，成功的创业实践需要以充分的资源条件为支撑，包括资金、技术、人力资源等，创业者不可能独自拥有全部的创业资源。因此，创业者需要联合其他资源主体，共同开展创业活动。创业对于团队的依赖性，就需要创业者具有良好的团队协作能力，能够使团队成员充分发挥自己的优势，形成合力，促进创业活动的顺利开展。

8. 社会能力

社会能力指的是与创业相关的一系列社会实践能力与社会适应能力。社会实践能力包括沟通交流能力、组织领导能力、灵活应变能力等。社会适应能力包括心理抗压能力、心理调适能力，以及对于新事物的接受能力等。创业活动具有鲜明的实践性，这就需要创业者具备综合的社会能力，在实践中探寻正确的创业路径。

9. 风险管理能力

风险性是创业的显著特性，任何类型的创业活动都伴随着一定的风险，这种风险暗含在创业活动的各个环节之中，可以说，创业的过程时刻考验着创业者的风险管理能力。

风险管理能力包括风险识别能力与风险防范能力。风险识别能力指的是对于已经或即将到来的风险有一个充分、准确的认识，能够识别风险的类型、来源以及性质。风险防范能力指的是对已经或即将到来的风险进行应对与防范的能力。妥善应对已经到来的风险，提前预防即将到来的风险，防止潜在风险的发生，这些能力都是创业能力的重要组成部分，对于创业者来说至关重要。

三、创业知识

（一）创业知识的内涵

创业知识的内涵有广义与狭义之分，广义上的创业知识指的是与创业相关的知识系统，比如行业相关的专业技术知识、经营管理知识以及综合性知识等。这些知识是创业实践得以开展的基础，只有具备一定的专业知识，才能在相应领域进行创业实践，只有具备相应的创业知识，才能科学地开展创业实践。

狭义上的创业知识指的是具体的创业过程中的各种技巧与方法，涉及创业实践的各个环节。例如，商机的识别与把握、创业规划与创业计划书的编写、创业团队的组建、创业资金的募集等。创业知识是大学生开展创业实践必不可少的基础，只有具备了一定的创业知识，才能对创业活动有一个相对清晰、全面的了解，才能正确地开展创业实践。

在新时代大学生创业素质的构成这一部分，笔者选择从广义的角度观察、分析创业知识。

（二）创业知识的构成

1. 专业技术知识

专业技术知识指的是创业者从事某一专业或职业所必须具备的知识。在新时代的创业实践中，知识与技术密集型的创业受到国家的大力支持，创业者可以以自己所掌握的知识与技术为核心组织创业活动。在这个过程中，专业技术知识是创业的基本支撑，一般与专业、职业能力结合在一起发挥作用，是创业知识的重要构成要素。

2. 经营管理知识

经营管理知识指的是创业者从事经营管理工作所必须具备的知识。企业离不开经营与管理，开办企业并不是创业的终点，而是创业的初级阶段，实现企业的良好运转与持续发展才能算得上是成功的创业实践。而企业的持续发展则需要依靠科学的经营与管理，经营管理本身就是一个复杂的知识系统，包括领导、组织、管理、协调和沟通等各个方面的知识，同时还包括大量的行业经验。

3. 综合性知识

综合性知识指的是与创业活动和企业运行相关的，发挥社会关系运筹作用的多种专门知识，包括政策、法规、公共关系、对外交流、金融、税务、工商、人际交往、文化建设以及心理学等方面的知识。综合性知识涵盖的范围非常广，创业者独自难以掌握如此多的知识与技能。因此，一般需要通过招募具有不同专业背景的高素质人才，组建专业的创业团队，共同开展创业活动。

四、创业精神与品质

（一）创业精神与品质的内涵

创业精神与品质指的是对创业者在创业实践中的心理与行为起调节作用的个性心理特征，其与个体的性格、价值观、理想、气质、成长经历、生活环境等有着十分密切的联系，创业精神与品质的核心是情感与意志。

前面已经对创业精神进行了详细的论述，简而言之，创业精神就是开创事业的思想与理念，这种思想与理念既适用于个人，也适用于团队与企业。创业精神既包括了创业的需要与动机，同时也涵盖了创业的思想与方法，同时，创业精神本身也是一种重要的精神品质，是一种勇于创新、拼搏奋斗的精神。

创业相关的品质主要指的是创业心理品质，而创业心理品质指的是创业者在创业实践中的一切心理状态、心理现象、心理过程，以及一切关系到创业活动的个性心理特征的总和。创业心理品质对于各个创业环节的决策具有十分重要的影响，良好的创业心理品质是创业成功的必要条件之一。

（二）创业精神的构成

1. 自主精神

自主精神是创业精神的基础，创业活动对于创业者来说是一种创造性的实践，创造性实践需要创业者具有较强的自主精神，这种自主精神指的是一种自由创造、自主创业、自立自强的精神，这种精神不受大众思想的制约，即具有较强的创新性与相对独立性。

创业精神的强弱与人们的创业意识是直接相关的，前边提到，创业意识指的是个体为适应自身的发展需要和社会的发展需求而形成的一种创业意向和创业愿望，包括需要、动机、兴趣、思想、信念、人生观、价值观以及世界观等。在创业意识的各个要素中，都蕴含着一种自立自强、自主奋斗的精神，这种精神是人们开展创业实践的内在动力，也是创业精神的基础构成部分。

2. 创新精神

创新精神是创业精神的核心，两者是相辅相成、相互促进、相互融合的，特别是在新时代新的历史条件下，创新精神更是成为开展创业实践的重要引领力与驱动力。当今时代，企业若想实现持续发展，就需要与时俱进，不断更新自身的产品与服务内容、管理与运行机制，以及生产与经营模式，只有这样，才能使企业永葆生机与活力。

创业就意味着创新，创新就意味着突破，创新的本质是新价值的创造，而开创事业本身就是一个求新和突破的过程，具体到商业领域，创业就是寻找新的价值创造方式的过程。因此，在创业的整个过程中，都能鲜明地体现出一种创新特点，创新精神也是创业精神的核心组成部分。

3. 务实精神

务实精神是创业精神的归宿，是一种从实践中来、到实践中去的精神追求实践方式。在创业的过程中，我们既要勇于创新，敢于"仰望星空"，大胆地去追求理想，同时，也要脚踏实地、按部就班，一切从实际出发，坚实地走好每一步路。

务实是我国的传统美德，同时，也是创新精神的落脚点。我国自古以来就提倡务实精神，南宋著名诗人陆游的诗作《冬夜读书示子聿》中的"纸上得来终觉浅，绝知此事要躬行"，弘扬的就是一种求真务实的精神。务实精神包含的内容十分丰富，它提倡办实事、求实效、立实功、脚踏实地、实事求是。

从哲学的角度来看，务实精神是一种重视实践的精神品质。创业是开创事业的过程，是一种实实在在的实践活动，因此，实践性是创业精神的显著特性。实践性体现在创业活动的各个环节之中，体现在创业的各个要素之中。首先，创业意识是从实践中产生的，实践是认识的来源，人们在实践中形成创业的需要与动机，最终将会形成创业的意愿；其次，创业的整个过程是建立在实践的基础之上的，无论是创业目标的制订，还是创业过程中的分析、判断与决策，都是要以实践为依据的；最后，创业的成果回归实践，创业的成功与否要受到实践的检验，只有经受住实践检验的创业活动，以及为社会的进步与发展起到促进作用的创业才是成功的创业。

（三）创业心理品质的构成

创业心理品质是一切关系到创业活动的个性心理特征的总和，是对创业实践影响深远的重要的主观因素，创业心理品质对于创业的成败具有直接的影响，是新时代大学生创业素质的重要构成要素。创业心理品质主要由以下几点构成，具体内容如图 4-3 所示。

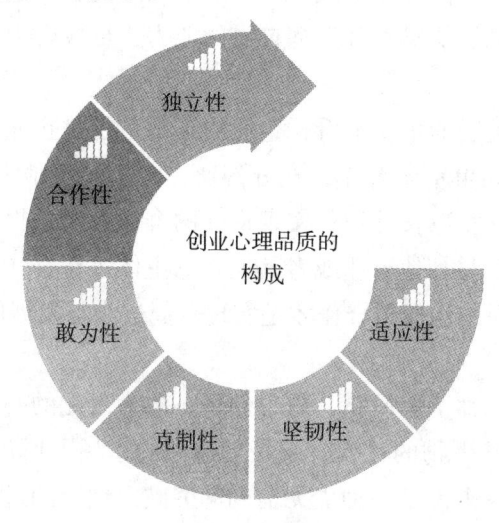

图 4-3 创业心理品质的构成

1. 独立性

独立性指的是独立思考、独立判断、独立选择、独立行动等行为主体在心理品质与行为方式上具有的相对独立的特性。独立性是创业者基本的个性心理品质之一，创业者在进行创业目标的选择以及创业规划时，要具有相对的独立性，要有自己的见解与主张，即在思想与行动上尽量少受他人的影响和支配，创业者能够按照自己的理念与思维，在实践中坚决贯彻和执行自己所做的决策。

独立性还体现在创业实践中的创新环节，创业中蕴含着大量创新的因素，无论创业活动是否开辟了新的市场，是否带来了新的产品与服务，其本身对于创业者来说就是一种创新与突破的过程，是创业者从头开始创立事业，探寻人生新的发展路径的过程。这一过程需要创业者跳出依附于他人生活的模式，要有自己的主见，能够独立思考与决策。

2. 合作性

创业心理品质中的合作性指的是善于与他人协作、沟通、交流的特性，合作性体现在创业实践的方方面面，是创业实践得以成功开展所必不可少的因素。

从创业者的角度来看，由于创业本身是一个复杂的系统，创业的过程涉及大量的知识与技能，创业者自身难以具备创业所需的各种素质。因此，创业者需要组建创业团队，并促使团队成员之间形成良好的合作关系，调动团队成员的积极性，使团队成员能够充分发挥自身的能力，形成合力，共同促进创业实践的成功开展。

从企业经营与发展的角度来看，企业的正常运行是企业成员共同努力的成果，创业者应该与同事精诚合作，充分沟通，善于倾听他人意见，能够尊重、体谅、关心他人，互相取长补短，实现良好的合作效果，提高办事效率。企业自身的发展也是需要与其他企业或者其他市场主体进行合作的，零和思维不利于企业与行业的发展，沟通与合作才是实现企业进步与发展的正确路径。

3. 敢为性

敢为性指的是一种不惧风险、勇于创新、敢为人先的心理品质。创业本身就是创造具有独特性事物的过程，或是创造出的市场上所没有的商品或服务，或是对于创业者自身来说是一种史无前例的突破。创业的过程要敢于走别人没有走过的路，敢于质疑权威与经验，敢于突破固有的发展模式与理念，敢于突破自我，敢于承担一定的风险，勇敢追求梦想。

创业心理品质中的敢为性指的是一种建立在理性基础上的大胆决断，是一种以理智为前提的大胆突破，不是不计代价地去冒险，也不是一时冲动失去理智。创业活动作为一种创造性的实践活动，时刻充斥着风险，这就需要创业者对风险有一个充分的认知，不能畏惧风险，需要创业者具备妥善应对风险的能力，要有敢为人先的冒险精神，只有这样，才能真正突破自我，开创一番事业。

4. 克制性

克制性与敢为性是一组对立统一的个性品质，创业不仅需要创业者具备一定的冒险精神，同时还要求创业者要善于克制，不能冲动，能够有效控制和调节自己的情绪，保证自身在创业过程中的一系列行为和决策是在冷静、理智的前提下做出的，使自己的创业活动始终保持在正确的轨道上，创业者不能因为一时的冲动而做出丧失理智的行为。

创业虽然要靠个人的努力，但是同时它也是一种社会行为，需要遵守法律与道德的约束，创业者在创业的过程中要合法创业、合法经营，并且不能逾越法律的边界，也不能不顾及道德的要求，创业的过程要遵守社会公德与职业道德的约束。在创业过程中，当个人利益与国家利益、人民利益、法律与社会公德冲突时，要克制自身的欲望，约束自身的行为。

5. 坚韧性

创业道阻且长，创业的过程不仅十分漫长，而且还要面临一系列艰难险阻，这就要求创业者具备较强的坚韧性。坚韧性指的是一种坚持不懈、不屈不挠的心理品质，坚韧性在创业实践中主要表现为恒心与毅力。

恒心与毅力是指个体能够坚持不懈地持续进行某项行动，以实现预期目标的心理品质。具备恒心与毅力的创业者，能够在创业实践中迸发出强大的力量，能够长期不懈地为实现自己的目标而努力，能锲而不舍地为实现自身的理想而奋斗。创业是一个漫长且艰难的旅程，不能虎头蛇尾，更不能半途而废，创业需要创业者坚持不懈地贯彻自身的创业理念，创业者要能够坚定执行创业的各项决策，要经得起各种挫折。

6. 适应性

创业心理品质中的适应性指的是一种适应调整、灵活转换的心理品质，即创业者能够根据实践的变化对自己的创业心理与行为进行灵活调整，以适应新的实践条件。

适应性与坚韧性同样是一组对立统一的心理特征，两者并非一种矛盾的关系，而是相互促进、协调发展的关系。坚韧是建立在适应基础上的坚韧，适应是在坚持正确目标基础上的灵活调整，两者都是为了更好地实现创业目标而指导实践的开展的。

当今时代，市场竞争激烈、变化多端，创业的外部环境与创业条件也是处于不断的变化之中的，在这样的环境中，创业者能否根据创业环境适时调整自身的创业行为，成为创业活动能否取得成功的关键所在。适应性在创业实践中主要体现在以下几个方面。

首先，创业者需要具备较强的信息意识，以及对市场具有相对敏锐的观察力，对于市场与行业的发展现状和特征有一个相对准确的认识，对于市场的发展趋势有一个总体的判断，并根据判断与分析的结论对于创业具体的环节进行灵活调整。并且在外部环境发生变化时，创业者要能够适时调整发展战略，以变应变。

其次，创业者在创业的过程中，应该始终保持积极、健康、平和的心理状态，能够用积极的态度对待来自生活与创业的压力，面对压力，创业者要冷静分析、控制压力，找出原因、缓解压力，甚至消除压力。创业者要保持良好的心理，勇敢地面对压力，要具有较强的适应性，力争将不利变为有利，将被动变为主动，将压力变为动力。与此同时，创业者还应做到"胜不骄，败不馁"，不仅面对困难与压力要保持积极的心态，面对成功也不能骄傲自满，要保持健康的心理状态。

最后，适应性还要求创业者善于对创业实践进行总结，无论是创业过程中的成功还是失败，都要进行阶段性总结，对于创业实践进行深入分析，创业者要能够看到存在的问题，明确今后努力的方向，从成功的经验中总结出成功的规律。

创业不是一条路走到黑，也不是撞破南墙不回头，无论是创业者的思维层面还是心理品质层面，都需要具有灵活性与适应性的特征，创业者要能够根据实践与客观环境的变化灵活调整心态与思维，不畏惧困难，不满足于暂时的成功，充分发挥主观能动性，保证创业实践的持续发展。

第三节　当代大学生创业素质的培养与提升

一、培养大学生的创业意识

创业意识是开展创业实践的前提，培养和提升大学生创业素质的首要环节就是培养大学生的创业意识，对于大学生创业意识的培养主要从以下几方面展开。

（一）转变教育观念

1. 转变学校教育观念

学校的教育观念与人才培养观念直接影响着学生的发展，传统的教育观念注重大学生专业知识与技能的学习，甚至在许多高校存在重理论而轻实践的现象。当前，我国已迈入中国特色社会主义新时代，人才培养理念也应该进行更新，以适应新的历史发展实践。

当今时代，大众创业、万众创新已经成为重要的发展理念，创新更是引领新时代国家发展的第一动力。但是在高校教育中，无论是创新还是创业，都不是一门系统的专业课程。因此，创新创业教育很容易被教师和学生们忽视，许多高校将创新创业教育作为大学生职业生涯规划的一门附属课程，仅对创业知识进行简单的讲解，对于大学生创业意识的培养和创业能力的提升没有实质作用。

教育观念对于教学活动具有重要的引导作用，直接影响着人才培养模式以及课程体系的建设，传统的教育观念忽视对大学生创业素质的培养，因此新时代大学生创业素质的培养和提升，最先需要转变高校教育理念、重视创业教育，以及提升学生综合素质。

2. 转变家庭教育观念

家长的传统观念对学生的就业选择影响很大，多数父母都不愿意自己的孩子去创业，这导致学生创业得不到精神和物质上的支持，最后不得不放弃创业的道路。

首先，面对社会现实和目前的就业压力，作为长辈应该转变传统就业观念，接受先进的教育理念，刻意地培养孩子的独立意识、吃苦意识、创新意识等，在精神上支持大学生自主创业，给予大学生自主创业意识的精神动力。其次，父母应全力支持大学生创业，尽力为大学生创业提供物质和技术支持。

（二）调整教育模式

培养大学生的创业意识，不仅需要高校转变教育理念，还需要将新的教育理念贯彻到具体的教学过程之中，调整教育模式，使人才培养模式符合创业人才培养的需求。

时代的发展对于人才培养不断提出新的要求，传统的教育模式已经无法满足新时代人才培养的需求。培养新时代的高素质人才，就需要积极推进高校人才培养模式的改革，调整教育模式，培养基础知识扎实、思维活跃、实践动手能力强的复合型创造人才。创业意识是创造型人才的必备素质，高校应该将创业意识融入教育理念之中，引导教育模式的调整与变革。

高校在人才培养中应该将创业意识培养置入高校教育模式之中，在教育过程中应该重视学生的个性化发展，充分挖掘学生身上的闪光点，重视区别学生之间的主体性与个性，因材施教，使学生真正成为教学活动的主体。同时，在教学中还应该培养学生勇于创新、敢为人先的精神，通过调整教学模式消除学生安于现状的旧观念，强化学生的危机感与紧迫感，使创业意识真正成为学生素质结构的重要组成部分。

（三）深化创业意识与课程教学的融合

培养和提升大学生的创业意识，还应该重视创业意识与课程教学的融合。课程是人才培养的基本途径，由于创业意识本身不是一门专业课程，因此培养和提升大学生的创业意识，一定要将其融入具体的课程教学之中，包括专业课程与通识课程，必修课程与选修课程，教育工作者应该灵活运用不同的教学方法，将创业意识与课程教学充分融合。

创业意识主要由创业需要、创业动机、创业理想、创业兴趣，以及具体的创业思维意识构成，在课程教学的过程中融入创业意识，就是要重视对学生创业思维的培养和训练，创业意识并非系统的理论体系，而是渗透在日常的学习与生活之中。高校作为教书育人、传播知识、启迪思维的重要场所，应该以课程教学为基本途径，将创业意识的相关内容与具体的课程教学内容充分融合，培养和提升学生的综合素质。

二、重视大学生创业知识的学习

（一）夯实专业知识基础

许多大学生的创业实践都是依托于自身的专业开展的，主要是因为相比于其他创业领域，大学生经过长时间系统的学习，对于自身所学专业领域了解较为深入，对知识与技能的掌握较为全面，因此大学生依托自身所学专业开展创业实践具有显著的优势。许多成功的创业实践就是以专业知识或专业技能为基础展开的，主要集中于知识与技术密集型创业活动之中。这种类型的创业活动需要创业者具有较高的专业素养，对比非专业的人士能够显现出显著的专业优势。

夯实大学生的专业知识基础，除了要制定科学的人才培养方案，选择合适的教学方法之外，还要注意在教学过程中渗透创新与创业的知识，在专业知识教学的同时，潜移默化地培养和提升学生的创业意识，丰富学生的创业知识，并且让学生更加自然地将创业知识与自身所学的专业知识联系在一起，让学生能够在专业素养提升的过程中逐渐增强创业意识，更积极地探寻创业机会。

（二）拓展综合知识面

创业知识是一个复杂的知识系统，创业思维也是一个具有较强综合性的知识体系。因此，创业知识的学习，不能局限于专业课程的学习，还要拓展到高校教育的其他课程之中，比如通识类课程、选修课程以及实践类课程，这些课程有的是专业课程的延伸和拓展，有的是学生综合素质提升所必需的其他类型的知识，有的则是学生感兴趣的，希望在专业课程之外获取的知识。

不同类型的知识，对于大学生创业素质的提升都具有一定的促进作用，专业知识的学习能够为学生打下牢固的专业基础，在创业的过程中具有专业优势。通识类课程的学习能够帮助学生完善综合素质，形成正确的价值观、人生观、创业观。选修课程的学习能够拓宽学生的知识面，开阔学生的视野，有利于学生个性的发展。

总而言之，高校教育要科学安排各类课程的教学，提升学生的综合素质，综合运用多种方式，进行创业知识教学，进而提升学生的创业素质，促进学生实现全面发展。

（三）重视经营管理知识的教学

创业知识包含众多的知识内容，同时也有自身特有的知识内容，具体表现为以经营管理知识为代表的创业知识。

具体的创业知识主要涉及经营管理知识、创业的成功经验、创业相关理论、创业的技巧与方法、创业的具体流程，以及各个创业环节的相关知识。创业知识是开展创业活动的基础，全面掌握创业知识有助于形成系统性思维，有助于指导开展创业活动。创业知识的学习途径包括与创业人物交流、修读创业指导课程、聆听创业讲座、查阅创业书籍报刊、观看创业视频、参加创业论坛、接受创业培训、浏览创业网站、关注创业资讯等。

对于大学生创业素质培养来说，高校进行经济管理知识教学的主要途径还是需要基于课程教学来实现，因为经营管理知识是一个具有相对独立性的知识体系，其中涉及大量的具体创业知识。若想系统地进行具体创业知识的教学，则需要通过开设专门的课程，或者通过课堂教学进行渗透来实现。高校可以开设专门的选修课程，或者在大学生职业生涯规划课程中增加创业相关课时的比重，系统地进行创业知识的讲授。

三、培养和提升大学生的创业能力

（一）重视创业教育

1. 提升创业教育的战略高度

提升新时代大学生创业能力的主要途径仍然是依靠创业教育，高校具有显著的教育资源优势，拥有优质的教育环境、高素质的师资团队与良好的科研条件。因此，培养和提升新时代大学生的创业能力，应该从教学端入手，系统地开展创业教育，将创业教育纳入高等教育人才培养的方案之中，将创业课程加入大学生的必修和选修课程之中，将创业知识融入高校教育理论和实践教学之中，使高等教育成为创业人才培养的坚实基础与强大引擎。

创业课程是创业教育开展的基础，教学计划与人才培养方案则是创新创业课程开设的核心问题，若想实现理想的创业教育效果，就需要在教学计划与人才培养方案中体现创业教育的重要性。

2. 实现专业教育与创业教育的有机融合

高校推进创业教育要坚持专业教育与创业教育的有机融合，将创业教育融入人才培养的全过程。

有研究指出，大学生获得创业教育的最佳途径之一就是跨学科创业教育模式。首先，这是由创业素质的综合性导致的，无论是创业知识还是创业能力，都不是单一存在的知识或能力，而是由一系列与创业相关的知识与能力构成的系统。其次，高校教育的基本形式是以专业为划分开展的人才培养，因此不同专业的学生，无论是知识与技能结构，还是创业意向都有较大的差异，跨学科创业教育模式旨在提倡根据专业的特点设置创业课程，从而帮助学生结合专业背景进行创业。

创业教育要与就业教育结合起来，发挥就业教育的发展优势，推动创业教育发展，处理好大学生的创业教育与基础教育和社会创新环境优化之间的关系。

3. 重视创业教育师资队伍建设

教师是教育活动的主导者，教师的素质直接影响着教学的质量。创业教育不同于其他课程。由于创业并非传统的专业，所以讲授该课程的教师十分关键，如何对教师进行遴选与考核对高校也是一种考验。对许多高校来说，创业教育面临着教师素质参差不齐的问题，一些高校缺少专业的创业教育师资队伍，这无疑会对创业教育的推进造成较大程度的制约。

高校推进创业教育，提升教师素质，打造一支水平较高的专业师资队伍至关重要。高校可以建设创业导师库，从社会或企业中聘请知名企业家，尤其是专家型的企业家，或是相关专业人士，将这些具有创业经验的专业人士或者企业家纳入导师库。同时对学校内教师开展培训，帮助教师更好地实现专业化发展。

4. 注重教材的选编

教材作为知识的载体，是教师教学的基本道具，同时也是学生学习知识的基本工具。教材对于任何学科的教学来说都是十分重要的，对于创业教育来说更是如此。创业教育本身不是传统学科教学之中的一部分，创业也不是一门传统的专业，而且，在中学阶段学生普遍缺乏创业方面的学习。因此，一套帮助学生从创业基础开始学习创业知识的教材在创业教育中更是显得尤为重要，我们在探讨新时代大学生创业教育时，教材的选择是不可回避的问题。

无论是学校编写教材还是选择国家指定教材，都需要遵循科学性、系统性、循序渐进性等原则。首先，教材必须能全面、系统地将创业的基本知识呈现出来；其次，教材内容设置上要循序渐进，科学安排知识点，既要符合学生的认知规律，又要符合教育的一般规律；最后，创业教材一定要有创业的蓝本，留给教师更多的发挥空间。教材的编写要有自身的特点，针对不同的学校，侧重点要有所不同，不能一概而论。教材内容应该处理好学术性、前沿性、实践性、特殊性的关系。

5. 构建科学的考评体系

考评体系对于创业人才培养具有重要的影响，考评作为一种价值判断的过程，其标准对于人才培养的方向具有重要的导向作用，考评体系一旦运用到教学实践当中，教育工作者就会按照考评的标准展开人才培养。因此，考评体系的科学与否直接关系到人才培养质量好坏。

首先，课程的考评体系必须符合该课程的性质，考评体系的科学性是保证课程质量的关键。考评体系是提高课程质量的关键，也是指导课程发展方向的指导性文件，科学的考评体系是创业教育的生命线。

其次，考评体系应该以正确的发展理念、教育理念、人才培养理念为指导，才能使人才培养不偏离正确的发展道路，保证创业教育的开展能够促进大学生的全面发展。

最后，考评体系必须根据教育实践不断调整。考评体系不是固定不变的，应该根据创业环境与教育环境的变化，以及人才培养效果的反馈，适时做出调整，以保证考评体系的科学性。

（二）个性化教育培养创业能力

个性化教育是当今教育领域提倡的一种教育理念与教育方法，其主要目的是帮助学生实现更好的个性化发展。部分高校存在着不重视学生个性发展的现象，藐视学生的个性需要，忽视学生个性的发展。个体的完善及全面发展是需要以科学的教育方法为前提的，传统的教育理念在一定程度上忽视了学生的个性化发展。因此，在新时代大学生教育中，我们应该贯彻符合学生发展需求的新的教育理念，即个性化教育这种新的教育理念。

个性潜能是一个人宝贵的力量源泉，在此基础上可以进一步实现自我价值。大学生创新创业就是为了自我价值的实现，个性特长往往是激发个人潜能的有效手段。个性化教育的重点就在于承认差异、发展个性、发挥自我潜能，而创新创业能力正是个体运用自身特点和已知信息，突破常规，发现新颖独特的新思想、新事物，并将其转化为个人和社会价值的能力。

个性化教育是着眼于充分发挥每个人的个体性的教育，针对人的个性差异实现人的全面发展，体现人的主体性，激发人的创新性，完善人的独特性，是一种以人为本的教育方法，可以说是真正为实现素质教育而进行的教育方式。个性化教育就是摆脱轻视、忽视甚至漠视个性及其发展的旧观念，形成认同、尊重和关注人的个性及其发展的新观念。

个性化教育是当代大学生发展创新思维和实践创新能力的基础。创业的本质是针对每一个个体，创业教育是针对性很强的个性化教育。所以，创业教育的本质决定了创业教育离不开个性化教育。创业教育的实质，就在于帮助学生在无数的生活道路中，找到一条最能鲜明地发挥其个人创造性和个性才能的道路。

个性化教育对于提升大学生的创业能力具有显著的促进作用。个性化教育促进了个体主体意识的形成，还能激发大学生对创新创业产生积极主动的兴趣，而且能不断地强化主体意识，在清晰的自我认知下明确自己追求的理想，乐观而主动地发挥能动性与创造性。个性化教育保证了人的全面发展，对于培养独立的人格和良好的品质是良好的选择。在正确的引导下，人的思想观念更加正向积极,意志坚强而有责任感,这些正是创新创业所需要的基本素质。

由于学生个体存在差异,对于知识的吸收和理解都不会完全一样,传统课堂上教师无法照顾到每个学生的个体差异,压制了创造潜力和自主学习能力。个性化教育强调通过以个体为出发点的方式激发学生的学习兴趣,有助于培养学生的创新思维。个性化教育打破了传统的灌输式教育,颠覆了课堂的主客体关系。

个性化教育有助于学生在自主学习中提高创新创业能力。个性化教育本质上就是激发学生的潜能,保护个体的个性健康全面发展,个性化教育以学生个体性为根本,有尊重学生个性、因材施教、促进自主学习的特点。通过个性化教学指导,教学理念可以更好地融入教学实践,通过教师有针对性的对应指导,学生可以选择适合自己个性和思维方式的内容学习,还可以和教师建立良好的沟通关系。个性化教育对于培养学生独立思考、创新思维的能力十分有利,而且能培养分析和解决实际问题的能力。

(三)在职业实践中提升创业能力

1. 重视创业实践平台的建设

由于创业具有鲜明的实践性,因此创业能力应该在实践中去培养和提升,使学生在真实的创业实践活动中体验真实的感受。高校创业实践教育主要依托各种类型的创业实践平台展开。目前,部分高校的创业实践平台比较单一,高校应该利用好现成的实践平台,并注重开辟新的实践平台,例如大学生孵化基地、科技创意园、创业实践教育基地、创新创业示范基地等。高校应该鼓励有创业意愿的大学生去对口的创业基地学习参观,并为学生创造条件,让其参与到一些具体的工作之中,在职业锻炼中培养创业能力,既符合个人发展愿望,又满足了能力培养的需要。强化创业意识,确立创业信念,激发创业热情。

创业实践平台还为学生创业能力的表现和发挥提供时间和空间相统一的社会平台,成为大学生创业能力外显、创业能力行为化的中介和媒体。对于大学生来说,拥有一项熟练的技能对其就业来说十分重要,当前各个行业的市场竞争十分激烈,许多企业没有足够的时间与精力去从头开始培养人才,因此,熟练掌握具体的实践技能对于大学生走向社会将会非常有利。

2. 开发其他创业实践模式

创业实践模式有很多,比如假期实习模式,在实习期间进行创业实践训练；兼职型创业实践模式，在节假日、假期参加各种兼职，推销产品、发放传单、培训班、承担小项目等。但目前的实践活动不够逼真，参与环节有限，而且学生参与的深度不够，与自己的创业愿望差距很大，不能满足创业实践的多元化需要，需要通过多种途径提高大学生创业实践能力、创新能力、策划能力、组织协调能力和领导能力。

学生创业实践平台的搭建对创业实践活动的开展起着更为关键的作用，理论不等同于实践，理论知识的积累并不能取代实际操作能力的培养。这就要求高校应该加强同企业、政府等相关单位的密切合作，建立起完善的实践基地、实习基地和创业园，为大学生创业实践提供平台和保障。高校应经常组织学生到实习基地以工代学、在岗实习，以达到实践的目的，通过自身的体验去消化、巩固课堂教学中已掌握的创业理论知识，在实践中不断提高分析问题、解决问题的能力，积累从事创业活动所需的创业知识、创业技能和创业经验，增强大学生对职业生涯规划的执行能力，促进创业目标的顺利实现。

（四）构建创业服务体系

培养和提升新时代大学生的创业能力，还需要高校与企业、政府充分合作，构建相对完善的创业服务体系。只有拥有了相对完善的创业服务体系，才能使大学生的创业能力有用武之地，才能鼓励有创业意愿的大学生更加主动地去提升自身的创业能力。

高校构建创业服务体系主要包括以下内容。

第一，延伸高校创业服务范围。大学生创业工作开始于高校，其发展也离不开高校的支持，发挥高校的智力优势、帮助创业者发展壮大是高校发展的一条必由之路。搭建项目对接平台，为有创业项目的学生提供与行业和社会的对接，帮助学生优化创业路径，避免创业项目夭折在创业之路上。帮助学生寻找投资人，加快项目转化，同时帮助学生融资创业起步时期的必要资金支持。

第二，设立创业基金。创业基金的设立是由高校和政府共同发起的，联合校友、企业家共同出资建立创业发展基金，满足学生创业起步的资金需求。在很多创业者的创业初期，即使少量的资金也能对其发挥很大的作用，因此创业基金可以助推创业者起跑更快。

第三，高校与政府、社会、企业充分合作，举办创业大赛、创新创意大赛。类型丰富的创业大赛是创业者良好的创新创业平台，可以极大地推动创新活动快速发展，举办校内的创业大赛是推动学生创业的方向标，创业大赛要求大学生能够把从书本上学习到的各种专业知识与社会实践相结合，充分发掘其潜能。此外，创业大赛还有利于丰富校园的创新创业活动，鼓励大学生在校学习阶段参与实践、接触社会，以助于毕业后更好地适应社会，成为社会需要的人才。同时，创业大赛也可以为企业长期的生存与发展培养应用型人才，为企业创造更大的经济效益与社会价值。创业大赛可以从创业知识、创业能力和创业心理品质等多方面推进大学生创业意向的形成，通过强烈的创业意向促使大学生主动实施创业行为，提高大学生对于创业活动的注意力和持久力。

四、锻炼大学生的创业心理品质

培养和提升新时代大学生创业素质，还要注重锻炼大学生的创业心理品质。随着创业教育对象的不断变化，创业精神与创业心理品质的培养方法也需要不断地创新。创业作为社会实践的一种形式，总是在一定的社会背景和群体氛围下进行的。以大学生喜闻乐见的思想政治教育为载体，能够激发大学生创业学习的积极性，提高教育效果和水平。大学生创业心理品质的训练方法主要有以下几种。

（一）灵活运用激励的方法

激励的目的在于激发人们正确的行为动机，充分调动人们的积极性，提升人们的主动性，使人们能够创造尽量多的价值。在大学生创业素质培养中，主要的激励方法有以下几种。

1. 榜样激励法

榜样激励法又被称为典型示范法，指通过创业先进典型示范，激励大学生提升自己的知识水平和实践能力，向榜样学习，寻找创业的机会和空间。榜样激励法是最常见的激励方法之一，因为榜样是通过奋斗取得成功的现实案例，他们与学生之间的距离感较小，可以为学生带来十分明显的鼓舞、教育和鞭策作用。

2. 情感激励法

情感激励法主要是培养激励对象的积极情感。采用情感激励，满足大学生的情感需要，使其认识到创业的重要意义、创业者的价值体现，以及社会对创业者的尊重和认同。教育大学生努力克服各种不良心态，通过科学的创业教育和教学实践活动来培养大学生优良的创业个性。

3. 奖惩激励法

奖惩激励法是一种实用性非常强的激励方法，指的是采用奖励或者惩罚的方法，对人们的一些行为予以肯定或者否定，从而激发人们的内在动力。在大学生创业素质的培养中，可以采用奖励手段起到对大学生创业者的正面引导作用，树立创业者光荣的舆论氛围，营造支持创新、鼓励创业的教育环境，鼓励大学生积极参加社会实践，在改造客观世界的同时，改造自己的主观世界，提高对社会的认识和把握，将创业理论和创业知识在社会实践中得到检验和升华。

（二）充分发挥不同类型思想教育载体的作用

锻炼大学生的创业心理品质，还需要积极利用不同类型的思想教育载体，培养大学生的创业精神。思想教育的载体有很多，包括文化、物质、网络等。

1. 文化载体

文化载体的类型有很多，包括校园文化、班级文化、寝室文化等。高校可以充分运用这些不同形式的载体，以不同的范围和形式，宣扬创业的理念、趋势、效果、意义，使学生沐浴在创新创业的良好氛围之中，潜移默化地培养学生的创业心理品质。

2. 物质载体

以创业活动等为载体，举办创业大赛、创立创业孵化基地等，使大学生在风险较小的环境下进行创业实践，既锻炼了创业技能，也有效地规避了一定的创业风险，保护了大学生的创业积极性，还起到了培养和提升大学生创业心理品质的作用。

以课堂为载体，在创业教育的过程中，积极引入思想政治教育的方法和手段，有助于丰富和拓宽大学生思想政治教育的内容和领域，进一步提高大学生思想政治教育工作的实效性。

3. 网络载体

对于当代大学生而言，网络是他们直接的信息源和交流平台，开办有特色、有针对性的网络创业教育平台，会给大学生的创业教育带来新的生机和活力。

（三）提供专门的咨询辅导

咨询辅导对于培养和提升大学生创业心理品质来说同样也是必不可少的。创业对于很多大学生来说是一个相对陌生的领域，大学生缺乏创业的基本知识与实践经验，因此，大学生很容易在创业学习与实践的过程中陷入迷茫。这就需要高校为大学生提供必要的创业咨询辅导、丰富的创业信息与创业技巧，使学生对创业能够有更加深入的了解。

高校可以提供专门的咨询辅导，配备专业人员对大学生在创业过程中遇到的政策、业务、技术、心理等方面的问题进行有针对性的咨询、释疑、解惑，为大学生创业构建支持系统。同时，高校还可以通过与政府、企业开展深入的合作，为学生提供更多的创业资源与渠道，为大学生的创业实践提供强大的支持。

第五章 大学生创业环境与政策分析

第一节 大学生创业环境分析

一、创业环境概述

(一) 创业环境的内涵

在研究创业环境的内涵时,我们要先明确环境的概念。环境指的是主体周围的地方,或是主体所处的情况或者条件,一般指围绕人类生存和发展的各种外部条件和要素的总体,既包括大气、水文、土壤、动植物等自然因素,也包括政策、制度、行为准则等社会因素。

我们如果选择从创业环境的具体内容考察创业环境的内涵,那么创业环境是包括政府政策、政府项目、金融支持、商业环境、教育与培训、研究与开发转移、基础设施、市场开放程度、文化与社会规范等九大方面的集合体。

从创业环境的结构来分析创业环境的内涵,那么创业环境的内涵可以表示为一个五维模型,包括政府的政策、资金与非资金支持、经济条件、工作程序,以及具体的创业和管理技能。创业环境对于创业的各个环节都十分重要的影响,创业环境有宏观与微观两个层面,宏观环境指的是影响创业活动的国家和社会层面的制度、政策、社会文化环境等;微观层面的创业环境指的是创业者在创业过程中获得的支持与帮助的难易程度。

从创业整个的系统来考察创业环境的内涵,创业环境包括技术条件、人力资源、金融条件、市场准入、社会关系网,以及情境因素等六个方面,而且这六个方面之间相互影响、相互促进,共同构成一个完整的创业环境整体。

从社会环境的一般概念来考察创业环境的内涵，创业环境可以划分为两大方面，其一是一般环境，其二是创业环境。一般环境涵盖的范围比较广泛，包括政治、经济、文化，以及科技水平等；创业环境指的是具体的与创业相关的微观环境，比如具体的政策、融资环境、经营环境等。[1]

从环境的概念出发来考察创业环境的内涵，并综合以上不同类型的观点，笔者认为创业环境指的是创业者在创业实践中所涉及的政治、经济、文化、技术等所有宏观与微观的环境的总称。

（二）大学生创业环境的内涵

大学生创业环境是将创业主体限定在大学生这一群体中，对创业环境的内涵进行分析。关于大学生创业环境的内涵与构成，主要包含以下内容。

第一，大学生创业环境有大环境与小环境之分，大环境指的是家庭、学校及社会环境；小环境指的是创业实践所依赖的设备、场所，以及工具等因素。

第二，大学生创业环境包括硬环境与软环境两个方面，硬环境是指与创业实践相关的一系列有形资源与支持条件，包括创业基金、创业技术条件、创业实践基地、创业实验室等；软环境则涉及与创业实践相关的一系列无形的资源与支持条件，包括制度支持、创业政策、创业教育、商务环境与创业人文环境等。

第三，从心理学的角度来考察大学生创业环境，大学生创业环境指的是大学生创业者对于"社会宏观环境是否对创业活动有利"的感知程度。这种观点将大学生的创业环境分为三个维度，分别是政府的相关创业政策、学校的创业教育，以及家庭环境。

从不同的角度入手来考察大学生创业环境，虽然得到的结论各有侧重，但是各结论之间具有一定的共性，即大学生创业环境是创业环境在大学生创业实践中的具体表现，主要由两方面构成：其一是影响创业者的创业选择、创业能力，进而影响创业的成功与否；二是影响创业过程中诸要素的相互组合。

（三）高校创业环境的内涵

高校创业环境是大学生创业环境的一部分，是大学生创业环境中的高校因素，高校是大学生学习、生活的主要场所，高校创业环境对于大学生创业意愿的形成、创业思维的培养，以及创业能力的提升具有重要的影响。高校创业环

---

[1] 王艳红，赵丽丽.大学生创业环境与政策研究[M].石家庄：河北人民出版社，2014：16-18.

境主要表现为创业教育水平。

高校创业环境能够为创业者提供创业初期的知识、技术培训或者专业培训的环境。高校可以通过多种方式展开创业环境教育，为学生创业提供支持，包括开设创业相关课程、提供创业实践机会、提供创业活动的相关支持等。

二、创业环境对大学生创业的影响

（一）创业环境对大学生创业意向的影响

1. 政府政策对大学生创业意向的影响

政府政策对于大学生创业意向的影响主要体现在政府对于创新企业的扶持力度、对于创业行为的支持与提倡，以及一系列创业激励与扶持政策上。在创业领域，积极的政府政策能够有效降低大学生的创业成本，增强大学生创业的可行性，为大学生创业提供各方面的支持，简化大学生的创业程序，减少大学生创业的风险，使大学生愿意创业，有能力去创业。反之，消极的政府政策则会加大学生的创业难度，打击大学生对于创业的积极性，即便有创业意向的大学生，也会因为复杂的程序与较少的支持而对创业望而生畏。因此，政府政策因素对于大学生创业意向具有显著的影响。

2. 金融支持对大学生创业意向的影响

大学生创业意向的强弱与其所具备的创业条件密不可分，而创业最基本的条件之一就是有足够的资金保障。对于缺少资金储备的大学生来说，创业资金的主要来源就是金融支持，金融支持主要包括政府拨款、银行贷款与风险投资。大部分的大学生创业者都面临着资金不足的情况，家庭与朋友的支持也比较有限。因此，如果外部环境无法向大学生提供足够的资金支持，那么将会在很大程度上影响大学生的创业意向。

3. 教育与培训对大学生创业意向的影响

教育与培训主要包括两方面的内容，分别是传统教育以及创新创业教育。从大学生创业的角度来观察，传统教育体系的主要作用是丰富大学生的知识，提高大学生的技能水平，提升大学生的综合素养，传统教育体系深刻影响着大学生的创业方向。创新创业教育则注重对学生创新创业思维与技能的培养，帮助大学生以科学的方法开展创业实践。因此，教育与培训可以决定大学生的知识与技能结构，并对大学生创业意向产生直接影响。

4. 商务环境对大学生创业意向的影响

商务环境主要是指创业者所处环境中法律、会计、商业策划、管理咨询等商业服务的数量、质量、成本等。创业行为是在特定的商务环境中进行的,大学生在创业过程中也许能够掌握核心技术,但是往往缺乏商业经验,创业过程中的许多环节,比如资金的筹集、人才的招募、创业计划,以及制度规范的制定等,大都需要外部商业环境中的专业服务机构的帮助。如果能优化大学生获得专业服务的路径与质量,那么将会提升大学生的创业意向。

5. 有形基础设施对大学生创业意向的影响

有形基础设施包括创业可利用的所有有形资源,例如通信设施、互联网、交通设施、土地、办公场所等;也包括创业企业成长和发展所需的原材料和自然资源,如木材、能源、土壤条件、气候条件等自然资源和条件。有形基础设施环境既包括这些资源的数量与质量,也包括资源获得的难易程度。

有形基础设施包括大学生创业的一系列硬性资源与条件,这些硬性条件是大学生创业所必需的,如果大学生能够相对便利和低成本地获取这些有形基础设施,那么其创业意向也会随之提升。

6. 社会文化因素对大学生创业意向的影响

社会文化因素对于大学生创业意向的影响十分重要,崇尚创新、支持创业、包容开放的社会文化环境能够显著提升大学生的创业意向;反之,在因循守旧、封闭传统的社会文化环境中,人们对于创业多持不看好甚至反对的态度,在这种环境下,大学生的创业意向很难形成。

(二)创业环境对大学生创业机会的影响

1. 创业机会概述

创业机会指的是通过对于资源的创造性整合,来满足市场与社会发展需求、创造价值的一种可能性。创业机会是创业实践开展的前提,创业活动的开展就是建立在创业者对于创业机会准确把握的基础之上的。

2. 创业机会的特性

创业机会具有显著的特性,主要有以下几种。

(1)创业机会具有隐蔽性。创业机会是一种无形的事物,总是隐藏在某种社会现象的背后,不易被人察觉。也正是因为创业机会的隐蔽性,使得创业者能够识别与把握创业机会的行为更显得弥足珍贵,创业者也能把握住创业机会创造价值并获得回报。

（2）创业机会具有偶然性。创业机会的出现在很多时候是偶然的，刻意寻找并不一定能找到创业机会，而当创业者"踏破铁鞋无觅处"时，创业机会往往会"得来全不费工夫"般偶然出现。当然，创业机会偶然性的背后也隐藏着一定的必然因素，创业者如果没有足够的知识与技能的积累，即便创业机会出现，也很难抓住。

（3）创业机会具有时代性。创业具有鲜明的实践性，这种实践性不仅体现在创业是一种实实在在的实践活动，还体现在创业的内容具有鲜明的时代性，创业的内容体现着实践发展的趋势或者市场的主流，因此，创业机会同样体现着时代发展的特征。

（4）创业机会是稍纵即逝的。易逝性是创业机会的显著特性，虽然创业机会可能时刻存在于人们的身边，但同样的创业机会倘若未及时抓住，很可能就会被他人捷足先登，尤其是在当今市场竞争十分激烈的情况下，创业机会的易逝性变得更为明显。

3. 创业环境对于大学生创业机会的影响

（1）政策环境对于大学生创业机会的影响。政策环境对于大学生创业机会的影响十分显著，尤其是政府政策的影响。良好的政策环境有利于形成良好的市场秩序，有利于创业机会的形成。例如，当政府政策放宽对进入某一行业的限制，这个行业中的创业机会就会得以增加。

（2）经济环境对于大学生创业机会的影响。经济环境包括经济制度、经济发展水平、市场开放程度、金融支持等。发展良好的经济环境能够充分激发市场的活力，丰富产业的类型，给创业者带来更多的创业机会。

（3）创业教育对于大学生创业机会的影响。前边提到，创业机会的识别与把握需要创业者具有足够的知识储备与技能基础，只有这样才能保证在创业机会来临时，创业者能够将其把握住。高校积极开展创业教育，还能帮助大学生提升创业意识与创业能力，这样大学生才能够更好地去主动发现创业机会。

（三）创业环境对大学生创业能力的影响

1. 政策因素对大学生创业能力的影响

政府政策对于大学生创业能力的培养和提升具有十分重要的影响。政府的创业政策对于大学生创业发挥着主导性作用，政府关于大学生自主创业的一系列激励政策能够提升大学生的创业信心，并为大学生进行自主创业提供更多的创业培训机会，能使大学生更加容易地获取直接的创业经验，对于大学生创业素质的提升大有裨益。

比如，政府推出政策鼓励大学生进行创业，可以强化高校的毕业生创业指导服务，为大学生提供创业政策咨询、创业指导等服务，鼓励并帮助大学生参加创业技能培训。政府还会与学校充分合作，大力推进创业孵化基地与创业实践基地的建设，为大学生创业能力的提升提供必要支持。

2. 金融支持对大学生创业能力的影响

金融支持指的是创业过程中创业者得到的资金支持与金融服务的情况。资金是创业的重要基础，特别是对于普遍缺乏创业资本的大学生来说，金融支持在其创业实践中尤为重要。

创业一般需要大量的启动资金，同时创业也存在一定的风险。因此，创业者需要有充足的创业资金为保障。具体到大学生创业来说，大学生刚刚迈入社会，缺乏资金积累，远不能满足企业创立以及后续发展的需要，这时候就需要通过相关的融资服务来解决资金困境，而良好的金融环境则能够提升大学生创业者解决资金问题的能力。

3. 教育与培训对于大学生创业能力的影响

教育与培训对于大学生创业能力的影响是较为直接的，教育与培训包括创业相关的知识教学与技能培训，执行教育与培训的主体可以是学校，也可以是社会机构。教育与培训能够直接提升学生的创业素质，既着眼于大学生的创造性和创新能力的培养以及综合品质、素质的形成，也关注对学生具体创业能力的传授。良好的教育与培训环境能够为潜在创业者创业素质与创业能力的形成和提升提供良好的条件。

4. 社会文化环境对于大学生创业能力的影响

社会文化环境对于大学生创业能力的形成与发展同样具有重要的影响。社会性是人类重要的本质特性之一，人类个体的行为会受到社会文化环境的影响。社会文化环境是否鼓励个体进行创业、社会对于创业的一般态度、社会对于个体职业生涯选择的价值判断、社会对待风险的态度等都会影响到大学生创业行为。在相对开放、强调独立、鼓励冒险、宽容失败的社会文化环境中，大学生更容易形成优秀的创业素质与能力。反之，在相对保守、追求稳定、抑制个性、墨守成规的社会文化环境中，大学生很难形成良好的创业品质，创业能力更是无从获得。

(四)创业环境对大学生创业过程的影响

创业的整个过程,包括撰写创业计划书、整合创业所需资源、新企业的创建,以及管理新创企业等,都受创业环境的整体形势及创业环境各个方面的影响。

1. 政策环境对于大学生创业过程的影响

政策环境对于大学生创业的整个过程都具有显著的影响,无论是创业计划的制订,还是创业资源的整合以及企业的管理,都应该以政府的相关政策为参考。企业的创立和运行应该符合政府的政策指向,符合社会的整体发展方向。

2. 经济环境对于大学生创业过程的影响

无论是创业还是企业的运行,都是在特定的经济环境中进行的,而且特定的金融支持也是企业运行和发展必不可少的因素。因此,无论是社会整体的经济发展水平,还是对企业启动与维持的资金支持,都离不开良好的经济环境。

3. 创业教育对于大学生创业过程的影响

创业过程是一个复杂的过程,创业者需要制订规范、可行、有吸引力的创业计划,制订过程对大学生创业者来说是一个考验,因为这需要很多专业的创业技能、技巧、创新思维等。大学生对于创业过程的具体步骤、流程,以及各个环节的具体操作相对比较陌生,因此高校创业教育与开展的创业相关培训对于大学生来说是十分必要的,创业教育与培训能够提升大学生的综合能力,让大学生对于创业过程有一个清晰的了解,并且能够掌握具体创业环节的操作方法,使大学生在创业实践中能够游刃有余,成功创办企业并能进行有效的管理与经营。

4. 有形基础设施对于大学生创业过程的影响

大学生创业过程中离不开基础设施的支持,包括企业日常经营所需的办公与生产用地、网络、通信系统、交通运输设施等。这些都是企业能够正常运转的基础条件,如果创业实践所处的环境中有形基础设施不健全,将会在很大程度上影响新创企业的日常经营与生产活动,那么即便创业者具有良好的创业素质,也很难开展良好的创业实践。[①]

---

① 王艳红,赵丽丽. 大学生创业环境与政策研究[M]. 石家庄:河北人民出版社,2014:66-68.

第二节 大学生创业政策研究

一、大学生创业支持政策的内容

（一）加强高校创业教育

政府出台相关政策支持大学生进行创业，首先就需要让大学生有条件接受足够的创业教育，因为创业实践的开展是建立在拥有足够的创业知识的基础之上的。政府十分重视创业教育相关政策的制定与落实，比如由教育部牵头成立的高校创业教育指导委员会，再比如许多地方政府建议、鼓励高校建立由校领导牵头，由相关部门以及有关院系参加的创业指导教育协调机构，将创业内容融入日常的课程教学之中。

（二）推进建设高校学生创业实践及孵化基地

高校学生创业实践及孵化基地的建设一般是由政府、高校，以及不同类型的社会力量合作开展的，各地区主管部门应积极协调当地有关部门，充分利用产业科技园、经济技术开发区、高新技术开发区以及大学科技园等资源，出台一系列扶持大学生创业的政策。

政府与高校积极整合创业教育资源，依托大学科技园等综合性科技服务平台，建立创业实践基地以及孵化基地，为大学生配备专业的导师队伍，提供专业的创业知识与技能培训，为大学生创业教育与培训提供资金和场地等资源的支持。

（三）加强对高校毕业生自主创业的政策扶持力度

1. 鼓励高校毕业生自主创业

政府政策对于大学生的创业意向具有非常重要的影响，政府应该简化高校毕业生创业审批手续，对于高校毕业生自主创业行为给予大力支持，减免高校毕业生创业登记费与管理费等各项行政事业性收费。有条件的地区还可以由地方政府确定，通过现有的渠道，或者科学开辟新的渠道，为大学生创业提供小额贷款与担保。

2. 积极组织面向高校毕业生的创业培训

积极组织面向高校毕业生的创业培训，并与就业指导、咨询服务、后续扶持有机结合起来。充分利用各级劳动保障部门远程创业培训网络和创业培训项目,搜集一批创业信息,集中开发一批适合高校毕业生的创业项目库,为高校毕业生创业提供帮助。

3. 优先安排创业场地

创业场地是创业实践开展的重要基础设施,同时,创业场地也需要一笔巨大的资金投入,这对于刚迈出校门的有创业意向的高校毕业生来说无疑是一种负担。政府可以按照相关法律法规规定的条件、程序和合同约定,为创业者尤其是高校毕业生安排创业场地,或者放宽创业场地的相关限制,满足创业者基本的创业需求,在优先保障创业场地的前提下,注重搞好基础设施与相关配套建设。

4. 落实具体资金优惠政策

(1)注册登记方面的优惠政策。注册登记方面的优惠政策主要由两方面构成:一是简化创业登记程序,各级工商部门为高校毕业生设置"优先登记注册"窗口,简化高校毕业生办理营业执照所需要的材料;二是对高校毕业生创业中各类注册登记费用与工商管理费用进行减免。

(2)融资、贷款方面的优惠政策。关于大学生创业融资贷款方面的优惠政策,主要有以下三个方面:第一,大力支持大学生创业贷款,针对高校毕业生制定专门的贷款政策,对于信用良好、还款有保障的大学生创业者,可以增加信用贷款的发放;第二,简化大学生创业贷款的相关手续;第三,通过优惠政策,降低大学生创业贷款的利率。

(3)国家税费减免方面的优惠。税费减免是最为常见的创业政策扶持措施,政府制定相关优惠政策,给予符合条件的企业相关税费减免。比如,针对不同行业的大学生新创企业,可以免征第一年的企业所得税,之后按照具体情况减免企业所得税。

二、我国大学生创业支持政策体系构架分析

我国大学生创业支持政策体系构架包括融资政策、开业政策、税收政策,以及创业培训与高校创业教育政策。

(一)融资政策

资金投入是大学生创业的必要条件,大学生创业之初不可避免地会遇到资

金短缺的问题，这就需要政府出台相关政策，为大学生创业资金的获取提供帮助与支持。近年来，随着"大众创业、万众创新"理念不断深入人心，创新创业实践发展迅速，国家对于大学生创业实践十分重视，各地政府先后出台多项政策，以资金引导、贷款扶持的方式，鼓励和支持大学生创业。比如，通过政策引导，使更多的资金流向创业企业，为天使投资和创业投资提供政策支持，鼓励投资者与银行帮助大学生创业企业融资，提高创业担保贷款的最高贷款额度等，多种创业支持政策在解决大学生创业资金不足、融资困难的问题上发挥了十分积极的作用。

（二）开业政策

开业政策关注的是大学生创业活动的开端问题，指的是大学生取得某种企业法人资格或经营资格的政策。市场准入门槛对于大学生创业来说无疑是一种挑战，大学生具备创业所需的知识与技能，但是缺乏相关生产经营经验，早期创业条件也有所欠缺。因此，如果创业时面对较高的市场准入门槛，很多大学生就会很容易望而却步。

国家推行一系列政策，降低市场准入门槛，并禁止任何部门、单位与个人干预创业企业的正常经营。我国于2015年推行"三证合一"制度，即推行工商营业执照、组织机构代码证、税务登记证三证合一，并规定注册企业场所可以"一址多照"，同时为大学生创业开放"绿色通道"。这一系列政策都是为了放宽新注册企业登记的限制条件，简化创业相关的办事程序，使大学生创业更为便捷、高效。

（三）税收政策

税收是重要的调控手段，也是大学生创业初期的负担之一，国家对此十分重视，采取了一系列税收优惠政策支持大学生创业。

大学生是创业者之中的特殊群体。大学生自身的资金储备不足，在创业过程中会遇到诸多的阻碍和困难，这些坎坷主要是由融资难与经验不足带来的。要解决大学生创业融资难的问题，除了在创业初期降低大学生创业准入门槛，提供低息贷款外，在企业经营的过程中，各地政府还在税收方面为大学生创业者提供了更多的优惠，依据不同情况分别采取差别税率或税务减免等政策。

（四）创业培训与高校创业教育政策

对于刚走出校门进入社会的高校毕业生创业者来说，他们普遍缺乏创业经验,对于创业的具体环节和操作方法也不甚明了,这对于大学生创业者来说无疑是一种天然的劣势。我国鼓励大学生创业,特别是近年来,随着国家及地方政府对创新创业的高度重视,高校创业教育与社会创业培训日渐兴起,国家出台一系列政策,鼓励高校开展创业教育,将创业知识融入日常的课程教学之中。

各地政府出台相关政策,明确高校是实施创业教育的主阵地,并要求高校从完善人才培养质量标准、创新人才培养体制机制、改进创业指导服务、健全课程体系、强化创新创业实践等方面采取措施帮助大学生提升创新创业技能,顺利开展创业实践。①

第三节 大学生创新创业激励机制

一、激励机制概述

(一)激励的定义

激励指的是激发与鼓励,来源于心理学。心理学家认为激励属于人类心态的一种,认为激励是从人们的心理层面不断激发他们动机的过程,人类的所有动作都是由一些激励动机引起的,起到使人们促进和加强的激励作用。

从管理的视角来观察激励,它指的是管理者采取某种有目的、有计划的措施,激发、鼓励工作人员有效实现组织目标的活动过程。激励是管理过程中不可或缺的环节和活动,激励能够帮助激发人的潜力,调动人的能动性,使人能够得到创造性的发展。

(二)激励机制的内涵

激励机制是在组织系统中,激励主体系统运用多种激励手段并使之规范化和相对固定化,而与激励客体相互作用、相互制约的结构、方式、关系及演变规律的总和。

激励机制是用一系列客观理性的制度来反映激励的主体与激励事物相互发生作用的方法。激励机制一旦形成,它会作用于系统本身的内部组织,使组

---

① 杨彦栋,高广胜,王亚丽.创新创业基础教程[M].长春:吉林人民出版社,2019:27-29.

织在特定状态下运行,并进一步影响其发展。激励有两个功能,促进性和削弱性。激励促进作用是指通过一定的奖励使员工被激励的行为被反复强化,不断加强。我们称这样的奖励是好的激励机制。削弱性指的是激励机制的不合理导致员工无法被认同,对员工的工作积极性造成一定打击。

激励机制有自己的运行模式,也就是激励的过程,大致有以下几个步骤:第一,双向沟通,可以使管理者了解被激励者的个人需求、职业规划等,并说明组织的行动目标等;第二,各自行动,管理者根据个人的专长提出要求、布置任务,而被管理者以相应的方式开始行动;第三,评估阶段,在某个阶段,定期对被管理者进行评估;第四,奖励,对于出色的人,需要发放奖励奖赏。

二、大学生创新创业激励机制的发展策略

(一) 外部激励与内部激励相结合

激励分为外部激励与内部激励。外部激励指的是人的外部需求给人们带来的谋求发展的动力,这些外部需求包括金钱、地位、物质享受等;内部激励指的是人的内部需求给人们带来的谋求发展的动力,内部需求一般是对一些高层次的需要的满足,比如自我价值的实现、个人荣誉、社会责任等。良好的大学生创业激励机制需要将内部激励与外部激励充分结合,才能达到最佳效果。

1. 大量开设指导大学生创新创业的课程

在外部激励方面,每个院系要开设专门的创新创业课程,针对不同专业、不同类型的大学生,要做到以学生为本,因材施教。当前,我国部分高校往往以普通公共课的形式开展创业教育,不论面对什么专业的学生,教学内容往往都是相同的,这就容易造成大学生的创业领域与其所学专业关系不大,教育资源被严重浪费,不利于大学生开展创业实践。

大学生经过长时间的专业学习,应该学以致用,把自己学到的丰富的专业知识储备应用到现实中去,追求自己的理想,为自己所用。大学生如果选择创业,应该在自己擅长的领域,或自己的专业领域开展创业实践。因此,高校在开设课程时应该针对不同院系和专业,灵活开设必修课和选修课,教师在课堂上不仅要普及创业的意义、创业的准备、创业的方法与技巧等普遍性常识,还要结合相关案例进行教学,让学生将创业知识与自身所学专业充分结合在一起,学会如何在创业过程中运用自己的专业知识,学生在自己熟悉的专业领域创新

创业，成功率会更大。当然，在创业课堂中，关于企业的创建和管理内容应该进行重点讲解，通过此类知识的讲解，能够引起大学生浓厚的创业兴趣，丰富大学生的创业知识，培养大学生的创业精神，提升大学生们创新创业的自信心。

在内部激励方面，创业课程的内部激励作用主要体现在选修课上，大学生可以根据自己的兴趣选择适合自己的选修课程。内部激励是大学生对于自身人生价值和理想的追求，当大学生创业的兴趣不在自己的专业领域时，可以选修自己感兴趣的课程。选修课会教授不同领域的创业准备、创业素质、创业过程和创业方法等，这是在校外很难学到的知识，需要高校开发一些创业类教材，既要包括对创业者个人性格和素质的评估、开发和训练，还要包括策划、经营、经济、市场评估等创业方面必备的知识。适当提高这些选修课程的学分，可以激发大学生的学习动力。

2. 为大学生提供足够的创业实践机会

在高校教学中，理论教学占据相当大的比重，大学生普遍缺乏动手实践的机会。创业教育倘若仅仅停留在理论教学层面，不足以引发大学生的创业兴趣，也难以使创新创业的氛围充盈整个学校。

创业具有显著的实践性，创业人才培养还需要大学生实际动手操作才能掌握。兴趣需要在实践中慢慢产生，大学生的创业实操技巧、人际交往能力和心理素质都须在实践中得到锻炼和提升。大学生在实践的过程中不仅能提高自身的综合素质，还能增加创业的信心，进而更积极地继续参加创业实践，形成良性循环，体现了外部激励和内部激励的融合。

3. 给予大学生创业一定的物质奖励

政府与高校应该设立创新创业专项奖学金以及校企合作的奖学金和资金，对大学生在大学期间创新创业的实践成果给予一定的物质激励。资金不足是大学生创新创业的主要障碍之一，创业本身就需要有大量的资金作为基础，但是大学生一般无法在短时间内积累到足够的资金，作为大学生创业的奖励，创新创业专项奖学金以及校企合作的奖学金既能够提升大学生创业的积极性，还能为学生提供一定的创业资金积累。

4. 综合利用多种激励手段激发大学生创业积极性

高校可以充分运用赞赏和晋升等手段，激发大学生创业的积极性。在大学生组织学校活动时，可以让大学生自己做主，发挥新时代人才的聪明智慧和潜力，运用宽领域的创造性去开展创新创业活动，对于顺利和成功举办创业活动的大学生，院系、学校教师和领导应给予充分的支持和鼓励，提高他们对自我价值的认同，从而更加努力地举办创新创业活动。

（二）宏观激励与微观激励相结合

高校应该施行适当的措施，不断地创新激励机制，为激励大学生创业提供必要的资源，促进大学生创新实践的开展，给予大学生足够的支持，给从事创业的大学生足够的自信，消除他们的内心障碍。高校是个庞大的系统，只有将宏观激励与微观激励相结合，才能吸引大学生的创业注意力，激发他们的创业热情，才会有更多潜在的创新创业才能者被发掘。

1. 营造浓厚的创业氛围

在宏观上，良好的创新创业校园文化思想氛围是集中大学生注意力、使其产生创业意识的催化剂，是提升大学生创造力、创业成功率的助推器，是高校新式教育成功的基础。创新创业专注于把大学生被动择业转变为主动创业，应该将"强调个人的努力、机会平等"的思想与每个大学生的创业活动相联系，形成一个可以激励创业、包容失败的氛围。

2. 针对创新创业课程中有优异研究成果的大学生设立专门奖励

在微观上，高校应该重视具体创业教育环节的开展，针对在创新创业课程中有优异研究成果的大学生设立专门奖励，比如设立专门的创业学分，以鼓励大学生努力学习创业知识与技能。

（三）奖励与惩罚相结合

1. 给予在创业学习中表现良好的大学生相应的奖励

高校应该给予在创业学习中表现良好的大学生相应的奖励，或是以奖学金的方式给予鼓励，或是对在创新创业方面取得良好成果的大学生予以公开表扬和鼓励，给予大学生精神上的鼓励。

2. 处罚不完成创新创业任务和在创新创业活动中犯错误的大学生

发挥管理中的负强化效应，即通过对在创新创业活动中不积极完成任务、敷衍了事，或者犯了错误的大学生实施否定、限制、严肃的处罚，来扭转、改变错误行为的发生，从反面激发大学生主动进行创新创业。

第六章 当代高校创新创业教育发展策略

第一节 构建高校创新创业教育课程体系

一、构建高校创新创业教育课程体系的原则

(一) 信息化原则

当今时代是知识经济的时代,随着科技的进步,知识与信息的更新速度越来越快,传统的创新创业教育模式已经不能满足社会对创新创业人才的需求,也不能满足学生发展的需要。

新时代的创新创业教育,应该是学生对信息化社会具有充分的了解,同时掌握相对全面的信息知识。因此,高校在构建创新创业教育课程体系的时候,应该坚持信息化原则,根据学生的需求,将创新创业相关知识转化为对学生创业发展具有实际效用的创新创业信息,使创新创业教育能够满足学生的信息需求。同时,高校应该通过教学提升学生对创业信息的获取能力与分析能力,使学生能够运用创业信息来解决创业中遇到的困难。

(二) 综合性原则

创新创业教育具有较强的综合性,大学生创新创业涉及许多方面,因此,高校创新创业课程体系的构建应该遵循综合性原则,从整体角度出发,对创新创业的课程设置与课程内容进行统筹规划。

在高校创新创业课程体系的构建中坚持综合性原则,应该重视以下两方面的内容:一方面,高校应该重视在创新创业课程体系框架的构建上体现综合性原则,明确创新创业课程的理论课程、实践课程、活动课程与学生创业知识、

创业能力、综合素质之间的对应关系；另一方面，高校应该综合考虑创新创业的课程设置，将创新创业课程与学生的专业课程充分结合，在教学中体现创新创业的跨学科性。

（三）多样性原则

高校创新创业课程体系的构建还应该坚持多样性原则，不拘泥于传统的课程设置模式与教学方式，使创新创业课程门类的设置多样化。首先，学校可以采用必修课程与选修课程相结合、理论教学与实践训练相结合的方式设置创新创业课程。其次，学校可以将创新创业教育渗透进学生专业课程的教学之中，开设针对相关专业的创新创业课程。最后，学校还可以举办相关创新创业实践活动、创新创业竞赛、创业项目研究等活动，通过多种多样的人才培养方式，提升学生的创业能力。

（四）个性化原则

个性化教学也是当前高校重要的教学方式之一，个性化原则也是现代教育理念中非常重要的原则之一，个性化原则要求在教育的过程中，尊重学生的个性，因材施教，为国家和地方的经济建设和社会发展培养多层次、多方向的具有鲜明个性、创新精神，以及实践能力的复合型高素质专业人才。在新时代创新创业课程体系的构建中，个性化原则将关注的重点放在学生个体与教学过程上，课程是教学活动的主要构成要素，课程的构建要充分考虑学生个性的发挥，帮助学生获得更好的发展。

二、构建高校创新创业教育课程体系的指导思想

（一）以学生为本的教育理念

以学生为本是现代教育的重要理念之一，学生是教学活动的主体，高校人才培养的重要目标之一就是促进学生的全面发展。因此，在高校创新创业课程体系的构建过程中，无论是理论知识教学，还是实践技能培养，最终落脚点都应该是促进学生的发展；无论是课程体系的构建，还是教育模式的选择，都应坚持以学生为本的教育理念。

在创新创业人才培养的过程中贯彻以学生为本的教学理念，需要在课程体系构建的过程中明确学生的主体地位，课程的设置要以提升学生的创新思维、创新创业能力，促进学生更好发展为目标。课程体系构建不能机械式地照搬他

人的经验，应该重视学生的特点和差异性，要做到使课程设置不仅符合行业发展的需求，同时还符合学生成长和发展的需求。

在课程体系的构建中做到以学生为本，需要从以下几方面着手。

1. 促进学生个性化发展

现代教育强调学生的个性化发展，发展学生的个性是教学的基本任务，是现代教育重要的理念，对于学生的成长和发展具有重要的意义。在课程体系构建中重视促进学生的个性化发展，是促进学生全面发展的需要，也是以学生为本实施教育的基本要求。

创新是引领发展的第一动力，成功的创新创业实践离不开创新型人才，高校在课程体系的构建中重视学生个性的发展是培养创新型人才的需要。创新型人才需要具有创新意识、创新精神与创新能力，而这一系列创新素质的培养都要依赖学生个性的发展。个性的核心是创新，创新性蕴含于人的独立个性之中。因此，高校创新创业课程体系的构建不能因循守旧，要突出以人为本的理念，重视学生个性的发展。

2. 以学生为本设计课程教学目标

课程教学目标对教学活动具有重要的导向作用，高校要想在课程体系构建中贯彻以学生为本的理念，就必须以学生为本设计课程教学目标。这就要求教育工作者改变传统的教育观念，要使课程教学的目标充分体现以学生为本的理念，不仅需要将知识传授给学生，还要使学生能够扎实掌握知识、深入理解知识、灵活运用知识。

同时，课程教学目标的设计还要重视对学生思维能力的培养，不仅要使学生掌握具体的知识，还要培养和提升学生的思维能力，使学生能够在遇到问题时充分发挥主观能动性，充分调动自身所掌握的知识来解决问题。

3. 以学生为本构建课程评价体系

课程评价体系是指根据一定的标准和课程系统信息，以科学的方法检查课程的目标、编订和实施是否实现了教育目的、实现的程度如何的系统。以此来判定课程设计的效果，并据此做出改进课程的决策。

由于课程评价体系直接关系到课程的设置和调整，因此，其构建理念对人才的培养具有重要的影响。课程评价的对象范围较广，既包括课程本身，还包括课程实施与结果等要素。课程评价本身是一个价值判断的过程，以学生为本构建课程评价体系，可以将以学生为本的价值观贯彻课程体系的整个构建过程之中。

（二）混合学习理论

混合学习理论诞生于20世纪末，是一种倡导将新型教学方式应用于课堂之中的教学理论。虽然国内外学者对混合学习的定义有所不同，但对混合学习的基本内涵，学者之间的观点总体一致。具体来说，混合学习理论就是传统课堂学习与新媒体、信息技术、网络技术等现代技术之间的充分结合，是网络学习与传统课堂学习的相互结合和互补。

混合学习理论具有鲜明的时代性，是伴随着时代发展和一系列新教学技术的产生而诞生的教学理念。当今时代的混合教育理论，强调线上教学与线下教学相结合的教学模式。混合学习将传统学习与电子化学习的优势进行结合，既要充分体现学生作为学习主体的积极性、主动性与创造性，又要发挥教师在教学过程中引导、启发、监控的主导作用。

混合学习理论作为一种新型教学理论，具有与时俱进的特点，其内涵是伴随着技术的进步而不断丰富的，本质是在人才培养过程中重视各教学要素的融合。混合学习理论的侧重点在于教学方式的改革上，改善教学结构，创新教学方式，并以此为依据构建新型的课程体系，这是混合学习理论的主要任务。创新创业人才培养作为新时代人才培养的重要组成部分，在课程设置上需要体现时代特色，利用好混合学习理论。

（三）能力本位教育理念

能力本位教育（competency based education,CBE）指的是围绕具体工作岗位所要求的知识、技能与能力组织课程与教学体系。能力本位教育源于20世纪60年代北美地区的师范教育改革，1967年，能力本位教育被提出来，以取代传统的师范教育模式。

能力本位教育理念由于其本身就是从技术工人在培训过程中的总结衍生而来的，因此非常适用于职业教育，在其提出后不久，就被逐渐运用于职业教育与职业培训当中，并被广泛传播到世界各地。在当今时代，能力本位教育理念已经在世界范围内得到广泛的认同。能力本位教育理念强调对学生能力的培养，既包括专业知识体系的构建，也包括实践能力的培养，倡导在教学实践中使用灵活、多样的教学方式，不再将具体的学科知识和学历水平作为学生培养的核心，而是重视学生的实践训练和创新能力培养。

创新创业教育具有较强的实践性，无论是创新还是创业，其价值都是通过具体的实践活动体现出来的，因此，创新创业课程非常重视对学生实践能力的培养和提升。在高校创新创业课程体系的构建中贯彻能力本位教育理念，对促进大学生创新创业能力与综合素质的提升大有裨益。

三、构建高校创新创业教育课程体系的路径

（一）科学设置课程

在教育实践中，知识与技能教学是以课程的形式组织和安排的，课程设置直接反映着人才培养的内容，也在很大程度上影响着学生知识与能力结构的形成。因此，课程的设置是创新创业人才培养的关键环节。

大学生创新创业课程的设置，需要根据社会的发展、科技的进步，以及教育理念的更新不断调整和优化，使其符合社会发展对创新创业人才的需求。高校可以通过不同课程的课时安排来塑造学生的知识与技能结构，提升学生适应新环境与新科技的能力，进而培养和提升大学生的创新创业能力。

1. 明确课程目标

创新创业课程体系的构建要先明确课程教学的目标。高校创新创业课程设置应该以培养和提升学生的创新创业思维与能力为基本目标，以提升学生的综合素质、促进学生的全面发展为根本目标。

（1）培养学生的创新创业意识。高校应该重视大学生创新创业意识的培养，使学生具有创新创业基本的动力与素质。创新创业意识的本质是对创造性实践的倾向，以及对商业机会的敏感度。学生创新创业意识的培养需要科学的课程设置和教学实践，还需要加强学生的思维能力、信息搜集能力，以及信息分析能力，培养学生对信息，特别是新事物的敏感性。

（2）教授学生创新创业知识。知识传授是课程教学永远的主题，创新创业具有自身的专业知识体系，因此，在高校创新创业课程体系的设置中，应该将创新创业知识的传授作为主要的课程目标。大学生创业的特点是普遍具有较为丰富的专业知识与技能，但对创业相关的具体知识，比如创业环节、创业流程、经营管理等了解不够深入，而具体的创新技巧与方法也需要通过学习才能获得与掌握，高校需要通过创新创业课程教学，向学生传授经济学知识、具体创业知识、经营管理知识以及创新的技巧与方法等，不断完善学生的创新创业知识储备。

（3）提升学生的创新创业能力。学生创新创业素质的高低最终会体现在创新创业能力上，因此，高校创新创业课程设置的另一个重要目标就是通过教学提升学生的创新创业能力。创新创业能力主要体现在学生在创新创业实践中的创新实践能力、实操能力、管理能力、组织协调能力、合作能力与沟通交流能力等。

（4）培养和提升学生的创业心理品质。大学生的创业心理品质同样是大学生创新创业素质的重要组成部分，因此，培养和提升大学生的创业心理品质同样是高校创新创业课程体系设置的重要目标之一。高校应该通过创新创业课程教学，重点培养学生的自信心、责任心、冒险精神、独立意识等心理品质，形成健康的心理结构。

2. 优化课程内容

高校创新创业课程设置应该重视课程内容的优化，课程教学内容需要促进学生创新创业素质的全面提升。从创新创业课程设置的目标出发，创新创业课程体系应该包含创新创业意识类课程、创新创业知识类课程、创新创业能力类课程、创新创业心理类课程。

创新创业意识类课程应该重视对大学生创新创业意识的培养和提升，主要包括创新思维训练、创新精神培养、创业激发、创业管理入门、商业机会、创造性开发等课程。

创新创业知识类课程重视具体创新创业知识的教授，主要包含创新学、创业学、创业经济学、创业金融保险、创业人才学、创业管理学等课程。

创新创业能力类课程的教学重点是培养和提升大学生具体的创新创业能力，因此，创业能力类课程主要包括创业实务、创业市场调查、创业计划写作、信息搜索等实践性与应用性较强的课程。

创新创业心理课程着重培养大学生的创新创业心理品质，主要包括创业精神、创业心理学等课程。

在我国传统的创新创业人才培养中，高校往往将创新创业作为大学职业生涯规划课程的一部分进行教学，较少的课时以及对公共课程的重视力度不够，都导致了创新创业课程在培养大学生创新创业能力方面难以发挥实质性作用。

新时代社会建设需要大量的高素质创新创业人才，因此，高校应该重视创新人才培养，并将创业作为大学生发展的重要能力进行培养，对创新创业教育的重视最先体现在创新创业课程体系的设置上，科学设置创新创业课程体系，就需要增加创新创业课程的比重，优化创新创业课程结构，丰富创新创业课程内容。

3. 改进课程设置

高校构建科学的创新创业课程体系，除了明确课程目标，优化课程内容外，还应该重视改进课程设置，使创新创业教育符合创新创业人才培养的需求、学生发展的需求，以及教育的一般规律。创新创业课程设置可以采取选修课、必修课，以及学科渗透的方式进行，合理安排每个学期学生的创新创业课程数量与教学内容，按照学生的学习规律进行创新创业课程设置，改进创新创业课程设置主要从以下几方面入手。

首先，创新创业课程需要符合新时代社会发展对创新创业人才的需求，高校需要为社会发展培养高素质的人才，只有使大学生的知识与能力结构符合社会的需求，才能算得上是成功的教育。具体到创新创业人才的培养上来说，切实提升大学生的创新创业素质是高校创新创业课程设置的重中之重。

其次，高校创新创业课程设置应该符合学生的认知与发展规律，高校人才培养的最终目标是实现大学生的全面发展，提升学生的综合素质、促进学生更好就业、促进学生实现人生价值都是高校教育的重要任务。因此，创新创业课程设置应该符合学生的发展规律。同时，课程教学应该符合学生的认知规律，因为学生是教学活动的主体，是知识的接受者，课程的设置只有在符合学生认知规律的基础上，才能发挥更大的效用。比如，教学内容的安排应该循序渐进、由浅入深，各知识模块之间应该有明确的内在联系，知识覆盖应该全面，不能出现重大遗漏等。

最后，高校创新创业课程设置应该符合教育的一般规律，即做到间接经验与直接经验相统一、掌握知识与发展能力相统一、教师的主导与学生的主体相统一、知识传授与思想教育相统一。创新创业教育同样具备相对完整的知识体系，因此，高校应该重视其课程设置，按照教育的一般规律设置课程，保证学生的创新创业能力得到切实发展。

4. 科学设计教学进度

教学进度指的是在教学过程中，教育者依据教学大纲、教学计划、教材，以及学生的特点，确定的适宜教学活动开展的进度。它的安排与确定具有较强的针对性，能够及时反映专业教学活动的运行状态。

教学进度对课程体系构建的影响，主要体现在课时的安排上，创新创业涉及的具体的创新创业知识,以及创新创业与学生专业和兴趣的结合,如何合理安排课时,如何科学设计教学进度,都关系到学生对知识与技能的掌握。教学进度的总体安排需要符合专业人才培养方案,遵循教育的一般规律,符合学生成长与发展的需求。

(二)优化课程结构

课程结构既包括专业课程之间的结构关系,也包括必修课与选修课之间的结构关系,高校人才培养是一个完整的育人系统,不仅要使学生构建全面、扎实的专业知识结构,还要全面提升学生的综合素质,拓展学生的知识面,开阔学生的视野。

专业课程不能孤立地承担起学生成长与发展的重任,高校创新创业人才培养还应该辅以通识类课程、选修课程、课外实践课程等。其中,在必修课方面,通识课程与专业课程同样重要,它们都是学生知识结构的重要组成部分,通识教育是学生综合素质提升的必要环节。

通识类课程设置的主要目标是提升学生的综合素质和人格修养,帮助学生完善基础的知识体系,对大学生创新创业素质的发展具有重要的促进作用。通识类课程的主要内容包括高等教育阶段的必修公共课,如思想政治教育、大学英语、计算机技术、体育等,以及大学生所学专业相关的其他课程,如政治学相关专业需要增加历史学与经济学类课程,教育类相关专业需要增加心理学类课程等。

通识类课程要求打破专业的局限,开阔学生的视野,课程内容既能拓展学生的知识面,又能培养和提升学生的思维能力,通识类课程主要有以下几点特性。

第一,通识类课程具有普遍性。通识类课程涉及的是学生所应具备的基本素质与能力,这些素质与能力的要求具有普遍性,不因学生专业的不同而产生改变。

第二,通识类课程具有多元性。通识类课程的内容应该丰富、全面,既符合基础性原则,又符合多元性原则;既能培养学生的基本素养,又能够开阔学生的视野,促进学生个性的发展,形成多元化人格与精神。

第三,通识类课程具有整合性。通识类课程需要对不同领域的知识进行整合,形成普遍适用于不同专业学生发展需求的课程,丰富学生的知识,启发学生的心智。

第四，通识类课程具有创新性。通识类课程具有创新性，这是由其本身的性质决定的，通识类课程设置的目的就是打破学科之间的界限，使学生的知识结构不被禁锢在单一的专业领域，在丰富学生知识的同时，拓展学生的思维，使学生能够从不同的角度观察问题，用新的思路解决问题。

通识类课程的学习是完善学生知识结构的重要环节，其能够使学生具备更加全面的知识结构，构建更加完善的知识体系。创新是在学生既有知识与经验基础上开展的创造性实践，通识类课程的学习可以为大学生创新创业实践的开展奠定扎实的基础。

课程结构的优化，需要围绕学生的知识、能力、素质结构展开，寻求其中的平衡点，明确本专业的核心课程与主干课程，并理清主干课程与一般课程、专业课程与基础课程、理论课程与实践课程、必修课程与选修课程之间的关系，并根据课程之间的关系确定课程的最佳比例。大学生创新创业能力的培养和提升是需要以良好的知识与技能结构为支撑的，因此，优化课程结构，使学生能够形成科学的知识与技能结构，对大学生创新创业能力的培养和提升具有重要的意义。

（三）丰富选修课程

选修课作为高等教育的重要组成部分，却经常被教育工作者与学生忽视，学校对选修课程体系的构建十分随意，学生对选修课的学习并不积极，教师对选修课的重视程度也远远不如必修课，这样的做法是不正确的。设置选修课的目的是开阔学生的视野，拓展学生的思维，这对学生的成长与发展十分重要，是提升学生创新创业综合素质的重要手段。

当今时代，成功的创新实践需要创新主体具备扎实的专业知识、广阔的知识面、开阔的视野以及灵活的思维，而这些知识与技能，正是与选修课程开设的目的相符的。同时，选修课程对促进学生个性的发展具有较强的推动作用，大学生创新创业能力的培养和提升非常看重学生的个性化发展，学生可以根据自己的爱好选择自己感兴趣的选修课程进行学习，充分发挥自己的特长。

培养和提升大学生的创新创业能力，应该注重发挥选修课的作用，丰富选修课程，使学生拥有更多的选择。高校还应注重选修课与必修课之间的联系，选修课与必修课并不是割裂开来的，良好的课程结构应该是选修课与必修课的有机结合，两者应该是相互促进、相辅相成的。因此，在选修课的设置与安排过程中，可以按照社会的需求、大学生的发展需求、科技发展情况以及大学生的就业方向等进行安排。

第二节 构建高校创新创业教育实践教学体系

一、高校创新创业教育实践教学体系概述

（一）创新创业教育实践教学体系的内涵

1. 实践教学的内涵

实践教学是与理论教学相对的各种教学活动的总称，实践教学是巩固理论知识、加深理论认识的有效途径，是培养具有创新意识的高素质工程技术人员的重要环节，是理论联系实际、培养学生掌握科学方法和提高动手能力的重要平台。实践教学包括实验、实习、训练、实操、管理、调研等。

实践教学与广义上的社会实践并不相同，实践教学是按照特定的人才培养目标开展的教学活动，实践教学虽然具有较强的实践性，但其强调教师的指导，遵循教学规律和原则，主张学生在教师的指导下，通过实际训练与操作获取知识与技能。

2. 实践教学的特征

（1）以学生为中心。学生是教学活动的主体，现代教学理念要求高校在进行人才培养时必须贯彻以学生为主体的教育理念，实践教学以实践技能训练和课外实践活动为主要教学形式，学生在这一过程中具有较强的自主性，需要深入参与到实践中才能完成学习任务，因此，实践教学更要坚持以学生为中心，利用综合的教学形式，让学生在相对开放的环境中更加自主地开展学习与实践。当然，以学生为中心，推动学生自主学习能力的发展，并不代表实践教学不需要教师的指导。在实践教学中，教师的主要任务是为学生创设一个有利于经验积累与知识理解的学习环境，引导学生实践学习不偏离主要的人才培养目标与教学内容，当学生遇到无法解决的难题时，为学生答疑解惑。

（2）以行动为导向。实践教学最为显著的特征之一就是以行动为导向，这里的"行动"指的并不是日常生活中的活动或者劳动，而是在实践教学中，师

生为实现教学目的而共同确定的行动目标。学生在教师创设的学习情境中通过主动学习达到提升实践能力与专业素养的目的。实践教学强调"思维"与"行动"的有机统一，思维为实践提供指导与参考，行动产生的直接经验则能进一步促进思维的发展。

（3）以能力发展为本位。实践教学的重要目的之一就是培养和提升学生的专业知识、专业能力，以及诸如团队合作、沟通交流、管理领导等一系列社会能力。因此，实践教学非常强调理论与实践的充分结合，通过实践教学，学生可以将所学的理论知识充分应用到实践当中，通过实践，深化对知识的理解，同时，将在实践中遇到的困难带回课堂中讨论解决，这种循环往复的从理论到实践的学习过程，加之自主性较强的实践训练，可以有效帮助学生实现能力的提升。

3. 创新创业实践教学体系的内涵

实践教学体系是一套完整的以培养和提升学生的实践技能为目标的教学体系，实践教学体系的内涵有广义与狭义之分，广义的实践教学体系包含教学目标、教学内容、教学管理以及教学评估体系等；狭义的实践教学体系指的则是实践教学的内容体系。

本书讨论高校创新创业实践教学体系，采用广义的实践教学体系内涵，高校创新创业实践教学体系指的是以培养和提升学生的创新创业能力为核心目标，以实践技能教学与实践技能训练为主要开展形式的教学组织形式。

（二）构建实践教学体系的理论基础

1. 建构主义学习理论

建构主义学习理论认为，教学的过程既不是教师将知识简单传递给学生的过程，也不是学生简单地进行知识积累的过程，而是在教师的引导和帮助下，学生自主构建知识体系的过程。在这个过程中，教师更多扮演的是帮助者和促进者的角色，而学生才是真正的教学活动的主体，是教学活动的主动参与者，而非被动接受者。建构主义还强调情境对知识构建的重要作用，在一定的情境下，学生可以通过合作与互动接收和理解知识、梳理知识结构。在语言教学的过程中，教师也可以根据教学的实际情况，设计有利于学生知识获取的教学情境，帮助学生构建新的知识体系。[1]

具体到高校创新创业人才培养之中，从建构主义学习理论的视角来看，创新创业实践教学的目的就是学生构建自身创新创业能力体系的过程，在这一过程中，学生主要是在教师的引导下，通过内在的力量构建自身完善的内部知识与能力结构。建构主义重视学生主观能动性的发挥，创新创业实践教学同样也是以启发学生的创新创业思维、培养和提升学生的创新创业能力为目标，这一目标的实现靠的不仅仅是教师的教授，还要依靠学生通过实践教学深化对知识的理解，增强具体知识的运用能力。

2. 认知主义教学理论

认知主义教学理论的研究重点是知识的实质、知识的获取以及知识的创造性应用等，与行为主义教学理论强调外部环境与知识输入的作用不同，认知主义教学理论强调学习过程、直觉思维、内在动机和思维提取。认知主义认为，学习是学习者对所接收信息的自主加工的过程，学习者自身已经掌握的知识和经验对新知识的接收和理解具有重要的影响，教学的过程不是教师向学生单向灌输知识的过程，而是学生在教师的帮助下主动参与到学习活动当中，主动探索和理解知识的过程。

实践教学就是一种通过实践主动形成和完善认知结构的过程，学习者通过学习将新的知识融入本身的认知结构，从而不断形成新的认知结构，在理论与实践的不断结合之中促进个体能力结构的发展。

3. 人本主义教学理论

人本主义兴起于20世纪五六十年代，由马斯洛（A. Maslow）创立，是心理学的重要流派，强调人的自我实现。人本主义学习理论强调人的发展、情感、态度等因素对于教学的影响。人本主义学习理论同样强调学习者在教学过程中的主体地位，同时还强调学习过程与学习者的发展。

人本主义学习理论从学习者自我实现的角度来考察教学活动，认为知识的学习是服务于学习者的个人发展的，教育的目的是帮助学生学会学习，将学习本身抽象为一种品质，这种品质可以帮助学习者树立正确的学习理念、探寻合适的学习方法，实现个人的全面发展。因此，在教学实践中，教师不能将学生

---

[1] 张晓青. 唤醒教育：高职英语教学实践与反思[M]. 北京：中国商务出版社，2020：119-120.

简单地当作教学对象,而是应该将学生视为谋求发展的个体,是教学活动的重要参与者。

人本主义学习理论强调学习者自主学习意识的培养与自主学习能力的提升,认为在教学过程中,教师应该重视学习者自主的思想,鼓励学习者在学习和探索知识时充分发挥主观能动性,分析自身的学习特点与学习现状,根据自身的学习需求自主制订学习计划,选择适合自己的学习方法,对自己的学习进程进行跟踪监控,总结分析自己的学习成果,反思自身在学习中存在的问题。学习者是学习的主体,应当在教师的帮助下,通过建构知识内容,实现自我的发展与提升。

实践教学重视完善学生的能力结构,其目的是使学生切实掌握某项技能、精进某种能力、完善综合素质,这是实践教学目标中人本主义的体现。实践教学的内容与方式同样需要坚持人本主义,在实践教学中,学生具有较大的自主权,这是一种通过实践训练总结经验、学习知识、提升能力的过程,在这一过程中,需要重视学生的主体地位。

(三)构建创新创业实践教学体系的作用

高校开展实践教学的主要目的是培养学生发现问题、认识问题和解决问题的能力,高校开展创新创业教育的目的就是培养和提升大学生的创新创业能力,大学生创新创业教育应该以能力为导向,以提升大学生综合素质为根本教育目标。实践能力是创新能力发展的基石,因此,高校构建创新创业实践教学体系是符合社会人才需求、学生发展需求以及现代教育要求的。

构建创新创业实践教学体系是连接学生理论知识与实践能力的重要方式,学以致用是人们从古至今都崇尚的教育和学习目标,学以致用并非简单地将理论知识运用到实践当中,而是通过不断地实践来实现理论与实践的有机结合,并在这一过程中得到新的知识,培养和提升创新创业技能。

创新创业实践教学是学生创新能力发展的基础,学生创新与创业潜能的激发离不开创新能力的积累和实践能力的提升。创新与创业教育的最终落脚点是实践,成功的创新与创业教育体现在学生的创新思维与创业素质的提升上,使学生能够取得一定的创新和创业成果,或者在生产生活实践中能够体现创新创业品质,如独立思考、敢于质疑、善于合作。同时,创新创业知识的真理性也是需要通过实践去检验的,理论知识具有一定的时代性,而时代是不断发展的，培养和提升大学生的创新创业能力，要使学生真正能够根据客观实践灵活开展创造性实践。因此，通过创新创业实践教学能够使学生更好地将创新创业理论与实践相结合，这是创新创业教育的重要内容。

二、高校构建创新创业教育实践教学体系的原则

（一）目标性原则

高校创新创业实践教学体系的构建必须紧紧围绕高校人才培养的目标展开，包括人才培养的总目标、创新创业人才培养目标以及具体的教学目标。创新创业实践教学的组织形式多样、开展方式灵活、受课堂的限制较小，因此，教学活动的开展必须有明确的目标指向，否则，很容易出现教学活动组织混乱的现象。

高校创新创业实践教学体系人才培养目标的制定应该具有明确性与针对性，需要根据高校的教学实践、高校人才培养规格、学科专业特点、社会对于人才的需求以及学生自身发展的需求来设定。

（二）系统性原则

高校创新创业实践教学体系是一个完整的教学系统，应该根据高等教育的特点、教育的一般规律、人才培养的特点，按照各个实践教学环节的地位、作用以及相互之间的内在联系，对具体的教学内容与教学环节进行统筹安排。在这一过程中，要处理好实践教学与理论教学之间的关系，做好理论教学与实践教学之间的衔接，协调统一体系内的各个实践教学环节，科学安排教学内容，合理安排课时比例与教学进度，保证整个人才培养系统的整体性与系统性。

（三）层次性原则

大学生能力的发展是一个循序渐进的过程，这是由人们的认知规律决定的，是教育开展所应遵循的规律。创新创业实践教学本质上是教学活动的一种，因此，也应该遵循教育的一般规律。创新创业实践教学应该分层次、分内容，逐步深化、层层递进。创新创业实践教学的目标应该由易到难，实践教学的环节应该由简到繁，实践教学的方法应该由单一到复杂。高校创新创业实践教学体系无论从构建还是到实际的执行，都应该遵循层次性的原则。

三、高校构建创新创业教育实践教学体系的路径

（一）明确创新创业实践教学的目标

高校创新创业实践教学体系具有较强的目标指向性，因此，在其构建的过程中，应该首先明确创新创业实践教学的目标。教学活动是围绕教学目标展开的，教学目标的设置是否科学对人才培养的效果好坏具有十分重要的影响，对于创新创业实践教学来说更是如此。

创新创业教育与传统的高等教育学科在内容和教学方法上都存在比较大的差别：首先，创新创业没有相对固定的知识体系；其次，创新创业在教学方法上也没有规定的模式。具体到创新创业实践教学体系来看，实践教学的开展方式多种多样，可以结合理论课程开展实践训练，也可以设置一定的情境组织实践教学，还可以依托校企合作平台开展校外实践。类型多样的实践教学模式倘若没有明确的教学目标作为指导，就很容易导致能力的培养缺乏系统性，导致教学活动杂乱无章，难以实现预期的教学效果。因此，构建高校创新创业实践教学体系，需要首先明确人才培养的目标。

高校创新创业实践教学目标要综合学校自身的教学实际、社会对于人才能力的需求、学生自身的发展需要以及教育的一般规律来设定。同时，教学目标还应该符合学生的认知规律，与其他课程的教学目标之间形成内在的逻辑联系，使学生的知识与能力体系能够组成一个完整的系统。

（二）丰富和完善创新创业实践教学的内容

相对来说，创新创业实践教学体系的发展历程并不长，无论从实践教学的内容上来看，还是从实践教学的方法与模式上来看，其发展尚不成熟。教学内容是教学体系核心的组成部分，因此，丰富和完善创新创业实践教学的内容，是构建创新创业实践教学体系的重中之重。

创新创业实践教学内容首先应该包含创新创业的基本技能、技巧，使学生对创新创业的具体方法有一个全面、综合、深入的了解。创新创业实践教学的基础内容包括创新思维的训练、创新的技巧与方法，以及创业各个环节的基本知识与能力，包括市场调研与分析、创业计划书的编写、创业方案的制定、创业团队的组建与管理、创业风险的预防与控制、产品的设计等。创新创业实践教学的内容应遵循全面性、综合性以及系统性的原则，使学生能够通过学习与训练切实提升自身的创新创业能力。

高校还应该根据不同的专业特点整合创新创业实践教学的内容，将实践教学的内容与学生的专业充分结合，在创新创业实践教学中突出专业的特点，在专业知识与技能的培养中融入创新创业的相关知识，使学生能够将创新思维灵活运用到自身的专业学习中，利用专业知识与技能的优势，以专业为依托，更好地开展创新创业实践。

（三）构建高质量创新创业实践教学平台

1.创新创业实践教学平台概述

创新创业实践教学平台是培养和提升学生创新创业意识的重要依托，是课堂之外重要的人才培养基地，创新创业实践教学平台为学生创新创业能力的培养和提升创造了更好的条件，可以说，构建高质量创新创业实践教学平台是完善创新创业实践教学体系的一个重要环节，是创新高校实践教学方法的重要途径，是有效促进学生创新创业能力提升的重要手段。

自国家大力倡导开展创新创业教育以来，我国的许多高校就开始积极探索创新创业实践教学体系的构建路径，并认识到创新创业实践教学平台对大学生创新创业教育的重要促进作用。因此，很多高校在构建创新创业教育体系的过程中，开始建设创新创业教育实践平台，如大学生创新创业中心、大学生众创基地、大学生科技园等，各类实践教学平台也有效地促进了学校创新创业教育的发展。

随着高校创新创业教育的不断发展，虽然各高校在实践教学平台的建设上取得了巨大突破，有效地促进了创新创业教育的发展，培养出大量的创新创业人才，但是在创新创业实践教学平台的建设上仍存在巨大的可提升空间，尤其是平台的一些基础性条件保障还不够完善，致使平台的发展受到较大的限制。例如，平台在硬件设施上有所欠缺，实践教学平台能够容纳的学生人数较少，绝大多数平台只能满足重点的创新创业项目入驻，而这部分项目参与的学生占全校学生比例较低。创新创业教育并非针对少数学生开展的课程，而是致力促进全体学生创新创业素质的发展。因此，创新创业实践教学平台必须能够满足绝大多数学生发展的需求，具有足够的容量。再比如，平台的管理体制不够完善、服务功能不够齐全、师资队伍配备欠缺等问题致使实践教学平台服务学生不够全面，无法充分发挥对大学生创新创业能力提升的指导作用。

2. 构建多元化实践教学平台

（1）构建课内创新创业实践教学平台。课内创新创业实践教学平台指的是充分利用现代教育手段和技术，在课堂中组织学生开展创业模拟实践教学，同时，根据学生的专业特点开发创新创业线上课堂，对学生展开相关创业理念、创业价值观、创业知识以及创业方法的教学。课内创新创业实践教学平台的构成要素包括多媒体教室、线上教学平台、智慧课堂等。课内创新创业实践教学平台采用的实践训练手段包括软件模拟操作、互动课堂、直播课堂等。课内创新创业实践教学平台一般是针对学生基本创业素质的培养和提升而设立的，是后续更加深入开展创新创业实践教学的前提。

（2）建设校内创新创业实践基地。校内创新创业实践基地是大学生在校期间创新创业实践能力培养和职业素养养成的重要场所。高校要围绕层级式创新创业型人才培养目标，以创业就业为导向，根据学生自身的专业特点和培养要求，基于高校现有资源，建设校内实践基地。校内创新创业实践基地的类型有很多，比如创新工坊、自主创业实践平台、创新创业工作室、开发商业铺面等。

校内创新创业实践基地是高校创新创业实践教学的重要形式，是充分利用学校资源开展创新创业实践教育的成功实践，校内创新创业实践基地不仅能够促进本校学生创新创业素质的提升，还可以通过与其他学校密切合作，建立不同高校创新创业实践教育资源共享机制，让全体师生都享受到丰富的创新创业教育实践资源。不同高校之间还可以提升交流合作水平，共享创新创业教育资源，推动校际教师互聘、课程互修，鼓励大学生跨校组建创业团队，通过校校协同，建设创业实践平台。

（3）建设校企协同创新创业实践平台。校企协同创新创业实践平台的建设是校企合作的重要形式之一，校企合作指的是学校和企业以培养新时代发展所需的人才为目标，充分利用学校与企业的教育资源与教育环境，将课堂知识教学与生产实践训练相结合，展开深入的合作，培养高素质技能型人才，进而推动社会经济发展的人才培养模式。校企合作可以帮助学生将课堂上所学的知识与实际的工作实践充分结合在一起，通过校企充分合作，使学生将在学校学习的相关理论知识运用到实际工作当中，同时，将在工作中遇到的问题和挑战带回学校，与教师和同学一同交流与解决，促进学校教学的发展。

由于高校创新创业教育的发展时间相对较短，因此，在师资与教学经验方面均不是很成熟，校企合作可以有效地解决这一问题，学校可以通过校企协同创新创业实践平台，聘请经验丰富的从业人员或创业者作为讲师，为学生讲授创业经验，传授创业知识。还可以与企业共同开展创新创业人才培养，通过校企协同创新创业实践平台，使学生能够在真实的情境中展开创业实践，切实提升学生的创新创业素质。

（四）优化创新创业实践教学评价体系

1. 完善创新创业实践教学质量评价体系

创新创业实践教学质量评价体系是高校创新创业实践教学体系建设的重要环节，教学评价体系对实践教学具有重要的导向作用，虽然教学评价体系在构建的时序上可能会晚于人才培养目标、模式、课程体系模块的构建，但是由于实践教学评价体系是对创新创业人才培养目标的体现，且评价体系涉及对人才培养效果、教学质量和教师的评价，因此会对人才培养的过程产生重要的影响，部分教育工作者会根据评价体系对实践教学的各个环节进行调整，以达到良好的教学评价效果。因此，构建并完善创新创业实践教学质量评价体系十分重要。

评价的本质是一种价值判断，取决于人才培养的价值观念，反映着人才培养的价值取向。价值判断决定价值选择，评价体系虽然不是人才培养方案制定的前提和依据，却会对人才培养方案的具体实施过程产生重要的影响。科学合理的人才培养评价体系有利于明确课程教学的目标指向，避免教学活动偏离既定的人才培养方案。相反地，不合理的人才培养评价体系会导致教学活动偏离既定路线，影响人才培养的效果。

由于许多高校的创新创业实践教学缺乏相对成熟的经验参考，尚处在探索发展的阶段。因此，构建完善的创新创业实践教学评价体系对于创新创业实践教学来说十分重要，从创新创业实践教学质量评价体系的结构来看，主要从以下几点着手：一是对创新创业实践教学课程进行评价，包括课程目标、课程结构、课程实施等方面；二是对创新创业实践教学的教材与教学资料进行评价；三是对创新创业实践教学质量进行评价。合理的评价体系能够为创新创业实践教学提供科学的参考，促进高校及时发现创新创业实践教学过程中存在的不足，不断更新和优化自身的创新创业实践教学体系。

2. 评价主体多元化

创新创业实践教学是高校人才培养的重要内容，因此，其评价主体应该是多元化的，这样才能保证评价体系的科学性。在传统的评价体系中，一般是由教育者担任评价的主体，但随着时代与教育的发展，人们越来越深刻地认识到，学生是教学的主体，人才培养只有坚持以学生为主体，才能达到理想的教育目标。在高校创新创业人才培养中，学生作为教学活动的主体和心智成熟的个体，他们具备对课程的认识与评价能力，且学生对课程的评价，能够更加直观地反映课程内容与课程设置科学与否。高校管理者、教师以及企业专家都应深入参与到创新创业实践教学的过程中来，因此，创新创业实践教学评价体系的考核评价主体应该由原来单一的教育行政部分转变为高校管理者、教师、学生，以及校企合作中的企业专家。

3. 评价内容多样化

构建完善的创新创业实践教学评价体系，还应该注重评价内容的多样化，对高校创新创业实践教学进行全方位的评价，围绕课内课外创新创业教育的内容展开评价。构建实践教学评价体系，既要对学生知识与技能的学习情况进行评价，又要对学生的情感态度与价值观进行评价；既要重视学生综合素质的发展情况，还要重视对各种教学资源进行评价；既要有结果评价，还要有过程评价。

4. 强化对创新创业实践基地建设的评价

创新创业实践基地是创新创业人才培养的重要平台，是强化大学生创新创业意识，培养和提升大学生创新创业能力的重要载体。因此，将创新创业实践基地建设与运行情况纳入大学生创新创业实践教学评价体系当中，对于大学生创新创业能力的培养十分重要。

对创新创业实践基地建设的质量与建设的规模要定期进行评价，对校企合作的质量进行全面的评价，要通过评价体系，充分激发校企合作的动力，拓宽高校创新创业实践教学的空间，多方合作，努力建设多样化的创新创业实践基地，进一步促进大学生创新创业能力的发展。

第三节　建设高校创新创业教育师资队伍

一、教师在高校创新创业教育中的作用

（一）教师是创新创业教育的实践者

教师是课堂的主导，是教学活动的关键参与者，是学生知识的教授者，是学生进行实践训练的指导者。因此，教师水平的高低，直接影响到高校创新创业教育质量的好坏。

创新创业教育的发展历程相对较短，无论是人才培养模式、教学体系、知识体系，还是教材与教学资料，都处在不断的探索、丰富与发展之中。在这种情况下，教师的作用更加重要，学生自主学习的难度较大，需要在教师的引导下开展创新创业的学习与实践。教师的职责是"传道、授业、解惑"，学生在创新创业学习的过程中遇到难以解决的疑惑与困难，就需要通过向教师请教来解决。创新创业教育具有较强的实践性，学生缺乏相关经验，因此，也需要通过教师的教学来帮助学生掌握具体的创新创业方法与技巧，深化对创新创业理论知识的理解。

（二）教师是创新创业教育的管理者

在教学实践中，教师不仅仅是知识的教授者，同时还是教学活动的管理者，特别是在创新创业教育中，教师的管理作用表现得更为显著。因为与传统的学科相比，创新创业教育的教学内容与教学模式都比较开放，比起理论知识的学习与掌握，创新创业教育更强调学生创新创业思维与能力的培养和提升，正是这种显著的开放性与能力本位的教育理念，使得创新创业教育的组织形式与教学方法在实践中呈现出多样化的发展趋势。在这一教学过程中，教学管理就显得尤为重要，倘若管理不当的话，很容易造成组织教学的混乱。教师作为学校教育教学活动的组织者和管理者，需要肩负起创新创业教育教学管理的职责，维护好教学活动的秩序，保证教学活动按照既定的计划开展，更好地实现预期的人才培养目标。

(三) 教师是创新创业教育理论的研究者

高校教师既承担着教学任务，还承担着科研任务，我国的创新创业教育起步相对较晚，目前仍处于探索与发展的阶段，对创新创业相关的理论研究仍然比较浅显，创新创业整体教育基础也相对比较薄弱。理论对实践具有重要的指导作用，高校创新创业教育实践的发展需要以科学的理论为支撑，并给予其方向性指导。因此，在国家大力倡导"大众创业、万众创新"的背景下，高校对创新创业教育的理论支持具有非常强烈的需求，相应的理论研究任务也十分繁重。

教师是创新创业教育具体的实施者，实践教学经验相对丰富，对高校创新创业教育的开展情况与存在的问题也更加了解。因此，高校教师在创新创业理论研究领域也更加具有发言权。教师本身也是高校科研的主力军，教育管理部门和高校管理者需要充分调动一线教师的积极性，鼓励一线教师积极地参与到创新创业的理论研究之中。

二、高校建设创新创业教育师资队伍的路径

(一) 加强创新创业教师在职培训

1. 组织创新创业教师参加校内培训

高校应该重视校内培训的作用，校内培训是促进创新创业教师专业发展的重要途径。想要打造一支高素质的教师队伍，不仅要重视人才的引进，还要重视对本校教师的培养，这样才能保证高校创新创业教育师资队伍实现整体优化。组织教师参与校内培训，既是构建高素质师资队伍的需要，也是教师专业发展的需要。组织教师参与校内培训具有以下两方面的优点。

第一，组织方便。校内培训的开展场所是学校，因此，无论是从时间维度还是从空间维度来看，都便于组织教师开展培训活动。学校是教师日常工作的场所，校内培训可以在不耽误课程进度的情况下，使教师参与到培训活动中来。学校可以根据教师的工作时间，合理安排或灵活调整教师的授课时间，集中组织教师开展校内培训。

第二，立足实践，针对性强。校内培训是立足本校教学实践开展的教师培训活动，因此，培训内容更加贴合教师的教学实践。在培训过程中，教师可以就自己在教学过程中遇到的问题展开讨论，或交由经验丰富的教师和专家进行

解答。培训的内容也是以提升本校创新创业教学效果为核心，具有很强的针对性。

鼓励高校创新创业教师参加校内培训，教师通过培训发现并解决在创新创业教学过程中遇到的问题。学校还可以利用老带新的培训方式，让经验成熟的老教师对经验不足的新教师进行理论与实践层面的指导，用丰富的教学经验帮助新教师少走弯路，提升教学能力，培训方式可以是新老一对一，也可以是一对多。

高校还可以组织教师交流会，教师通过交流会将自己在创新创业教学过程中遇到的问题列举出来，供新老教师交流与讨论，教师群体群策群力，共同分析问题产生的原因，探索应对问题的方法，教师还可以通过这种方式发现自己在教学过程中潜在的问题，防患未然。

2.组织创新创业教师参加校外培训

创新创业教师培训的方式主要有两种，分别是校内培训与校外培训。校内培训侧重解决教师在实际教学过程中遇到的问题，重视对教师教学能力的培养；校外培训的主要任务则是培养和提升教师的创新创业实践技能，提升教师的综合素质。

创新创业教育具有较强的实践性，十分重视对学生实践技能的培养。教师作为教学活动的主导者，不仅要具备扎实的理论基础知识、开阔的视野以及与时俱进的思维，同时还应该具备较高的职业素养与实践能力，这样才能确保创新创业教育的质量。校外培训正是帮助教师在实际的创新创业环境中锻炼和提升自身的综合素质。

（二）建设"双师型"创新创业教师团队

1."双师型"教师的内涵

"双师型"教师是职业教育中一种特定的教师类型，诞生于我国职业教育的实践之中。随着我国职业教育的不断发展，在技能型人才培养的过程中，对实践性环节教学质量的要求越来越高。教师作为教学活动的主导者，在人才培养的过程中发挥着重要的作用。因此，提升教师的专业素质，优化教师队伍的结构，就成为职业人才培养最重要的任务之一，"双师型"教师的概念就是在这种背景下诞生的。

目前学界对"双师型"教师的概念尚无统一的定论，"双师型"教师可以指拥有"双证"或者"双职称"的教师,也可以定义为兼具理论教学素质和实践教学素质的教师。综合以上两点,笔者认为"双师型"教师应该具备以下几方面的素质与能力。

第一,"双师型"教师应该具备较强的教学能力。"双师型"教师的本质仍然是教师,教书育人是其核心职责。因此,"双师型"教师最先需要具备的就是教师职业素养,即教学能力。

第二,"双师型"教师应该具备与讲授专业相对应的行业的职业素质,具备较强的行业或职业的专业能力与实践能力。"双师型"教师与传统教师很大的一个不同点就是"双师型"教师具备较强的专业素养与职业能力。因此,"双师型"教师能够更好地完成实践技能教学的任务。

第三,"双师型"教师应该具备较强的交往、组织和协调能力,能够更好地沟通学校与社会,促使校内外教育资源实现有效衔接。

第四,"双师型"教师应该具备良好的管理能力。既具备良好的班级管理与教学管理能力,同时还要具备一定的企业、行业管理能力,能够教授学生丰富的企业、行业管理知识。

第五,"双师型"教师应该具备较强的适应能力与创新能力。"双师型"教师既需要具备较强的适应时代发展和行业发展的能力,同时,还应该具备较强的创新思维与创新能力,能够组织和指导学生开展创造性活动。

2. 构建"双师型"创新创业教师团队的路径

构建"双师型"教师团队是我国高等教育人才能力体系培养和提升的重要基础,创新创业作为发展历程较短的教育领域,更需要实践经验丰富的"双师型"教师对学生的理论学习与实践训练进行指导,构建"双师型"创新创业教师团队主要从以下三方面进行。

(1)引进"双师型"人才。引进"双师型"人才是许多高校构建"双师型"教师团队的主要途径,这种方式的优点有很多:第一,可以起到快速补充高校"双师型"教师队伍的作用,学校通过这种方式能够在短时间内构建一支整体素质较高的"双师型"教师团队;第二,这种方式能够节省学校"双师型"教师培养的时间成本,或者可以在学校"双师型"教师的培养周期内补充学校的师资队伍,实现学校师资队伍的平稳优化。但是这种"双师型"教师团队的构建方式也存在一定的缺点:第一,引进的人才对高校的实际教学情况并不了解,容易出现教师不能很好地适应教学实践的情况;第二,人才引进的方式受一系列外部因素影响较大,难以保证各专业教师资源的平衡和教师资源的充足。

(2)聘请兼职教师。与引进"双师型"人才的方式类似,聘请兼职教师的方式同样可以有效提升高校师资队伍的整体水平,特别是聘请具有创业经验的专业人士,能够对高校创新创业人才培养起到较好的指导作用。聘请兼职教师的优点是能够根据创新创业教学实践的需求灵活聘请专业对口的教师。创新创业具有较强的综合性,且创新创业教育需要与学生的专业相结合,这就对教师的专业能力提出了一定的要求,不仅需要教师具备创新创业的相关知识,还需要教师具备特定专业的相关知识,在这种情况下,根据教学需求聘请专业能力符合的兼职教师就成为不错的选择。

(3)培训现有教师。培训现有教师是"双师型"教师队伍建设的主要途径与趋势,培养创新创业教师,一方面要加强理论研究,重视理论对实践的指导作用,学习先进的"双师型"教师培养经验,尽量少走弯路;另一方面,教师培养也要抓重点、树典型、立标杆,要对一些创新创业的骨干教师有针对性地进行重点培养,在对"双师型"创新创业教师队伍进行全面培养的同时,还要重点培养创新创业教师队伍中的一些中青年骨干教师,提升他们的教学能力与专业素养,使其成为"双师型"教师发展的典范与标杆,在创新创业的教学实践中起到带头作用。

(三)建立科学的教师评价激励体系

评价与激励对教师的发展具有重要的促进作用,科学的评价与激励体系能够帮助教师发现自身的不足,充分调动教师的积极性。要想建立科学的评价与激励体系,首先,高校应倡导多元评价主体,采用教师自评、学生评价、第三方评价相结合的形式,对教师的专业素质、教学技能、创业项目成果等进行评价。坚持过程性评价和终结性评价相结合,注重教师创新创业素养的动态发展,将评价结果纳入职称评聘机制和晋升体系。其次,根据教师的物质需求、荣誉需求以及职业发展需求,给予教师物质奖励、荣誉奖励以及职业发展培训机会。

第七章　当代大学生众创空间建设

第一节　大学生众创空间概述

一、众创空间概述

(一)众创空间的内涵

众创空间源于"大众创业、万众创新",其中,"众"体现的是主体,"创"体现的是主体的行为,"空间"则代表着主体行为的载体。众创空间是顺应时代发展潮流,顺应创新发展趋势,把握全球创客浪潮兴起的机遇,通过市场化机制、专业化服务和资本化途径构建的低成本、便利化、全要素、开放式的新型创业公共服务。

众创空间是一种创新型孵化器,可以为创客提供各类创业的场所、资源和多种类型的支持,包括网络信息服务平台、创新交流空间、资源共享空间以及创业办公空间,等等,能够为创客们提供低成本、全要素的创业服务平台。众创空间与传统的科技企业孵化器之间具有明显的区别,主要体现在以下几点。

第一,众创空间关注的是创业实践的早期,针对的是创业链条的最前端。

第二,众创空间以互联网为依托,提供服务的基本形式是线上线下相结合,符合时代发展的趋势。

第三,众创空间的核心价值体现在构建开放、共享的创新创业环境和创新创业生态系统上,不仅能为创业者提供一系列帮助和支持,还能使创业者增长知识,提升自身的综合素质。

（二）众创空间的类型

根据众创空间的组建方式、创业服务内容以及运营模式等方面的不同，可以将其划分为五种类型，分别是培训辅导型、专业服务型、投资促进型、媒体延伸型和联合办公型。

1. 培训辅导型众创空间

培训辅导型众创空间能够充分整合教育资源，将理论与实践充分结合，形成兼具实践性与先进性的教学与培训体系，并以此为依托，打造创新创业实践平台。

2. 专业服务型众创空间

专业服务型众创空间是以行业龙头企业为依托建立的，提供行业社交网络、专业技术服务平台以及产业资源链支持，协助优质创业项目与资本对接，为创业者提供创业所需的一系列服务与资源。

3. 投资促进型众创空间

投资促进型众创空间着眼于创业者迫切需要解决的资金问题，以资本为核心和纽带，聚集投资人与投资机构，通过优质的平台建设吸引投资人、投资企业以及优质的投资项目，主要为创业者提供融资服务。

4. 媒体延伸型众创空间

媒体延伸型众创空间主要的运行模式是利用新媒体的优势，为企业提供包括宣传、信息、投资等各种资源在内的线上线下相结合的创业服务。

5. 联合办公型众创空间

联合办公型众创空间以物理空间为基础，综合不同类型的众创空间的运行模式，打造生态化联合办公体系，为场内及社会性客户提供多方面、全要素的服务。

二、大学生众创空间的内涵

大学生众创空间指的是将众创空间与大学生创新创业教育充分结合，形成的一种帮助大学生开展创新创业实践的孵化服务平台。大学生众创空间是打造校园创客文化的重要途径，其主要的教育活动形式包括创新创业教育、创新创业实践、创业孵化服务等。大学生众创空间是一个非营利性质的服务平台，是人才培养的试验园区，是开放式的资源聚集地，是实现知识产权与技术转移的中心。大学生众创空间可以有效整合政府、学校、企业的资源，降低师生创新创业的成本。大学生众创空间的主要任务是为大学生提供创新创业教育与创新创业实践的平台,为社会发展培养更多多样化与个性化的创新创业高素质人才。[①]

三、大学生众创空间的特点

(一)自主性

大学生众创空间具有鲜明的自主性,这种自主性主要体现在大学生众创空间建设的过程中。高校在打造众创空间时,除了需要按照国家的统一部署外,还应该从实践出发,充分结合区域与自身的社会发展与教育实际,因地制宜、实事求是,充分考虑学校的办学特色、学科建设、区域经济发展状况、区域产业结构以及区域经济政策等因素,构建符合区域发展需求,符合学校自身特点,具有地域性与独特性的众创空间。

大学生众创空间除了在建设过程中具有鲜明的自主性,在服务内容与运行过程中也体现出自主性的特点。大学生众创空间是为大学生创新创业服务的,而大学生创新创业是在一定的环境与条件下展开的。大学生众创空间中创新创业教育的内容需要根据区域发展的实际、政府的相关政策以及高校自身的教育实际决定。因此,大学生众创空间在运行的过程中,需要结合实际,确定其服务内容、服务方式与服务方向。不同地区的高校,或者同一地区不同类型的高校,其众创空间是各具特色的。例如,教育与科研水平较高的院校可以充分利用自身的科研与师资优势,打造以科研创新为核心的众创空间;师范类院校可以通过众创空间开辟"互联网+教育"的新型教育模式;高职院校则可以结合地方经济发展特点与区域产业结构,以产业和创业为核心,组织众创空间的相关服务。

(二)非营利性

大学生众创空间是以高校为主体建设的一种大学生创新创业教育与服务平台,它是一种不以营利为主要目的的创新创业载体。大学生众创空间的发展目标是为"大众创业、万众创新"提供智力支持与实践平台,为培养和提升大学生的创新创业能力提供充足的师资力量与教育资源,为创新创业文化的发展和

[①] 张超,张育广.双创教育与双创空间探究[M].广州:暨南大学出版社,2021:83-86.

传播提供新的内容与新的途径。

大学生众创空间设立的目的决定了其具有非营利性的特点，高校以免费或低成本的方式向广大师生提供创新创业所需的物质保障、教育资源、信息资源，以及全方位的创新创业指导和服务。大学生众创空间具有较强的针对性，主要解决大学生创业初期所面对的一系列困难，大学生开展创业实践活动的基本条件包括足够的创业资金、基本的创新创业知识与技能、及时准确的市场信息等。因此，融资服务、信息服务以及创新创业教育均是大学生众创空间的基本的服务内容，而这一系列服务的提供均是无偿或低成本的，目的就是为大学生的创新创业实践提供有力的跳板。

（三）协同性

任何事物都不是孤立存在的，而是在与其他事物的相互作用、相互影响、相互促进中不断完善自身，并取得发展的，大学生众创空间也是如此。首先，大学生众创空间是非营利性的组织，并不以实现经济效益为追求，高校若想充分挖掘众创空间的发展潜力，实现众创空间商业化与市场化的运作模式，就需要与政府、企业开展深入合作，协同配合，实现"校、企、政"三位一体的育人模式，充分调动政府、企业的创新创业教育资源，发挥各主体的资源优势，实现校内孵化、企业化管理和市场化运营的发展体系。创业活动是深入市场的一种经济活动，而学校本身属于教育系统，并未深入参与到市场的运行之中。因此，以高校为主体建设的大学生众创空间必须要将作为经济政策制定者的政府与作为市场参与主体的企业纳入，这样才能使学生切实了解真实的创业环境，帮助学生更好地开展创业实践。

其次，大学生众创空间的协同性还体现在培养主体的协同性上，大学生众创空间为大学生提供全方位的创新创业服务，但大学生若想开展成功的创业实践，仅依靠自身的学习是不够的，还应该与其他创业者进行充分的交流，高校可以通过沙龙、训练营、培训等活动促进创业者之间的交流，促使创业者之间形成互帮互助、相互启发、资源共享的氛围，为创业者营造良好的创业环境。

四、大学生众创空间建设的意义

（一）促进高等教育转型

当今时代，经济发展进入新常态，社会主要矛盾的变化促使经济结构进行转型升级。当今时代,创新成为引领发展的第一动力,在"大众创业、万众创新"理念的指引下,促进创新创业发展、大力培养创新创业人才已成为高校人才培养的重要任务之一。随着社会的发展,我国高等教育改革也在不断推进,进入新时代,我国高等教育也进入综合改革攻坚时期,高等教育的人才培养目标、人才培养模式、教育教学方法都需要根据时代的需求做出调整,反映时代特色与需求。

当今时代,高等教育的类型向多元化发展,提升大学生的创新创业素质成为重要的人才培养理念,建设创业型大学也成为高等教育转型的选择之一。大学生众创空间在这一过程中发挥着重要的促进作用。大学生众创空间可以将师生的创新创业成果与市场相连接,促使学生的个人兴趣与其职业发展意愿相结合,使高等教育不再局限于专业理论知识的教学,而是将理论教学与实践教学更好地结合在一起,使学生的综合素质真正得到全面的发展。

综上所述,大学生众创空间在开展创新创业教育的同时,也促进了高校在人才培养导向、教育理念、教育结构与内容等方面的转型发展,越来越成为高等教育转型与发展的重要引擎。

(二)促进创新创业教育发展

大学生众创空间的主要任务就是为大学生提供创新创业相关的教育与服务,促进大学生创新创业实践的成功开展。高校将众创空间建设作为贯彻落实国家深化高校创新创业教育改革战略部署的重要举措,坚持以全面深化创新创业教育改革为突破口,与社会共建协同育人平台,实施与产业深度融合的创新创业教育体系,全过程推进创新创业人才培养改革。

大学生众创空间能为多样化、个性化的创新创业人才培养提供训练实践平台,能整合高校、政府、企业等多方资源以降低高校师生创新创业的成长成本,能促进高校师生的科技创新、推动知识产权转化和技术转移,也能助推以高校师生和校友为主体的科技型中小企业的成长。

大学生众创空间既是高校开展创新创业教育的一种形式,同时也发挥着衔接创新创业教学与实践的重要作用,因为大学生众创空间本身是一个人才培养的平台,创新创业教育是一种显著区别于传统教学模式的人才培养模式。创新创业教育具有很强的实践性,也正是这种实践性决定了创新创业教育的水平在很大程度上体现在大学生创新创业能力的发展上。高校倘若不能为大学生创新创业搭建合适的实践平台，为大学生创造更多创新创业的机会，那么大学生创新创业教育的实际成效也会大打折扣。大学生众创空间正是充分调动各个人才培养主体的优势资源，通过多种类型的创新创业实践活动，为大学生提供更多创新创业的机会，提升大学生创新创业实践的成功率，使大学生的创业知识与技能有足够的施展空间，促进高校创新创业教育的发展。

（三）提高毕业生就业质量

促进大学生更好就业是高校人才培养的重要目标之一，大学生众创空间能够为大学生就业提供更多新的途径，使大学生不再拘泥于传统的就业方式，未来的人生道路能够有更多的选择。

大学生众创空间对于提高毕业生就业质量的促进作用主要体现在以下两点。

第一，大学生众创空间的核心内容是创新创业相关的教育与服务活动，大学生众创空间的良好运行能够为大学生创新创业提供强有力的帮助，能够有效地引导一部分大学生进行创新创业，使得创业成为毕业生就业的主要方式之一，并逐渐形成以创业带动就业的良性发展模式。

第二，大学生众创空间能够培养和提升大学生的创新思维、创新能力和创业素质，在大学生众创空间接受创新创业教育和实践训练的大学生，要比普通的大学生更具创新精神与能力，具备更强的职业发展能力与社会竞争力。因此，大学生众创空间不仅能为有创业意向的学生提供实现自己创业理想的平台，还能提升毕业生的综合素质、职业竞争力以及社会适应力，促进学生的全面可持续发展。

（四）促进地方经济转型升级

当今时代，"大众创业、万众创新"是加快发展新经济、培育发展新动能、打造发展新引擎的重要理念指导，符合新的历史条件下国家和社会的发展需求。人才是推动实践发展的核心组成部分，高校作为人才培养的主要场所，需要肩负起培养新时代高素质创新创业人才的重任。高校以大学生众创空间为依托培养高素质创新创业人才，不仅有利于促进大学生个人价值的实现，还有利于推动地方产业转型升级。

大学生众创空间的建设主体不仅有高校，还包括地方政府、企业、社会组织等。行业、企业若想在新时代实现可持续发展，就必须进行产业转型升级，以新的发展理念为指导,创新生产模式。创新的主体是人,因此,对于行业与企业来说,实现创新发展的核心就是培养高素质的创新创业人才。

大学生众创空间建设一般与该校所在地区取得产业支持的企业相对接,与企业发展需求相对接,整合各方的教育、科研、实践、信息等优势资源,培养高素质的创新创业人才,满足行业、企业转型升级对人才的需求,同时,大学生众创空间还能促进区域经济转型和发展。

第二节 大学生众创空间的建设路径

一、大学生众创空间的定位

(一)人才培养实验园区

首先,大学生众创空间发挥着人才培养的作用,作为高校创新创业教育的一种新模式,大学生众创空间承载着培养和提升大学生创新创业素质的重要任务,培养符合国家创新驱动发展战略和"大众创业、万众创新"理念的创新创业人才是其核心的任务。

其次,大学生众创空间在培养创新创业人才的同时,也在不断探索、优化创新创业教育的方法与人才培养的模式,大学生众创空间坚持"重基础、强能力、宽视野、多样性、个性化"的创新创业教育改革主线,探索培养"产业领军人、行业带头人、科技拓路人、创业开拓者"四类人才的有效路径。在教学组织形式上,大学生众创空间在局部探索如何实施多类型、灵活的教学组织形式,如何多渠道聚集资源形成新型教学环境,如何有机结合学生特点与意愿并突出学科交叉、多专业融合进行人才培养,为整体创新创业人才培养提供有益的借鉴和成功的范式。

(二)公益性服务平台

非营利性是大学生众创空间的显著特性,以高校为依托,多主体参与建设的大学生众创空间,其定位是公益性的创新创业服务平台。

首先,在大学生众创空间的功能定位上,它是服务于高校创新创业人才培养的有效载体,是培养新时代高素质创新创业人才的重要阵地。其建设主体是高校，人才培养的目的是服务于社会的发展。因此，大学生众创空间是以强调社会效益为主的人才培养平台，而非以追求经济效益为主的人才培养组织。

其次，大学生众创空间的服务内容是为入驻的创新项目和创业团队提供免费的课程，为师生免费或低成本地提供办公场地、办公设备、网络等硬件设施，以及免费的信息咨询、企业对接、资本对接等服务。

（三）开放式资源聚集地

开放与共享是新时代重要的发展理念，而开放性与全面性又是大学生众创空间的重要特征，因此，在建设大学生众创空间的过程中，应该注重将其定义为一种具备创新创业全要素的开放式资源聚集地。大学生众创空间聚合资源、共享资源的功能主要体现在以下四个方面。

第一，整合校内资源。大学生众创空间可以充分调动校内教学、科研、实验、师资等资源，形成创新创业人才培养的合力，通过校内资源整合成立创新创业人才培养的依托实体，如创新创业实践基地、创客空间、创业孵化基地等。

第二，整合校外资源。大学生众创空间可以整合政府、高校、企业以及各类社会组织的优质资源，促进不同类型资源与信息的开放共享，推动"产学研"协同育人机制的发展与创新。在具体实施中不断深化校企合作，实现创新创业人才培养主体的多元化，学校与企业协同育人，共同培养符合社会发展需求的高素质创新和创业人才。

第三，整合校内外师资力量。大学生众创空间还能够整合在教学实践中发挥主导作用的师资力量。学校与企业充分合作，通过多种途径优化创新创业师资结构，打造高素质的创新创业师资团队。

第四，大学生众创空间可以将政策、人才、技术、资金、市场等资源整合叠加在众创空间内，为师生创新创业营造更好的环境。

（四）知识产权和技术转移中心

高校拥有大量的优质师资与优秀的科研条件，集中了大量的智力资源，每年都能产出大量的高水平科研成果。因此，高校是国家理论与技术创新的重要支撑力量，但高校的专利成果转化率依然存在提升空间。

大学生众创空间以培养高素质创新创业人才为目标，以丰富、优质的教育资源为依托，以校、企、政协同育人为基础，在推动专利成果转化、促进技术与资本联合、优化科技管理体制方面具有重要的意义,大学生众创空间由于其资源整合与开放共享的特点,可以作为高校科研成果转化、技术专利许可、转让、推广的窗口,大学生众创空间集专业咨询、科研开发、技术服务、项目对接、教育培训、信息服务等功能于一体,许多建设成熟的大学生众创空间已经逐步发展成为高校知识产权与技术转移中心。

二、大学生众创空间的建设路径

(一)促使教育与科研有机融合

大学生众创空间兼具教育与科研的功能,我国大力提倡科教融合的理念,高校教育从单纯的教学转向科教并重是教育发展的必然方向。当前,绝大部分高校已经将教育与科研结合推进,但是,对于高等教育来说,若想培养出符合新时代发展需求的高素质人才,仅仅是科教结合是远远不够的,还应该做到科教融合。

大学生众创空间为高校科教融合提供了良好的平台,其自身的创新与教育属性也非常符合科教融合的需求。大学生众创空间在为学生提供专业的创新创业教育的同时,也能够为科研提供智力、信息、硬件设施等资源的支持。因此,大学生众创空间的建设应该充分发挥其科教融合的作用,教育与科研两手抓。

大学生众创空间的创新创业教育是一个理论与实践相结合的复杂过程,因此,在实际的创业教育中,在创新创业教学过程中,要拓宽大学生的创业思维,采用立体式教学手段来开展创业教育活动,将理论学习贯穿在实践活动中,将实践活动融合在理论学习中,使二者有机地结合在一起,以此来加强大学生对创业知识的学习,培养大学生的创业理念。与此同时,大学生众创空间还要注重科研成果的产出,在教学的同时充分发挥自身资源整合的优势,组织高水平研究队伍实现科研突破。

(二)以跨界融合与学科交叉为基础打造多学科多专业团队

创新创业具有显著的综合性,蕴藏于不同专业、不同学科之中,许多创新创业成果的诞生也是源于学科的交叉研究。因此,以创新创业教育与服务为主要内容的大学生众创空间,也要重视教学与服务内容的全面性,以及学科交叉研究的重要性。

大学生众创空间组建多学科、多专业团队的核心方法是跨界融合，即实行多专业融合、多学科交叉的创新创业教育，并在此基础上组建符合时代需求与市场需要的创新创业团队。

大学生众创空间实现跨界融合、组建多学科多专业团队的主要路径包括以下两种。

第一，不同专业、不同学科背景的专业人员、教师、学生跨界合作。教师与学生打破传统的垂直师生关系，通过跨界合作，学生在教师的引导下，与教师共同开展创新创业实践。

第二，不同参与主体的跨界合作。高校、科研机构以及不同类型的企业可以通过跨界合作探寻新的创新创业机遇。

（三）深化产教融合

产教融合最早是由高等职业院校根据其人才培养特点提出的构想，由于这种构想符合职业人才培养的需求，因此受到国家和社会的普遍重视，并作为一种人才培养理念被纳入教育改革和发展的内容之中。从产教融合的字面意思出发，从人才培养过程来看，指的是生产活动与教育活动的融合；从人才培养主体的角度来看，指的是学校与企业之间的充分合作。

产教融合既是一种教育理念，也是一种办学模式。从教育理念的视角观察，产教融合就是将教育与实践充分结合，通过学校与企业之间的深入合作，培养高素质技能型人才，实现学生、学校与企业共同发展的一种人才培养模式；从发展理念的视角观察，产教融合是一种通过深化校企合作，将生产实践与人才培养充分结合，最终实现社会、高校、企业、学生共同进步的一种发展模式。

大学生众创空间作为一种具有较强实践性的教学与服务平台，其运行模式与产教融合的理念十分契合。因此，无论是人才培养体系的构建、教学模式的选择、教师与服务团队的打造，还是服务的内容，都应该以产教融合理念为指导，只有不断深化产教融合，才能保证大学生众创空间能够充分发挥其应有的作用。

第三节　大学生众创空间的运营机制及成果转化

一、大学生众创空间的运营机制

（一）大学生众创空间的建设目标

1. 优化大学生创新创业平台

大学生众创空间兼具教育、平台以及产业等属性，既能够为大学生提供创新创业教育，还能够为大学生提供创新创业平台，大学生创新创业教育是新时代高校人才培养的重要内容，其不仅符合时代发展对于人才的需求，还有利于学生更好地实现自我价值，创造更大的经济效益与社会效益。同时，大学生众创空间还是高校进行教育改革的重要平台，通过大学生众创空间的建设和完善，不断优化人才培养方式，培养大学生的创新创业思维，使大学生具备创新创业能力，同时，协助大学生完成创业实践。

2. 实现新项目的创建

大学生众创空间不仅仅是一个教育平台，同时还是一个创业实践平台。产业性是大学生众创空间建设过程中十分重要的内容，其可以通过相关的市场与产业信息完成创业活动的实践，其能够有效实现创业活动向产业实践的转换，从而为大学生接触产业活动提供一定的平台，即可以利用项目的培育实现企业的起步，从而赢得更高的经济收益，实现经济效益的增长与提升，促进我国市场的发展。这种在人才培养的同时创建新创业项目的模式，是产教融合的具体体现，有利于创业系统的良性循环。

3. 构建生态化的创业系统

大学生众创空间作为一种新型的集教育、科研、实践于一体的平台，能够为我国的创业体系注入更多的活力与动力，不断推动创业系统的进步，从而实现创业系统的生态化发展。大学生众创空间是创业系统生态化的建设基础，大学生众创空间可以通过有效的项目管理与资源配置实现创业系统的发展，从而最大程度地提升市场人力、物力以及理论资源的利用效率，提升创业项目的质量与可行性，不断优化我国的创业系统。[①]

（二）大学生众创空间运营机制的优化策略

近年来，我国大学生众创空间的建设取得了显著的成效，高校不断优化大学生众创空间的运营机制，使之在创新创业人才培养与创新创业实践中发挥着越来越重要的作用。但是，大学生众创空间毕竟是一种新的模式与平台，其运营机制还不够完善，仍存在着一些问题，具体可以从以下几方面入手，不断优化和完善大学生众创空间。

1. 深化校企协同育人

大学生众创空间建设与运营的主体是学校，但大学生众创空间若想实现更好的发展，仅仅依靠学校是不够的，还需要将企业纳入人才培养与创新创业教育的体系中来。企业具有丰富的实践经验，对市场的了解也更为深入，同时，企业还拥有较为优质的实践条件，学校应该加强与企业的合作、交流，从而为创业活动项目的实践提供一定的产业平台。实现校企合作，不仅能够为创业项目的实践提供必要的企业资源与平台，还能够对大学生进行有效的教育。因此，学校应该加强并深化与企业之间的合作，构建并不断完善校企协同育人机制。

2. 完善顶层设计

顶层设计对大学生众创空间的运营发挥着重要的指导作用，由于大学生众创空间涉及大量的参与主体，很容易造成资源的浪费以及各部门之间协调不到位。良好的顶层设计能够在很大程度上提升资源的利用效率，提升大学生众创空间运营的合理性与标准性。学校还应加强与龙头企业或优质企业之间的合作，积极引导学生的相关创业项目向各大领域发展，通过顶层设计，保证大学生众创空间的建设和运营质量。

3. 强调创业项目的作用

创业项目是大学生众创空间的主要内容，大学生众创空间与传统人才培养模式的不同点之一就是打造了一个实践平台，而这种实践平台是以具体的创新创业项目为核心的，师生能够通过具体的项目培养和提升自身的创新创业综合素质，同时创造一定的价值，或取得一定的科研成果。

大学生众创空间的全部服务都应该以创业项目为主，实现服务质量的提

[①] 吴国君. 大学生创业能力培养[M]. 长春：吉林人民出版社，2019：149-152.

升。学校应该为满足学生创业项目的具体需求，提供基本的条件与平台。首先，高校应该从具体的项目出发，实现大学生众创空间运行的市场化，为项目的实践打造可靠的平台。其次，高校还应该重视信息平台的建设，拓展创业者获取信息的渠道，保证信息的时效性，这样才能切实发挥大学生众创空间应有的作用。

二、大学生众创空间的成果转化

（一）大学生研究成果转化的分类

随着时代的发展，高校科研转化越来越受到国家的重视，政府出台了一系列政策措施保证大学生研究成果转化，大学生研究成果转化是高校积极实施创新驱动发展战略的重要手段，是高效推进创新创业人才培养的重要支撑。

从性质上划分，大学生研究成果转化可以分为商业性质的转化与非商业性质的转化。商业性质的大学生研究成果转化包括自主创业、技术咨询和技术许可。非商业性质的大学生研究成果转化包括人才培养、学术会议和发表著作等无直接商业交易的内容。

大学生研究成果的转化直接影响到大学生开展创新创业实践的主动性，良好的成果转化机制能够确保大学生通过创新创业实践创造出更多的价值，既能实现个人价值，又能获取社会与经济效益。大学生众创空间作为高校创新创业教育的重要载体，需要构建强有力的成果转化支持体系，为大学生的创新创业实践提供强有力的支持。

（二）大学生众创空间成果转化的支持体系

构建和完善大学生众创空间成果转化的支持体系，需要国家率先从上层建筑方面完善相关政策支持，发挥政策的引导作用，营造良好的创新创业环境，给予大学生充分的支持，降低创业成本，让有创业意向的大学生能够通过大学生众创空间这一创新创业平台真正实现自身的价值。

针对当前大学生创新思维与创业能力相对缺乏的问题，需要高校充分发挥自身的育人作用，整合大学生众创空间以及院内教师资源，同时吸引外部资深兼职教师加盟，组建一支素质过硬的创新创业教育师资团队。在大学生众创空间的创新创业教学中，可以采取大学生更愿意接受的实践性的学习模式，开设大学创业课程培养和创业案例教学，在实践中提高大学生的创业技能和创业的整体能力。以大学生众创空间为依托,教师和大学生可以根据自己的兴趣爱好,组建科研成果转化创业团队,进行成果转化的应用开发,促使师生研究成果更好地转化。

大学生众创空间还可以构建以新项目、新产品为基础的科研成果转化的培养模式,不断深化产教融合,提升校企合作水平,通过专利成果或由企业指导大学生进行产品的开发,为大学生创业提供方向引导,避免大学生由于缺乏经验而盲目开展创业尝试,帮助大学生规避一些创新创业过程中常见的问题。①

通过政府一系列政策的支持,大学生众创空间可以构建素质更高的师资队伍和更科学的创业实践性课程体系,以及以新产品和"互联网+"为基础的科研成果转化的培养模式,利用产学研合作体系,引入企业投资模式,加快实现产业化,生产出满足消费者需求价值、符合市场机制的新产品,实现大学生众创空间研究成果的转化目标。

---

① 吴国君.大学生创业能力培养[M].长春:吉林人民出版社,2019:152-154.

参考文献

[1] 刘治. 大学生创新创业 [M]. 沈阳：东北大学出版社，2020.

[2] 邓向荣，刘燕玲. 大学生创新创业 [M]. 北京：北京理工大学出版社，2020.

[3] 周斌，曹秋梅. 大学生创新创业 [M]. 北京：中国言实出版社，2016.

[4] 沈丹，杨百忍，孟昕. 大学生创新创业教育 [M]. 南京：河海大学出版社，2021.

[5] 李雪萍. 大学生创新创业基础 [M]. 成都：电子科技大学出版社，2020.

[6] 张晓华. 大学生创新创业教育路径探究 [M]. 北京：北京航空航天大学出版社，2021.

[7] 颜弘. 大学生创新创业教程 [M]. 哈尔滨：哈尔滨工程大学出版社，2019.

[8] 李明慧. 大学生创新创业理论与技能指导 [M]. 成都：四川大学出版社，2021.

[9] 杨红卫. 大学生创新创业实践研究 [M]. 北京：群众出版社，2020.

[10] 单林波. 大学生创新创业思维与方法研究 [M]. 北京：中国商务出版社，2020.

[11] 王克. 高校创新创业探究 [M]. 北京：北京时代华文书局，2021.

[12] 曾绍玮，李应. 高校创新创业教育探索与实践研究 [M]. 成都：电子科技大学出版社，2021.

[13] 陈忠平，董芸. 新形势下高校创新创业教育 [M]. 北京：冶金工业出版社，2019.

[14] 刘常国，王松涛，宋华杰．高校创新创业优质教育资源建设与实践研究[M]．北京：北京工业大学出版社，2020．

[15] 潘斌．高校创新创业人才培养模式研究[M]．西安：世界图书出版西安有限公司，2018．

[16] 裴小倩，严运楼．高校创新创业教育协同机制研究[M]．上海：上海交通大学出版社，2018．

[17] 耿丽微，赵春辉，张子谦．高校大学生创新能力培养与创业教育研究[M]．成都：电子科技大学出版社，2017．

[18] 王宏．高校大学生创新创业能力培育研究[M]．长春：吉林人民出版社，2017．

[19] 虞新学．创新思维研究：以中小学教师为研究主体[M]．北京：中国铁道出版社，2020．

[20] 程智勇．大学生创新创业素质培养与能力提升[M]．成都：西南交通大学出版社，2021．

[21] 项勇，黄佳祯，王唯杰．大学生创新创业素质培养机制研究[M]．北京：中国经济出版社，2017．

[22] 王东亮，刘志欣．众创空间与大学生创业研究[M]．北京：北京工业大学出版社，2019．

[23] 梁敏捷．双创时代下大学生众创空间建设探索[M]．北京：煤炭工业出版社，2017．

[24] 吴国君．大学生创业能力培养[M]．长春：吉林人民出版社，2019．

[25] 盛红梅．新时代大学生创新创业价值观研究[D]．长春：东北师范大学，2020．

[26] 刘宝忠．大学生创新创业精神培育研究[D]．牡丹江：牡丹江师范学院，2019．

[27] 李玥．大学生创新创业生态系统研究[D]．哈尔滨：黑龙江省社会科学院，2019．

[28] 孙志鹏. 中国大学生创新创业政策协同评价研究 [D]. 郑州：华北水利水电大学，2019.

[29] 尹照涵. 大学生创新创业人才的培育研究 [D]. 沈阳：沈阳建筑大学，2019.

[30] 徐波. 大学生创新创业教育体系构建研究 [D]. 广州：广东财经大学，2018.

[31] 孔宇航. 大学生创新创业素质评价研究 [D]. 大连：大连理工大学，2018.

[32] 杜先颖. 大学生创新创业精神培育研究 [D]. 天津：天津工业大学，2018.

[33] 姚大伟. 大学生创新创业意识培育研究 [D]. 南昌：东华理工大学，2017.

[34] 张一青. 新时期大学生创新创业教育研究 [D]. 西安：西安建筑科技大学，2017.

[35] 石娟. "互联网+"视域下大学生创新创业的机遇与挑战 [D]. 成都：四川师范大学，2017.

[36] 程可. 大学生创新创业孵化园管理机制研究 [D]. 唐山：华北理工大学，2017.

[37] 张娟. 个性化教育视角下大学生创新创业能力培养研究 [D]. 西安：长安大学，2016.

[38] 黄慧子. 大学生创新创业激励机制研究 [D]. 合肥：安徽大学，2014.

[39] 钱玲玲. 地方综合性高校创新创业课程体系研究 [D]. 南昌：南昌大学，2021.

[40] 王生龙. 高校创新创业实践教学研究 [D]. 北京：北京邮电大学，2018.

[41] 罗兰. 高校创新创业教育评价体系构建策略研究 [D]. 长春：东北师范大学，2018.

[42] 张彩霞. 教育供给侧改革下高校创新创业教育对策研究 [D]. 哈尔滨：黑龙江大学，2018.

[43] 张冠蓉. 高校创新创业人才培养的协同机制研究 [D]. 太原：山西大学，2017.

[44] 王昕. 高校创新创业孵化管理系统的设计与实现[D]. 哈尔滨：黑龙江大学，2016.

[45] 李团团. 高校创新创业人才培养模式研究[J]. 产业创新研究，2022（13）：187-189.

[46] 唐允，陈怡，代峰. 地方高校创新创业人才评价体系研究[J]. 湖北理工学院学报（人文社会科学版），2022，39（4）：46-53.

[47] 陈瑕，任洪. 应用型高校创新创业课程模式改革及成效研究[J]. 创新创业理论研究与实践，2022，5（12）：150-153.

[48] 王文亮，李彬彬. 高校创新创业人才培养策略研究[J]. 产业创新研究，2022（11）：160-162.

[49] 王丙龙，赵河明，武瑞芳. 高校创新创业人才培养机制探索与研究[J]. 创新创业理论研究与实践，2022，5（8）：73-75.

[50] 孙磊. 高校创新创业教育资源整合问题探讨[J]. 创新创业理论研究与实践，2022，5（6）：161-163.

[51] 王彦飞. 产教融合背景下高校创新创业教育的发展现状和路径分析[J]. 创新创业理论研究与实践，2022，5（4）：58-60.

[52] 王鹏，宋洪庆，邵丽华. 协同理论视域下高校创新创业教育研究[J]. 北京科技大学学报（社会科学版），2021，37（6）：638-644.

[53] 李晓菲，李晓明. 高校创新创业教育与大学生创业能力研究[J]. 黑龙江科学，2021，12（23）：68-69.

[54] 王琼. 科技成果转化下高校创新创业教育生态体系构建研究[J]. 科技视界，2021（32）：125-126.

[55] 张保华. "双创"时代构建高校创新创业教育体系的思考[J]. 教育观察，2021，10（42）：44-46.

[56] 李臣学，宇振盛. 高校创新创业教育观念变革的整体构想[J]. 创新创业理论研究与实践，2021，4（21）：88-90.

[57] 达巴姆. 信息化背景下大学生创新创业能力提升研究[J]. 科技资讯，

2022，20（13）：254-256.

[58] 赵海静，门晓宇.校企合作对大学生创新创业能力培养的研究[J].金融理论与教学，2022，173（3）：117-118.

[59] 郑红明.高校对大学生创新创业能力影响和发展研究[J].现代商贸工业，2022，43（16）：85-86.

[60] 周文文.校地协同理念下大学生创新创业实践路径探析[J].投资与创业，2022，33（10）：32-34.

[61] 董玉杰，宋萌，钱婷.大学生创新创业团队的构建与培育研究[J].教育教学论坛，2022（19）：5-8.

[62] 刘夏菡.大学生创新创业能力研究[J].西部素质教育，2022，8（8）：4-7,22.

[63] 季盼靖.大学生创新创业能力培育路径探究[J].产业创新研究，2022（6）：157-159.

[64] 宋智华.高校大学生创新创业及就业能力培养路径[J].人才资源开发，2022（6）：42-44.

[65] 顾自卫.大学生创新创业素质能力培养与提升策略[J].中国市场，2022（6）：98-99.

[66] 仲旦彦，闫秋羽.个性化教育视域下大学生创新创业能力培养分析[J].创新创业理论研究与实践，2022，5（3）：123-125.

[67] 邓彦敏，曹加文，罗纯.论培养当代大学生创新创业思维的重要性[J].创新创业理论研究与实践，2022，5（2）：99-101.

[68] 任伟吉.基于双创背景的大学生创新创业激励机制研究[J].黑龙江人力资源和社会保障，2021（20）：142-144.

[69] 林祯辉.大学生创新创业能力培育路径研究[J].创新创业理论研究与实践，2021，4（21）：121-123.